MANUAL DE DERECHO TRIBUTARIO I.
Derecho Sustantivo

LENIN JOSÉ ANDARA SUÁREZ

Doctor por la Universidad de Salamanca
Profesor de Finanzas Públicas y Derecho Financiero
de la Universidad de Los Andes (ULA)
Abogado *Magna Cum Laude*

MANUAL DE DERECHO TRIBUTARIO I.
Derecho sustantivo

Mérida, 2018

Título: DERECHO TRIBUTARIO I.
DERECHO SUSTANTIVO.
Autor: Lenin José Andara Suárez
© Derechos reservados

HECHO EL DEPÓSITO DE LEY:
Depósito legal: ME2018000090
ISBN: 978-980-18-0166-5.
1a. Edición, julio 2018.

Editado por el autor.

Diseño de portada: Leonardo Nava
disegrafproduccionesca@gmail.com

Contenido

PRÓLOGO

Prologar una obra es siempre un honor que, además, representa la inmensa responsabilidad de introducir al lector en su contenido. En el medio académico del Derecho se ha convertido en una práctica muy común que ese honor se confíe a un *maestro* del autor del trabajo, a un admirado *profesor* y, en no pocas ocasiones, al *director* de la tesis del postgrado —Especialización, Maestría o Doctorado— que se haya cursado. Éste no es el caso. El prologuista no ha sido profesor, ni —mucho menos— es maestro del autor.

Lo anterior evidencia que el inmerecido honor que me ha sido concedido se debe, como en ocasiones *afortunadamente* también ocurre, al carácter personal —y, por ello, condescendientemente subjetivo— del vínculo que anida la amistad, nada más. Y como toda petición entre amigos, asumí con manifiesto entusiasmo, agradecimiento y compromiso prologar el excelente trabajo que hoy nos presenta su autor, el Prof. Dr. Lenin José ANDARA SUÁREZ.

*

Lenin ANDARA, quien es Doctor por la prestigiosa Universidad de Salamanca, España, y profesor de Finanzas Públicas y Derecho Financiero de la Universidad de Los Andes (ULA), ya cuenta con varios trabajos monográficos publicados, entre los cuales destacan *Poder y potestad tributaria. Acerca de las competencias tributarias en la República Bolivariana de Venezuela*[1] e *Ingreso, gasto y presupuesto público en el ordenamiento jurídico venezolano*[2], lo cual expone su condición de comprobado investigador y dedicado académico, de gran rigor, sistematicidad y madurez científica a pesar de su juventud, cualidades que lo hacen un candidato ideal —entre los reconocidos tributaristas venezolanos— para asumir la nada fácil tarea de escribir, ahora, un *Manual de Derecho Tributario*.

---

[1] Lenin José ANDARA SUÁREZ, *Poder y potestad tributaria. Acerca de las competencias tributarias en la República Bolivariana de Venezuela*, autor, Mérida, 2010.
[2] Lenin José ANDARA SUÁREZ, *Ingreso, gasto y presupuesto público en el ordenamiento jurídico venezolano*, tomo I, autor, Mérida, 2011.

El mérito de Lenin de escribir este *Manual* es doble, porque el mismo fue pensado, concebido y preparado mientras elaboraba su Tesis Doctoral, intitulada *De la liquidación a la autoliquidación en los ordenamientos tributarios de España y Venezuela*[3], la cual defendió exitosamente en la Universidad de Salamanca el retropróximo 30 de mayo de 2017. Esto, por sí solo, evidencia el talante investigativo y académico de su autor, quien durante tan ardua e intensa faceta como lo es la de escribir una Tesis Doctoral, no sólo se dedicó a esa labor, sino que, como si lo anterior no fuera suficiente, también inició la empresa de escribir este *Manual de Derecho Tributario,* en su primera parte, dedicado al Derecho Sustantivo.

Y es que, realmente, no pudo ser más atinada la decisión de Lenin. La doctrina venezolana ha producido importantes —cualitativa y cuantitativamente— monografías y trabajos de investigación publicados en Revistas especializadas y arbitradas, entre las que destacan *Tribûtum. Revista Venezolana de Ciencias Tributarias*, editada por la Universidad Católica del Táchira y, con una tradición que en este recién iniciado 2018 alcanza los 54 años de publicación *ininterrumpida*, la *Revista de Derecho Tributario* de la Asociación Venezolana de Derecho Tributario (AVDT), máximo referente en el país de la doctrina y academia tributaria venezolana. Empero, y aun cuando son varios los *Manuales* que se han escrito en esta disciplina en nuestro país, pareciera que, salvo el esfuerzo mancomunado de un sector importante de la doctrina nacional concretado en el *Manual Venezolano de Derecho Tributario*[4] editado por la AVDT y publicado en 2013, buena parte de los estudiantes de pregrado y postgrado, así como de los profesionales en ejercicio dedicados al *saber tributario* (juristas, contadores públicos, administradores, licenciados en ciencias fiscales, economistas, etc.), siguen apoyándose principalmente en los —por todos conocidos y rigurosamente concebidos— *Manuales* y libros de texto de nuestros admirados autores de cabecera españoles y argentinos, cuyos análisis parten, como será evidente, desde sus respectivas realidades legislativas, jurisprudenciales y administrativas, amén de políticas, económicas, sociales y culturales, en no pocos aspectos distantes del escenario tributario venezolano.

---

[3] Lenin José ANDARA SUÁREZ, *De la liquidación a la autoliquidación en los ordenamientos tributarios de España y Venezuela*, tesis doctoral, Universidad de Salamanca, España, 2017.
[4] Jesús SOL GIL, Leonardo PALACIOS MÁRQUEZ, Elvira DUPOUY MENDOZA y Juan C. FERMÍN FERNÁNDEZ (Coords.), *Manual Venezolano de Derecho Tributario*, tomos I y II, Asociación Venezolana de Derecho Tributario, Caracas, 2013.

Por estas razones, siempre serán necesarios más y, por qué no, mejores *Manuales* de Derecho Tributario venezolano, y es precisamente aquí donde se abre paso sin cortapisas y con excelente metodología, sistematización e investigación, el *Manual* que tengo el inmenso honor y placer de prologar.

* *

Lenin ANDARA se encarga en esta primera entrega de su *Manual*, dedicada a la parte sustantiva y general del Derecho Tributario venezolano, de plantear y desarrollar en cinco *Lecciones*, siguiendo rigurosos cánones metodológicos con apoyo en la doctrina, jurisprudencia y legislación doméstica, los aspectos fundamentales de la Teoría General del Tributo, el Derecho Constitucional Tributario y los Ilícitos Tributarios, con los cuales sienta las bases teóricas de todos y cada uno de los aspectos expuestos. Su trabajo, sin duda, es acreedor de dos cualidades que —necesariamente— deben estar presentes en todo *Manual* bien concebido y planteado: compendiar *lo más sustancial* de la materia tratada y hacerlo con tal manejo pedagógico y metodológico que se logre presentar la información de forma *comprensible y accesible*, a otras voces, se materialice la transmisión cognoscible del mensaje.

Sin pretender hacer un análisis exhaustivo de las cinco *Lecciones* del *Manual*, habida cuenta que las mismas plantean, como el propio autor lo adelanta, los contenidos de la materia de la manera en que se imparte en las Universidades más importantes del país, tanto en pregrado cuanto en postgrado, comentaré algunos aspectos desarrollados dada su indiscutible importancia y vigencia actual por razón de las —muchas veces reprochables— prácticas legislativas, administrativas y judiciales que tienen y han tenido lugar en los tiempos que corren, cuyo desenvolvimiento se encuentra allende —por diferentes razones y de distintas maneras— los conceptos mismos de Constitución[5] y Estado de Derecho[6].

En la *Lección I*, el autor examina *Los aspectos fundamentales del Derecho Tributario*, empezando por el concepto mismo de esta disciplina y la clásica distinción que se plantea en la doctrina entre Derecho Tributario Sustantivo (o estático) y Derecho Tributario Adjetivo (o

---

[5] Pues se debe tener presente que una cosa es *tener* Constitución (concepción formal: un texto escrito), y otra —muy distinta— es *vivir* Constitución (concepción material: garantía de los derechos individuales y límites efectivos al poder [separación de poderes]).

[6] Consistente, *grosso modo*, en tener: (i) gobierno limitado, sujeto a Derecho, o lo que es lo mismo, regido por el principio de legalidad, (ii) separación entre las ramas de los poderes públicos, (iii) pesos y contrapesos institucionales, (iv) vigencia de los derechos fundamentales, (v) garantía de la igualdad formal, (vi) respeto del principio de seguridad jurídica, y (vii) real y efectiva responsabilidad (patrimonial) del Estado.

dinámico), destacando —en términos que comparto— que *"no se debe pretender una separación absoluta entre ambos sectores del Derecho Tributario, es preferible alcanzar un método de análisis que procure su integración"*[7], como he tenido la oportunidad de proponerlo a propósito de lo que he denominado la falacia *ex lege* de la obligación tributaria[8], habida cuenta que en el acto determinativo confluyen los dos momentos fundamentales del tributo, a saber, su *creación* y *aplicación*, en el sentido de que la ley *manda*, no *ejecuta*, quien la ejecuta es su *aplicador-ejecutor*, con *sus* "conocimientos personales", por lo que no debe obviarse el hecho de que *la ley no predetermina el resultado determinativo*, porque —sencillamente— al ser *anterior* a la situación fáctica y específica, inevitablemente ignora sus circunstancias *particulares*[9]; de allí la forzosa y sumamente compleja empresa que supone el deontológico encuadre de la situación *fáctica, individual y concreta*, en la hipótesis *normativa, general y abstracta*, evidenciándose, así, el cambio del paradigma (exclusivamente) *ex lege* de la obligación tributaria, por el complemento *sustancial* que representa el procedimiento determinativo en la teoría general del tributo, a partir del expediente de la interpretación jurídica[10].

También revisten especial importancia las consideraciones que Lenin presenta, en esta *Lección*, sobre la "interpretación según la realidad económica", particularmente en lo que a la *elusión* y a la *economía de opción* se refiere, por lo que resulta de recibo recordar, máxime en el estado actual de cosas, que los contribuyentes tienen el derecho de escoger *libremente* las opciones fiscales menos gravosas dentro de las jurídicamente disponibles (ahorro impositivo, economía de opción o planificación fiscal), como desde hace tiempo ha sido reconocido por la Corte Suprema de los Estados Unidos de América en el caso *Gregory v. Helvering* (1935)[11], así como por la Cámara de los Lores británica en la resolución *Duque de Westminster* (1936)[12]. Lo anterior, que parece de perogrullo, siempre es importante

---

[7] Lenin José ANDARA SUÁREZ, *Manual de Derecho Tributario I. Derecho Sustantivo*, inédito, Mérida, 2017, pág. 22.

[8] *Vide* Serviliano ABACHE CARVAJAL, "La falacia *ex lege* de la obligación tributaria", *Ámbito Jurídico*, Año XIV - N° 179, agosto, Legislación Económica, Caracas, 2013.

[9] *Vide* Alejandro NIETO, Alejandro, *Crítica de la razón jurídica*, Editorial Trotta, Madrid, 2007, pág. 162.

[10] *Vide* Serviliano ABACHE CARVAJAL, "Perspectiva tributaria (interpretativa y determinativa) sobre la dialéctica entre los fenómenos jurídico y contable", *Doctrinas esenciales de Derecho tributario*, Academia Mexicana de Derecho Fiscal, Ciudad de México, 2018, p. 16 (en imprenta). Este enfoque también lo ha sostenido —en similar sentido y en un trabajo reciente— RUAN SANTOS, en relación con la tensión dialéctica entre lo material y formal del Derecho tributario. Al respecto, *vid.* Gabriel RUAN SANTOS, "Nuevo replanteo de viejas cuestiones" (Discurso de Orden para las XI Jornadas Venezolanas de Derecho Tributario), *Revista de Derecho Tributario*, N° 137, Asociación Venezolana de Derecho Tributario, Caracas, 2013, pág. 217.

[11] En el que se afirmó que: "[c]ualquiera puede arreglar sus asuntos de tal modo que su impuesto sea lo más reducido posible; no está obligado a elegir la fórmula más productiva para la tesorería; ni aun existe el deber patriótico de elevar sus propios impuestos". *Gregory v. Helvering* 293 U.S. 465 (1935).

[12] César GARCÍA NOVOA, *El Derecho tributario actual. Innovaciones y desafíos*, Instituto Colombiano de Derecho Tributario, Serie Monografías Tributarias, Bogotá, 2015, pág. 175.

remarcarlo por la delgada línea que en no pocas ocasiones separa a la *lícita planificación fiscal* de estructuras *elusivas* o, lisamente, *evasivas* de impuestos, teniendo en cuenta —además— la *"imprecisión terminológica"*[13] que sobre estas figuras denuncia ANDARA SUÁREZ, lo que no hace más que agravar la situación, por un lado, y por el otro, por la conocida (y peligrosa) creación de nuevos ilícitos y ampliación de tipos penales (*e. g.* el delito de defraudación tributaria) en el Código Orgánico Tributario de 2014. Sin duda, este terreno, en el que está en juego la libertad de acción del contribuyente, no está exento de complejidades y complicaciones.

La *Lección II* se dedica al *Derecho Constitucional Tributario*, estructurada en dos grandes campos: *(i)* la relación de los preceptos constitucionales tributarios con otras normas de rango constitucional, y *(ii)* el análisis de los preceptos propiamente tributarios; mereciendo particular atención las consideraciones del autor sobre el *sistema tributario* y el *principio de reserva legal de los tributos o principio de legalidad tributaria* (segundo campo), con algunas referencias —a propósito de la potestad tributaria, es decir, esa facultad de crear tributos— sobre el denominado "Estado social de Derecho" (primer campo). Empezaré por este polémico concepto.

Para el autor, la noción de Estado social de Derecho *"[b]usca lograr que los ciudadanos posean una igualdad real y efectiva, promoviendo una activa participación del Estado y que los derechos humanos reconocidos en el texto constitucional tenga una realización plena"*[14], razón por la cual el concepto de potestad tributaria *"[d]ebe ser interpretado de acuerdo al Estado Social de Derecho en el que quedan proscritas las actuaciones arbitrarias del Estado y se atribuye absoluta preponderancia al imperio de la ley"*[15].

Sin entrar en mayores consideraciones y apenas introduciendo alguna idea desde una dimensión nocional, se puede considerar al Estado social como aquél que pone especial peso en la "igualdad material", en los llamados "derechos sociales" y en la "justicia social", "correctiva" o "redistributiva", expedientes éstos que, en lugar de limitar con mayor fuerza al poder, *lo amplían*, si se repara por ejemplo en que los indicados "derechos sociales" han sido caracterizados como *derechos positivos* porque suponen la actuación del Estado, haciéndolos acreedores de severas críticas por afectar la libertad individual, a diferencia de los derechos civiles y políticos, que al ser concebidos como *derechos negativos* encuentran su razón de ser y ejercicio en la ausencia de actuación o intervención estatal. En cualquier

---

[13] Lenin José ANDARA SUÁREZ, *Manual… cit.*, pág. 37.
[14] *Ídem*, págs. 64-65.
[15] *Ídem*, pág. 62.

caso, luce revisable agregar el calificativo de "social" al Estado de Derecho para que éste sea —como en efecto, *lo es*— una manifestación de la legalidad estricta y, por ello, un límite rígido e infranqueable al poder. Quizá tenga razón GIANNINI en calificar la noción de Estado social de "inútil"[16] o, por lo menos, puede que no resulte azaroso considerar que tal cláusula nada abona (sustancialmente) a la protección y respeto de los derechos humanos de los contribuyentes. Sin duda, un tema complejo e importante de analizar.

Pasando a los preceptos propiamente tributarios, la noción de *sistema tributario* se erige, si se quiere, como canalizador u organizador de los principios de la materia, habida cuenta que, como bien lo explica el autor haciéndose de la doctrina comparada (VILLEGAS[17] y TARANTINO[18]), no es lo mismo hablar de "sistema" que de "régimen" tributario. En efecto, para PLAZAS VEGA un *sistema* consiste en *"[u]n conjunto coordinado e interdependiente de partes que conforman un todo cuyos lineamientos generales dan sentido a cada uno de sus componentes"*[19], de tal forma que llevándolo al campo de la tributación, el *sistema fiscal* puede conceptualizarse como el conjunto de relaciones y de instituciones de carácter jurídico y económico, que supeditadas a la consecución de objetivos, caracterizan con un cierto grado de permanencia la organización y el funcionamiento de la actividad financiera del sector público del Estado, afectando ingresos y gastos públicos, y el patrimonio de los particulares. Entonces, el *sistema tributario* desde una óptica racional consiste en el conjunto de gravámenes legalmente creados, que deben considerar los fines previstos y trazados por el constituyente, y cuya regulación y tratamiento debe responder a tales imperativos constitucionales. En definitiva, el sistema tributario como creación jurídica, instrumento y resultado del Derecho positivo con referencia a un Estado determinado, debe considerar la gama de tributos en su conjunto tomando en cuenta el nexo entre ellos y las incidencias de diverso orden que puedan causar en la organización a la cual corresponden.

De lo anterior se evidencia, así, que *"[l]a simple yuxtaposición de los impuestos vigentes no compone por sí sola un conjunto ordenado y lógico, es decir, un sistema tributario…"*[20], antes por el contrario, describe un fenómeno fáctico consecuencia de una pseudo-política fiscal que en

---

[16] Massimo Severo GIANNINI, "Stato sociale: una nozione inutile", *Aspetti e tendenze del Diritto Costituzionale. Scritti in onore di Constantino Mortati*, Giuffrè, Milán, 1977.

[17] Héctor B. VILLEGAS, *Curso de finanzas, Derecho financiero y tributario*, Depalma, 5ª edición, Buenos Aires, 1992. Editorial Temis, 2ª edición, Bogotá, 2005, págs. 513-514.

[18] Jacinto TARANTINO, "Exposición en diálogo sobre tributación fiscal", *Veritas*, N° 24, 1963, citado en *ibid*, págs. 514-515.

[19] Mauricio A. PLAZAS VEGA, *Derecho de la Hacienda Pública y Derecho Tributario*, tomo II, Editorial Temis, 2ª edición, Bogotá, 2005, pág. 397.

[20] SCHMÖLDERS citado en Gabriel RUAN SANTOS, *El impacto institucional de las exacciones parafiscales*, Ediciones Liber, trabajo monográfico 1, Caracas, 2008, págs. 12-13.

nada considera los principios que ordenan las reglas de la hacienda pública y, tanto menos, los propios del Derecho Tributario, como pieza fundamental del orden fiscal de un país, esto es, un mero *régimen tributario*. Debe tenerse presente que *"[l]os impuestos ciertamente son necesarios"*[21], pero *"la política fiscal discriminatoria (...) dista mucho de ser un verdadero sistema impositivo"*[22].

Y en lo que al *principio de reserva legal de los tributos o principio de legalidad tributaria* se refiere, como fiel estandarte sobre el cual se erige en buena medida el sistema tributario recién comentado, Lenin ANDARA presenta unas interesantes e importantes reflexiones sobre sus alcances y recepción en el ordenamiento jurídico venezolano. Especialmente interesa, a este respecto, el choque que denuncia el autor entre los postulados fundamentales del principio de reserva legal tributaria, en tanto se debe *"[c]oncebir este principio como una limitación al Poder Ejecutivo el cual no puede establecer tributos en sus actos normativos ordinarios"*[23], y la disposición contenida en el artículo 236, numeral 8 de la Constitución sobre la facultad del Presidente de la República para dictar Decretos-Leyes, previa autorización vía Ley Habilitante, sin limitación (expresa) alguna. Si bien la *norma normarum* establece esa potestad del Presidente —en términos reprochablemente amplios y genéricos—, no es menos cierto que en distintos enunciados de la misma Carta Magna, así como del Código Orgánico Tributario y otras leyes, se plasma una estricta reserva legal en materia tributaria.

En efecto, la Norma Fundamental consagra el principio de legalidad (o reserva legal) tributaria, como el autor lo señala, en sus artículos 133[24] y 317[25] —así como también en el artículo 115[26]—los cuales expresamente hacen referencia a que los tributos (impuestos, tasas y contribuciones) deben *establecerse en la "ley"*, entendiéndose por esta tipología normativa, de conformidad con el artículo 202 de la propia Constitución, *"[e]l acto sancionado por la Asamblea Nacional como cuerpo legislador"*, cuya definición excluye, sin más, a los Decretos-Leyes, en tanto *leyes materiales* que como tales no cumplen para su dictado el

---

[21] Ludwig VON MISES, *La acción humana. Tratado de economía*, Unión Editorial, Madrid, 2011, pág. 950.
[22] *Ídem.*
[23] Lenin José ANDARA SUÁREZ, *Manual...* cit., pág. 69.
[24] Artículo 133 de la Constitución: *"Toda persona tiene el deber de coadyuvar a los gastos públicos mediante el pago de impuestos, tasas y contribuciones que **establezca la ley**"* (Resaltado mío).
[25] Artículo 317 de la Constitución: *"No podrá cobrarse impuesto, tasa, ni contribución alguna que no estén **establecidos en la ley**, ni concederse exenciones y rebajas, ni otras formas de incentivos fiscales, sino en los casos previstos por la ley que cree el tributo correspondiente (...)"*(Resaltado mío).
[26] Artículo 115 de la Constitución: *"Se garantiza el derecho de propiedad. Toda persona tiene derecho al uso, goce, disfrute y disposición de sus bienes. La propiedad estará sometida a las contribuciones, restricciones y obligaciones que **establezca la ley** con fines de utilidad pública o de interés social. (...)"* (Resaltado mío).

procedimiento de formación de las *leyes formales* y, por ello, no son —no pueden ser— sancionadas por el Poder Legislativo.

En sintonía con —y desarrollo de— las regulaciones constitucionales, el Código Orgánico Tributario vigente, al igual que sus antecesores[27], desarrolla a nivel *legal*[28] este principio en su artículo 3[29], cuya interpretación al amparo del artículo 2, parágrafo segundo, *eiusdem*, conforme con el cual *"A los efectos de este Código se entenderán por leyes los actos sancionados por las autoridades nacionales, estadales y municipales actuando como cuerpos legisladores"*, no exige mayores esfuerzos hermenéuticos. Como se observa, los indicados enunciados jurídicos constituyen los *fundamentos normativos* del principio de legalidad tributaria, residiendo como regla el *poder tributario* en el órgano legislativo y, con ello, convirtiéndose la reserva legal tributaria en un control político de la acción gubernamental. La importancia de este principio se evidencia en opiniones como la de FRAGA PITTALUGA, para quien el mismo representa *"[l]a conquista más grande del Derecho tributario frente a cualquier intento del Estado de usar el poder exactor como instrumento de gobierno"*[30].

En la *Lección III* de su *Manual*, ANDARA aborda el tema de *La relación jurídica tributaria*, empezando por considerar su *carácter amplio*, dentro del cual la *obligación tributaria*, si bien es su principal actor, no es el único, por razón de *"[l]as relaciones derivadas de la aplicación de la normativa tributaria y no sólo las de tipo material"*[31]. Lo anterior reviste gran importancia, si se repara en que este tema se enmarca con las corrientes dinámicas originadas en Italia que impulsaron un cambio de paradigma hacia los aspectos procedimentales de la relación jurídico tributaria, ubicándose el autor —al igual que quien suscribe, como anteriormente fue precisado— en una "visión integradora" entre las dimensiones *estáticas* y *dinámicas* del tributo, en los términos propuestos por el catedrático español Fernando SAINZ DE BUJANDA[32].

.

---

[27] El Código Orgánico Tributario de 2001 en su artículo 3; el Código de 1982 en su artículo 4; y sus reformas de 1992 y 1994, en el mismo artículo.

[28] Al igual que lo hacen el artículo 163 de la Ley Orgánica del Poder Público Municipal; el artículo 88 de la Ley Orgánica de la Administración Pública; y el artículo 10 de la Ley Orgánica de Procedimientos Administrativos.

[29] Artículo 3 del Código Orgánico Tributario: *"Sólo a las leyes corresponde regular con sujeción a las normas generales de este Código, las siguientes materias: // 1. Crear, modificar o suprimir tributos, definir el hecho imponible, fijar la alícuota del tributo, la base de su cálculo e indicar los sujetos pasivos del mismo (…)"*.

[30] Luis FRAGA PITTALUGA, *Principios constitucionales de la tributación*, Editorial Jurídica Venezolana, Colección Estudios Jurídicos, N° 95, Caracas, 2012, pág. 41.

[31] Lenin José ANDARA SUÁREZ, *Manual… cit.*, pág. 91.

[32] *Vide* Fernando SAINZ DE BUJANDA, *Sistema de Derecho financiero I*, volumen II, Facultad de Derecho de la Universidad Complutense, Madrid, 1985, págs. 74, 76, 116, 141 y 142.

Luego se aboca Lenin al importante tema de los *sujetos* de la relación jurídico tributaria, siguiendo en este sentido los lineamientos del propio Código Orgánico Tributario y la influencia del Modelo de Código Tributario para América Latina (MCTAL), preparado en el Programa Conjunto de Tributación de la Organización de Estados Americanos (OEA) y el Banco Interamericano de Desarrollo (BID), por lo que desarrolla sus consideraciones desde la clasificación del sujeto pasivo en *contribuyente* (quien realiza el hecho imponible y, por ello, es deudor por *deuda propia*) y *responsables* (quienes sin realizar el hecho imponible, por lo que califican como deudores por *deuda ajena*, deben cumplir con la obligación tributaria por mandato de la ley), los cuales —a su vez— son subclasificados en responsables *directos* (agentes de retención y percepción) y responsables *solidarios*. No deja de tener razón el autor al precisar los comentarios que la doctrina ha formulado en el caso de los agentes de retención y percepción, en relación a su doble condición de *responsables solidarios* "junto con" el contribuyente (de *no* efectuar la retención o percepción) y de *sustitutos* "en lugar" del contribuyente (de *realizar* la retención o percepción), resultando por lo anterior cuestionable su calificación legislativa de "responsables directos".

Finaliza ANDARA SUÁREZ esta lección haciendo unas importantes consideraciones sobre el *domicilio fiscal* de los sujetos pasivos tributarios (quienes se entienden domiciliados en el territorio nacional, donde se encuentra el domicilio fiscal, personas domiciliadas en el exterior y el domicilio electrónico), así como explicando los diversos vínculos jurídicos que nacen a propósito de la aplicación de la normativa fiscal, distintos a la obligación tributaria, a saber: *intereses moratorios* y *deberes formales*. Debe destacarse, por la estrecha relación que existe entre el carácter *ex lege* de la obligación tributaria, la naturaleza del procedimiento determinativo y la causación de los intereses de mora, la opinión del autor —que comparto plenamente y he desarrollado con detenimiento en el pasado[33]—, para quien debe distinguirse conceptualmente entre los momentos de *nacimiento* y *exigibilidad* de la obligación tributaria, comúnmente confundidos. Luce evidente, así, que aunque haya nacido la obligación tributaria *principal*, no podrán causarse los intereses moratorios *accesorios* mientras que aquélla no sea exigible, después de todo: *lo accesorio sigue —naturalmente—a lo principal*.

Por su parte, en la *Lección IV* plantea el autor uno de los temas más discutidos en la doctrina venezolana, referido a los *Medios de extinción de las obligaciones tributarias* que, como tales, versan fundamentalmente sobre dos aspectos: *(i)* la *liberación* del sujeto pasivo, esto es,

---

[33] *Vide* Serviliano ABACHE CARVAJAL, *La atipicidad de la "presunción" de legitimidad del acto administrativo y la carga de la prueba en el proceso tributario*, Fundación Estudios de Derecho Administrativo-Editorial Jurídica Venezolana, Colección Estudios Jurídicos N° 93, Caracas, 2012.

su *total o absoluta desvinculación* de la obligación tributaria de que se trate; y *(ii)* la *extinción de las acciones legales* del ente acreedor frente al sujeto pasivo, a los fines de obtener el cumplimiento forzoso de la obligación.

Aquí nos ofrece Lenin ANDARA un riguroso recorrido por los modos de extinción de estas obligaciones, haciendo importantes comentarios comparativos con la delimitación de este tema en la doctrina civilista. Específicamente explica el autor, siguiendo el orden regulativo del Código Orgánico Tributario, el *pago*, la *compensación* y la *confusión*, medios éstos agrupados comúnmente por la doctrina civilista bajo el rótulo de "modos que satisfacen al acreedor", para luego continuar su análisis en relación a la *remisión*, la *declaratoria de incobrabilidad* y, finalmente, la *prescripción*, siendo estas modalidades incluidas en los que se han llamado "modos que no satisfacen al acreedor".

Específicamente en lo que a la prescripción y su *interrupción* se refiere, resulta de meridiana importancia el comentario crítico que hace el autor —siguiendo al Maestro uruguayo VALDÉS COSTA[34]— sobre la ausencia de límites en cuanto al dictado de actos interruptivos de una misma obligación por parte de la Administración Tributaria o sujeto activo, pudiendo ello convertirse en una cuestionable manera de prolongar indefinidamente la pretensión de exigir su cumplimiento en desatención del principio de seguridad jurídica, *ex* artículo 299 de la Constitución.

Finalmente, en la *Lección V* del *Manual*, Lenin desarrolla los aspectos fundamentales de la teoría de los *Ilícitos Tributarios*, cuya importancia se ha puesto de relieve en la práctica forense venezolana, tanto por su cuestionable regulación positiva, cuanto por su arbitraria ejecución administrativa y precaria aplicación judicial. A tal respecto, el planteamiento del tema inicia por el conocido debate en la doctrina sobre la *naturaleza jurídica* del ilícito tributario, en el cual se contraponen —como explica el autor— las teorías tributaria, penal, administrativa y la teoría mixta. También se precisa, con tino, la vigente discusión (doctrinaria y jurisprudencial) sobre las *fuentes* del Derecho Penal Tributario y el alcance de la aplicación supletoria de las normas del Derecho Penal en lo general y de la figura del *delito continuado* en lo particular, lo que —nuevamente— pone en tela de juicio la seguridad jurídica de los contribuyentes; colocando igualmente sobre el tapate, el delicado (y reprochable) tema de la "objetivización de la responsabilidad penal tributaria", mediante la supresión del (fundamental) elemento de *culpabilidad*.

---

[34] Ramón VALDÉS COSTA, *Curso de Derecho tributario*, Temis, 2ª edición, Bogotá, 1996, pág. 363.

Luego aborda el autor —haciendo gala de su capacidad de síntesis— los no menos importantes aspectos relativos a: *(i)* la clasificación de los ilícitos tributarios, *(ii)* la concurrencia de ilícitos, *(iii)* la extinción de las acciones por ilícitos tributarios, *(iv)* el carácter personal de la responsabilidad, *(v)* los eximentes de responsabilidad, *(vi)* las sanciones aplicables, y *(vii)* el cálculo para la imposición de sanciones; para luego detenerse y brindar una descripción detallada con eminente enfoque práctico —sin menoscabo de los comentarios críticos que presenta, por ejemplo, de los artículos 91 y 92 del Código Orgánico Tributario, relativos a la inconstitucional [por retroactiva] actualización monetaria de las multas— de *(viii)* los ilícitos formales, *(ix)* los ilícitos materiales, y *(x)* los ilícitos penales; terminando, así, esta primera entrega del *Manual*.

* * *

Tan sistemático e integral trabajo evidencia que siempre es necesario volver a las bases o fundamentos, como recientemente lo demostró con insuperable magisterio el catedrático español César GARCÍA NOVOA en su obra *El concepto de tributo*[35], siendo una obligatoria constante repensar y replantear los cimientos sobre los cuales se erige el área del conocimiento objeto de estudio, en nuestro caso, la disciplina a la que le dedicamos especial atención, tiempo e investigación: el *Derecho Tributario*.

Se trata, sin duda, de un *Manual de Derecho Tributario* sustantivo muy completo, el cual reviste especial utilidad para los estudios de esta disciplina en el país y, como bien lo indica Lenin en su *Nota del Autor*, para los estudios de Derecho comparado, que, en esa línea, por su didáctico enfoque también será un trabajo de consulta para los operadores jurídicos y técnicos en las distintas dimensiones del tributo, especialmente para los jóvenes profesionales en formación en el área del *saber fiscal*.

Igualmente debe tenerse en cuenta, como lo pone de relieve el autor en su indicada nota preliminar, que por razón de la naturaleza de la obra, se presentan de manera limitada algunos debates, cuestión que no sólo resulta correcta, sino —además— aconsejable por la profundidad y complejidad de tantos asuntos propios del *saber tributario*, haciéndose necesario para quienes quieran profundizar en el estudio de esos temas, remitirse a los trabajos monográficos y demás publicaciones especializadas que los aborden.

---

[35] *Vide* César GARCÍA NOVOA, *El concepto de tributo*, Marcial Pons, Buenos Aires, 2012.

Espero, pues, que este sólido y sobresaliente esfuerzo brinde los frutos que se esperan de cualquier obra de investigación seria, como lo es el *Manual de Derecho Tributario I. Derecho Sustantivo* de Lenin José ANDARA SUÁREZ y, con ello, se convierta —como no dudo será el caso— en una obra de consulta obligatoria en nuestro país para estudiantes y profesionales, y que trascienda sus fronteras para ubicarse entre los *Manuales* de cabecera en Hispanoamérica, poniendo en alto la calidad y rigurosidad científica de la doctrina tributaria venezolana, que es —sin duda— uno de los mejores productos de exportación que tenemos en la actualidad.

Caracas, 18 de enero de 2018

Serviliano ABACHE CARVAJAL
Profesor Derecho Tributario de la
Universidad Central de Venezuela, y de la
Universidad Católica Andrés Bello

NOTA DEL AUTOR

Este trabajo reúne los contenidos fundamentales para los estudios del Derecho Tributario sustantivo en nuestro país y también para los estudios de Derecho comparado fuera de las fronteras venezolanas; hemos reunido definiciones, doctrina, jurisprudencia básica y la legislación que regula estos elementos en el Código Orgánico Tributario. Nos hemos ajustado a los programas de la materia conforme se imparte en las universidades más importantes de Venezuela, tanto a nivel de pregrado como de postgrado.

Dada la naturaleza de esta obra, hemos limitado algunos debates, por lo cual, para profundizar en los mismos, el lector se deberá remitir a las publicaciones correspondientes a cada aspecto en particular. Reconocemos la complejidad del Derecho Tributario, derivada quizás de su carácter multidisciplinario, con ello, resaltamos la necesidad de facilitar su estudio desde una perspectiva jurídica de una forma más didáctica sin menoscabo de la sustancia que lo caracteriza.

El origen del Código Orgánico Tributario obliga a reencontrarnos con la doctrina latinoamericana, tanto la redactora como la comentarista del Modelo de Código Tributario para América Latina, y cuyos valiosos aportes constituyen acervo común del Derecho tributario en esta región del mundo. Asimismo, los valiosos aportes de doctrinarios europeos, especialmente de Italia y España. La doctrina venezolana es fuente fundamental en esta obra, por lo que sus comentarios son recogidos acogiendo su importancia como pilares del Derecho Tributario actual. El carácter didáctico de esta obra pudo llevarnos a omitir involuntariamente algunos autores, por ello pedimos disculpas anticipadamente pues participamos de quienes consideran que los méritos académicos son fundamentales en el avance y consolidación de la ciencia jurídica.

Dada la preeminencia del principio de legalidad tributaria hemos querido diferenciar aquellos textos que se corresponden con instrumentos legales, a través de la *letra cursiva*, de modo que el lector pueda diferenciar claramente cuándo está en presencia de Derecho positivo y cuándo ante criterios del autor, de la doctrina en general o de la jurisprudencia. Desde el punto de vista de la forma, hemos empleado *The Bluebook. A uniform System of Citation* en su 19ª ed. publicado por *The Harvard Law Review Association Gannett House*, por considerar que se ajusta adecuadamente a la investigación jurídica y brinda uniformidad en el contexto internacional, con las adaptaciones correspondientes a nuestras fuentes y tradición jurídica.

Hemos decidido vincular los contenidos de la presente obra con las tecnologías de la información y la comunicación a través de la interacción con *leninandara.blospot.com*, y por medio del cual esperamos brindar otras herramientas y contenidos para el aprendizaje del Derecho Tributario. Es un reto que nos hemos planteado ante la evolución de los sistemas de enseñanza, abiertos a las sugerencias y comentarios que los lectores se sirvan realizar.

Esperamos contribuir con la enseñanza del Derecho Tributario en los espacios universitarios, asimismo con los debates profesionales y despachos públicos encargados de aplicar la normativa tributaria, y desde luego, a quienes se atreven a indagar por cuenta propia en esta parte del Derecho Financiero.

Finalizo esta nota con el agradecimiento a mi hermano Leonardo, quien con todo el entusiasmo familiar ha elaborado la portada de esta obra, creando además el diseño editorial que da continuidad a mis libros anteriores y en los que tengo la condición de editor-autor: *Poder y potestad tributaria. Acerca de las competencias tributarias en la República Bolivariana de Venezuela*, y mi segundo libro, *Ingreso, gasto y presupuesto público en el ordenamiento jurídico venezolano. Tomo I*. En los siguientes libros el diseño se ajustó a los parámetros de la edición Serie Menor de la Facultad de Ciencias Económicas y Sociales de la Universidad de Los Andes y el Banco Central de Venezuela.

Agradezco, asimismo, la dedicación de Serviliano Abache en la elaboración del prólogo de la presente obra. Las líneas escritas constituyen de por sí un inédito material de estudio que refleja claramente el proceso de enseñanza del Derecho tributario. Sus palabras son un estímulo para continuar adelante en el mundo de la investigación y la enseñanza de esta rama del Derecho.

No paso por alto a Nora Libertad, compañera y amiga del Doctorado en la Universidad de Salamanca. Le agradezco enormemente el apoyo brindado para la elaboración de esta obra pues el manejo de herramientas tecnológicas en procesamiento de textos no es mi parte fuerte. Afortunadamente, he contado con su apoyo aún cuando separados en la distancia.

Puedes interactuar a través de:

leninandara.blogspot.com

LECCIÓN I
ASPECTOS FUNDAMENTALES DEL DERECHO TRIBUTARIO

I.- EL DERECHO TRIBUTARIO

A.- Concepto, clasificación y vinculación con otras áreas del Derecho

El Estado requiere de recursos para poder llevar a cabo las funciones que le han sido encomendadas por el ordenamiento jurídico, en especial, aquellas relativas a la prestación de servicios públicos que requieren de cuantiosas sumas de dinero; esta necesidad de financiamiento no solo es permanente sino que además posee una tendencia a incrementarse cada año. Así, se acude a diversos mecanismos para la obtención de ingresos públicos, en especial, aquellos derivados de la riqueza de los particulares aunque también obtiene ingresos de su propio patrimonio y, en tiempos actuales, el ingreso proveniente del endeudamiento público se posiciona como una fuente permanente en el financiamiento público.

En una Hacienda Pública común en el mundo occidental, la principal fuente de ingresos se toma de la economía de los particulares a través de los tributos, no obstante, en países como Venezuela, se presenta una situación excepcional debido a la dependencia de la renta petrolera que durante muchas décadas fue suficiente para proveer al Estado venezolano de recursos suficientes para financiar sus actividades. Pero obviamente que esta situación era insostenible y se hubo de mirar a la tradicional figura de los tributos, reformando la tributación sobre la renta e implementando nuevas figuras como el impuesto sobre el valor agregado, y asimismo, reestructurando y fortaleciendo la Administración tributaria nacional. El tributo adquiere así un papel fundamental en la provisión de ingresos al Estado y el normal funcionamiento de sus actividades.

Nos encontramos así con el Derecho Tributario (también denominado Derecho fiscal, Derecho impositivo) como una rama del Derecho Financiero e integrante de un sector más amplio como lo es el Derecho Público[1]. JARACH lo define como el "conjunto de las normas y principios jurídicos que se refieren a los tributos"[2]. Cuando nos referimos al tributo debemos entenderlo como un sector bastante amplio de la actividad financiera del Estado que comprende desde el mandato constitucional de contribuir con el gasto público, los principios constitucionales que rigen la tributación, el establecimiento de los tributos mediante actos legislativos, su aplicación, las relaciones jurídicas, los procedimientos administrativos y judiciales con carácter tributario, etc. Todos estos ámbitos se encuentran debidamente regulados en el marco del Estado de Derecho y más recientemente, en el Estado Social de Derecho por lo que no cabe consentir el ejercicio del poder de forma ilimitada o arbitraria.

Sobre las subdivisiones del Derecho Tributario, se pueden observar diversos puntos de vista. PLAZAS VEGA distingue una clasificación del Derecho tributario "desde el punto de vista del aspecto espacial de las normas que lo integran" y señala al Derecho tributario supranacional, Derecho tributario internacional, Derecho tributario nacional y Derecho tributario subnacional[3]. El Derecho tributario supranacional sería "el conjunto de normas jurídicas que regulan los tributos comunitarios, o supranacionales, o que establecen las condiciones a las que deben someterse los Estados miembros de la comunidad supranacional para el establecimiento de tributos que hayan de ser aplicados en su territorio, de manera que no constituyan un obstáculo para la realización de los fines de la Comunidad". El Derecho tributario internacional "es el conjunto de normas contenidas en los tratados o convenciones internacionales, o en el Derecho positivo interno, que

---

[1] Sobre la fundamentación y ramas del Derecho Financiero *vide* 1 Lenin José Andara Suárez, *Ingreso, gasto y presupuesto público en el ordenamiento jurídico venezolano* 39 y ss. (autor, Mérida, 2011).

[2] Dino Jarach, *Curso de Derecho Tributario* 6 (Liceo Profesional Cima, Buenos Aires, 3.ª ed., 1980). En la doctrina se pueden encontrar otras definiciones de Derecho Tributario, como la de Blumenstein que define al Derecho impositivo como "el conjunto de normas jurídicas que regulan los derechos y deberes que nacen de la relación jurídico impositiva, así como su determinación, su tutela jurídica y su actuación", en Ernst Blumenstein, *Sistema di Diritto dell'imposte* 10-11 (título original: *System des Steuerrecht*, 1945, trad. Forte F., Giuffrè, Milano, 1954); el maestro italiano Berliri ha definido el Derecho Tributario como "aquella rama del Derecho que expone los principios y las normas relativas al establecimiento y a la aplicación de los impuestos y de las tasas, así como a la creación y a la observancia de algunos límites negativos a la libertad de los particulares, conexos con un impuesto, con una tasa o con un monopolio establecido por el Estado con fin de lucro" en su obra 1 Antonio Berliri, *Principios de Derecho tributario* 31 (título original *Principii di diritto tributario,* trad. Fernando Vicente-Arche Domingo, Editorial de Derecho Financiero, Madrid, 1964).

[3] Mauricio Plazas Vega, *La definición del tributo. A la luz de la relación entre el Derecho Financiero Público (Derecho de la Hacienda Pública) y el Derecho Tributario, y entre el Derecho Comunitario y el Derecho Nacional, Estudio preliminar* en Andrea Amatucci y Nicola D´Amati, *Historia del Derecho de la Hacienda Pública y del Derecho Tributario en Italia* 66 y ss.*,* 1-76 (Temis, Bogotá, 2004). El trabajo citado fue publicado originalmente en la *Rivista di Diritto Finanziario e Scienza dell Finanze,* Anno LXII, fasc. I, Giuffrè, Milano, 2003.

establecen el régimen tributario de las operaciones que trascienden el ámbito nacional, incluidas aquellas que son, o pueden ser, sujetas a tributos en dos o más países".

Acompaña a esta distinción el Derecho tributario nacional que está constituido por "el conjunto de normas nacionales que regulan las obligaciones tributarias cuyo acreedor es el Estado y cuya regulación les corresponde a las autoridades nacionales o centrales", finalmente, el Derecho tributario subnacional "es el conjunto de normas de nivel nacional o subnacional que regulan los tributos que tienen como acreedores a las entidades territoriales subnacionales".

JARACH ha mencionado el Derecho tributario constitucional, Derecho tributario material o sustantivo, Derecho tributario formal o administrativo, Derecho tributario penal, Derecho tributario procesal y procesal penal, y, Derecho tributario internacional[4]. Sobre estas distinciones se debe advertir que algunas no constituyen auténticas ramas del Derecho tributario sino especificidades de otras ramas del Derecho integradas con el Derecho Tributario, por ello, la parte relativa a los preceptos constitucionales que rigen la tributación es, antes que todo, Derecho Constitucional con una posterior adjetivación tributaria; igual sucede con el Derecho Penal y el Derecho Procesal. De allí que consideremos más adecuada la división del Derecho tributario que realiza VILLEGAS cuando se refiere al derecho procesal tributario, derecho penal tributario, derecho internacional tributario y derecho constitucional tributario[5].

Debemos resaltar una distinción de vital importancia para el Derecho Tributario y es aquella formulada por la doctrina alemana; HENSEL diferenció entre el Derecho tributario sustantivo y el Derecho tributario adjetivo o procedimental, producto de la distinción entre dos fases en la vida del tributo, la primera, mediante la emanación de normas que establecen los presupuestos de hechos normativos de cuya realización debe nacer un crédito tributario a favor del Estado. La segunda, posterior a la realización del supuesto normativo previsto en la ley tributaria, se produce con la "ejecución efectiva del crédito originado"[6]. Así, el autor alemán contrapuso al Derecho tributario material un Derecho tributario administrativo, que se origina de "la actividad administrativa de conseguir en la práctica lo que el Derecho le atribuye" y el cual también comprendería un "sistema

---

[4] Dino Jarach, *El hecho imponible* VIII (Abeledo-Perrot, Buenos Aires, 2ª ed., 1971). Plazas Vega también menciona la distinción en similares términos al señalar: "En muchos casos, las obras sobre la materia limitan las clasificaciones del Derecho tributario a las especialidades que resultan de su relación con otras ramas del Derecho"; Mauricio A. Plazas Vega, *supra* nota 3, pág. 70.
[5] Héctor Villegas, *Curso de finanzas, derecho financiero y tributario* 163 (Depalma, Buenos Aires, 5.ª ed., 1992).
[6] Albert Hensel, *Derecho tributario* 107-108, 245 y ss. (título original *Steuerrecht*, 3ª ed., 1933, trad. Andrés Báez Moreno, María Luisa González Cuellar Serrano y Enrique Ortiz Calle, Marcial Pons, Madrid, 2005).

autónomo de deberes jurídico-administrativos" (lo que denominamos hoy día *deberes formales*). En la doctrina suiza, BLUMENSTEIN también contribuyó con esta distinción, al señalar que el Derecho tributario material regula la existencia orgánica del impuesto, el poder de imposición y la sujeción a tal poder, el objeto, valoración, dimensión del impuesto, el crédito impositivo y el derecho penal del impuesto. Por su parte, el Derecho tributario formal o administrativo se ha de ocupar del procedimiento de actuación del impuesto[7].

Más recientemente, JARACH define al Derecho tributario material o sustantivo como "[e]l conjunto de normas jurídicas que disciplinan la relación jurídica principal y las accesorias". En este sector se encuentran también "al conjunto de normas de un Estado que sientan los criterios de vinculación de la obligación fiscal a la soberanía del Estado mismo"; pero si tales normas delimitan la soberanía del Estado más allá de sus fronteras se trataría de normas de Derecho tributario internacional[8]. En este sentido, VILLEGAS señala que el derecho tributario material "contiene las normas sustanciales relativas en general a la obligación tributaria. Estudia cómo nace la obligación de pagar tributos (mediante la configuración del hecho imponible) y cómo se extingue esa obligación; examina cuáles son sus diferentes elementos: sujetos, objeto, fuente y causa, así como sus privilegios y garantías"[9].

Por otro lado, JARACH considera que el Derecho tributario formal o administrativo sería "[e]l conjunto de normas jurídicas que disciplina la actividad administrativa, que tiene por objeto asegurar el cumplimiento de las relaciones tributarias sustantivas y de las relaciones entre administración pública y particulares que sirven al desenvolvimiento de esta actividad"[10]. Igualmente, VILLEGAS considera que "estudia todo lo concerniente a la aplicación de la norma material al caso concreto en sus diferentes aspectos: analiza especialmente la determinación del tributo, pues su objetivo es establecer qué suma de dinero concreta adeuda cada persona y cómo esa suma llega a ingresar en las arcas estatales"[11].

---

[7] Ernst Blumenstein, *supra* nota 2, págs. 10 y 11.
[8] Dino Jarach, *supra* nota 4, pág. 14.
[9] Héctor Villegas, *supra* nota 5, pág. 163. Plazas Vega señala que "[p]articipan del Derecho tributario material las normas que regulan los elementos constitutivos de la obligación tributaria sustancial (hecho generador, base imponible, alícuota, etc.)"; Mauricio A. Plazas Vega, *supra* nota 3, págs. 65-66.
[10] Dino Jarach, *supra* nota 4, pág. VIII.
[11] Héctor Villegas, *supra* nota 5, pág. 163. Plazas Vega señala que forman parte del mismo "las normas que regulan el procedimiento (la declaración y las demás obligaciones formales e instrumentales, el proceso tributario, etc.)"; Mauricio A. Plazas Vega, *supra* nota 3, pág. 66.

Esta distinción resulta fundamental para comprender el Derecho tributario. En España, SAINZ DE BUJANDA señaló diversos argumentos para admitir sin dilaciones dicha distinción; en primer lugar, desde un punto de vista didáctico que se ha de traducir en una escisión ideal en el seno de la normativa según su contenido. En segundo lugar, un argumento positivo, debido a la articulación que hace el legislador entre relaciones jurídicas materiales y otros elementos como los deberes no patrimoniales, sujeciones, poderes y potestades. Finalmente, un tercer argumento de tipo científico que resalta la existencia de "vínculos jurídicos de contenido patrimonial y vínculos de contenido no patrimonial" y asimismo, que de "la realización del hecho imponible pueden también surgir otros efectos jurídicos, que no son la obligación tributaria *stricto sensu*" tales como sujeciones y deberes "que, dentro del amplio cuadro del fenómeno tributario no tienen contenido patrimonial"[12].

Debemos admitir la argumentación expuesta por el autor español sobre el expreso reconocimiento de la distinción entre el Derecho tributario sustantivo y el Derecho tributario adjetivo pues no cabe duda de la posibilidad de realizar una escisión ideal de la normativa tributaria que ayuda a su enseñanza y aprendizaje, ello corresponde a un argumento didáctico que carecería de importancia si no fuera porque también existen dos argumentos adicionales.

Es cierto también que el legislador emplea esta distinción cuando estructura los textos tributarios con lo cual queda confirmado el argumento positivo. Tal fue el caso de la Ley General Tributaria española de 1963 que no sólo parece responder esta distinción sino que también se acentúa "puesto que no pocos institutos se regulan primero desde una perspectiva estática [sustantiva], y después desde un aspecto dinámico [adjetivo]"[13]; en términos similares el Modelo de Código Tributario para América Latina OEA-BID. De regreso a España, la vigente Ley 58/2003, General Tributaria española cuya estructura se perfila siguiendo la distinción señalada[14] y en igual sentido, el Modelo de Código Tributario

---

[12] 2 Fernando Sainz de Bujanda, *Sistema de Derecho Financiero I* 167 (Facultad de Derecho de la Universidad Complutense, Madrid, 1985).
[13] José Manuel Tejerizo López, *El procedimiento de gestión tributaria* en César Albiñana García-Quintana, Eusebio González García, Juan Ramallo Massanet, Ernesto Lejeune Valcárcel y Ana Yábar Sterling (Coord.), *Estudios en homenaje al Profesor Pérez de Ayala* 442, 421-448 (Dykinson, Madrid, 2007).
[14] El Título I se refiere a las Disposición generales del ordenamiento tributario y posee dos capítulos, el primero sobre principios generales y el segundo, sobre las normas tributarias. El Título II sobre los tributos, cuyos capítulos se refieren a disposiciones generales, obligados tributarios, elementos de cuantificación de la obligación tributaria principal y de la obligación de realizar pagos a cuenta, la deuda tributaria. El Título III se refiere a la aplicación de los tributos, y sus capítulos van referidos a principios generales, normas comunes sobre actuaciones y procedimientos tributarios, actuaciones y procedimiento de gestión tributaria, actuaciones

del Centro Interamericano de Administraciones Tributarias (CIAT)[15]. En lo que respecta a la estructura del Código Orgánico Tributario venezolano no hay duda de la influencia de la distinción pues hasta el artículo 78 se regulan aspectos sustanciales del tributo, a partir del artículo 79 se regulan los ilícitos tributarios, y, a partir del artículo 130 se regulan los aspectos procedimentales (tanto administrativos como la primera instancia en vía judicial)[16].

El tercer argumento expuesto por SAINZ DE BUJANDA y al cual nos adherimos pone énfasis en el nacimiento de vínculos jurídicos de carácter no patrimonial. Es indudable que del fenómeno tributario se origina la más diversa gama de relaciones tanto de contenido patrimonial como de contenido no patrimonial, en este último caso, estamos en presencia de deberes tributarios, sujeciones y potestades que vienen a ofrecer una visión más acabada del fenómeno tributario. Argumento que se ve reforzado con la presencia cada vez mayor de una serie de vínculos derivados de la intervención de los particulares en la aplicación del tributo a través de declaraciones, autoliquidaciones, inscripción en registros, práctica de retenciones, llevanza de registros contables, emisión de comprobantes, comparecencias, suministros de información, etc., y que tienen en contraposición una serie de facultades de la Administración pública.

Pero es de advertir que no se debe pretender una separación absoluta entre ambos sectores del Derecho Tributario, es preferible alcanzar un método de análisis que procure su integración pues como ha advertido HORVATH, "ninguna de las dos partes se basta por sí sola para explicar el fenómeno tributario. No debe ponerse acento en ninguna de ellas aisladamente, ya que ambas tienen que entenderse simultáneamente, ineludiblemente engarzadas, so pena de quedarse uno con una visión meramente parcial del fenómeno tributario"[17].

---

y procedimientos de inspección, actuaciones y procedimiento de recaudación. El Título IV es relativo a la potestad sancionadora, mientras que el Título V se refiere a la revisión en vía administrativa y posteriormente las disposiciones transitorias.

[15] Este documento fue publicado en mayo de 2015 bajo el lema "Un enfoque basado en la experiencia Iberoamericana" y se estructura de la siguiente manera: Título I Disposiciones preliminares y cuyos capítulos comprenden su ámbito de aplicación, principios generales tributarios y normas tributarias. El Título II se refiere al tributo y las relaciones tributarias sustantivas y sus capítulos se refieren a las disposiciones generales, sujeto activo y obligados tributarios, el régimen jurídico de las responsabilidades tributarias, capacidad de obrar, domicilio tributario, determinación de la obligación tributaria, la deuda tributaria y derechos de los obligados tributarios. El Título III es relativo a las actuaciones y procedimientos de aplicación de los tributos y de la asistencia administrativa mutua en materia fiscal, cuyo nombre basta para ilustrar su contenido. El Título IV regula las infracciones y sanciones tributarias, y, finalmente, el Título V se refiere a los procedimientos de revisión de actos administrativos.

[16] Publicado en Gaceta Oficial N° 6.152 Extraordinario de fecha 18 de noviembre de 2014.

[17] Estevão Horvath, *La autoliquidación tributaria* 14 y 16 (tesis doctoral, Universidad Autónoma de Madrid, 1991). Asimismo, se muestran partidarios de la tesis integración de los aspectos formales y materiales autores como Montserrat Ballarín Espuña, *Los ingresos tributarios fuera de plazo sin requerimiento previo* 24 (Marcial Pons,

Tampoco se debe caer en el error de una interpretación aislada del Derecho Tributario frente al resto del ordenamiento jurídico pues no estamos en presencia de compartimientos aislados entre sí sino que más bien existe una conexión lógica con las demás ramas del Derecho Financiero (Derecho Presupuestario, Derecho Patrimonial Público, Derecho del Crédito Público), asimismo, con el Derecho Constitucional, el Derecho Administrativo, con el propio Derecho Civil de donde toma importantes conceptos, con el Derecho Penal, asimismo con el Derecho Internacional, Procesal y Mercantil.

B.- Autonomía del Derecho Tributario

El Derecho Tributario disfruta de autonomía pues posee principios e instituciones propias que la separan del resto de las ramas del Derecho. No obstante, ello no debe llevarnos a considerarlo como un compartimiento aislado del resto del ordenamiento jurídico. JARACH ha señalado que el Derecho tributario sustantivo o material es "el verdadero derecho tributario, autónomo estructural y dogmáticamente"[18] y en ello coincidimos totalmente.

Según el autor, la autonomía estructural "consiste en la configuración formal de los institutos de naturaleza tal que aparezca una uniformidad o una unidad de estructura de los institutos de una determinada rama del derecho, diferente de la estructura de los institutos de otras ramas del derecho", y señala asimismo, "[s]i un conjunto de normas jurídicas que tengan un objeto unitario forma institutos jurídicos que poseen también una estructura propia, uniforme, apta a caracterizarlos, se puede afirmar que este conjunto de normas constituye una rama del derecho estructuralmente autónoma: Si, además, esta rama del derecho elabora conceptos propios, que sirven solamente a ella, posee también una autonomía dogmática"[19].

Esta autonomía puede ser pregonada respecto del Derecho tributario sustantivo en la que existe una uniformidad respecto al tributo a partir del deber de contribuir al gasto público establecido en el artículo 133 de la Constitución de la República Bolivariana de Venezuela, cuando señala: *"Toda persona tiene el deber de coadyuvar a los gastos públicos mediante el pago de impuestos, tasas y contribuciones que establezca la ley"*. Tributación que se debe establecer

Madrid, 1997); Rosa María Alfonso Galán, *Los intereses por retraso o demora a favor de la Hacienda Pública* 48 (Dykinson, Madrid, 1998).

[18] Dino Jarach, *supra* nota 4, pág. 14.

[19] *Ídem*, págs. 20-21.

conforme los principios de capacidad económica, generalidad, progresividad, no confiscatoriedad, igualdad y según el principio de legalidad tributaria[20], así nacen conceptos unitarios como el de la obligación tributaria que se origina de la realización del hecho imponible y también las propias normas que definen al hecho imponible[21]. Por el contrario, el derecho tributario adjetivo no comparte estos mismos principios y se aproxima a principios del Derecho Administrativo y a conceptos como el de sujeción; de éste forman parte el procedimiento y el acto de determinación.

El Título II *De la obligación tributaria,* en su Capítulo I *Disposiciones Generales* del Código Orgánico Tributario constituye un manifestación inequívoca de la autonomía del Derecho tributario sustantivo o material. El artículo 13 en cuanto dispone el origen de la obligación tributaria, sujetos *grosso modo* y el carácter personal del vínculo que se origina; el artículo 14 sobre la inoponibilidad al fisco de los convenios entre particulares referentes a la aplicación de las normas tributarias; el artículo 15 sobre la no afectación de la obligación tributaria; el artículo 16 sobre la interpretación de la norma tributaria según la realidad económica y el artículo 17 relativo a la supletoriedad del derecho común en lo no previsto en este Título.

C.- Fuentes del Derecho Tributario

El Derecho Tributario posee una serie de fuentes que no presenta mayores novedades respecto a las tradicionales fuentes del Derecho según la doctrina kelseniana. A partir de la Constitución se derivan una serie de *competencias normativas* a las que nos hemos referido en nuestra obra *Poder y Potestad Tributaria. Acerca de las competencias tributarias en la República Bolivariana de Venezuela* publicada en 2010; en aquella oportunidad señalamos que "[l]a sistematización de las diversas competencias atribuidas a los entes político-territoriales constituye un aspecto fundamental para la comprensión del sistema tributario venezolano, para alcanzar dicho fin y atendiendo a la naturaleza de las funciones desarrolladas por los organismos públicos" clasificamos las competencias tributarias en: normativas, administrativas, sobre los rendimientos, jurisdiccionales, del Poder Ciudadano, del Poder Electoral y de colaboración. Ahora nos ubicamos en las competencias normativas.

---

[20] Sobre estos principios *vide* la Lección II de la presente obra.
[21] Jarach dedica un apartado al respecto y sobre el cual se debe remitir la lectura, se trata del "El Derecho tributario sustantivo y su autonomía estructural frente al Derecho Financiero y al Derecho Administrativo: Naturaleza del acto de determinación (*'accertamento'*)", en su obra Dino Jarach, *supra* nota 4, pág. 19 y ss.

El artículo 2 del Código Orgánico Tributario se refiere a las fuentes del derecho tributario, y enumera:

1.- *"Las disposiciones constitucionales"*: como norma suprema y fundamento del ordenamiento jurídico, la Constitución de la República Bolivariana de Venezuela posee una serie de preceptos relativos a:

a.- Deber de contribuir: el artículo 133 establece el deber de contribuir con el gasto público mediante el pago de impuestos, tasas y contribuciones especiales establecidos por la ley.

b.- Principios constitucionales que rigen la tributación: se encuentran en diversos preceptos tales como el de legalidad tributaria (artículo 317), generalidad (artículo 133), capacidad económica (artículo 316), progresividad (artículo 316), igualdad (artículo 21), no confiscatoriedad (artículo 317), elevación del nivel de vida de la población, recaudación eficiente y protección de la economía nacional (artículo 316).

c.- Competencias entre niveles del Poder Público: el texto constitucional distribuye las competencias tributarias entre los distintos niveles del Poder público; así se encuentran los tributos nacionales (artículo 156), estadales (artículo 164) y municipales (artículo 179). Establece que la competencia residual en materia tributaria corresponde al Poder Público nacional (artículo 156, numeral 12, parte final), señala prohibiciones a los estados y municipios (artículo 183).

d.- Competencias de coordinación y armonización de competencias: esta competencia corresponde al Poder Público Nacional conforme el artículo 156 numeral 13, por lo cual se ejerce sobre las demás potestades tributarias. El numeral señala: *"La legislación para garantizar la coordinación y armonización de las distintas potestades tributarias; para definir principios, parámetros y limitaciones, especialmente para la determinación de los tipos impositivos o alícuotas de los tributos estadales y municipales; así como para crear fondos específicos que aseguren la solidaridad interterritorial"*. Con anterioridad hemos asumido el criterio de ROMERO-MUCI cuando señalaba que con ello se busca garantizar "uniformidad en el diseño legislativo"[22].

---

[22] Humberto Romero-Muci, *La distribución del poder tributario en la nueva Constitución*, 89 *Revista de Derecho Tributario* 87, 83-102 (Legis-Asociación Venezolana de Derecho Tributario, Caracas, 2000). El autor se ha referido a la misma como "garantía jurídica de la armonización y coordinación tributarias", la cual es considerada como una "limitación a la autonomía tributaria de los entes menores, concreción de los principios de «unidad» o de «integridad territorial», por un lado y, de otro, de «concurrencia» que proclama la Constitución Bolivariana, ex-artículo 4, para asegurar que el Sistema Tributario (…), se oriente efectivamente a la protección de la economía nacional y a la elevación del nivel de vida de la población, como también lo manda la propia Constitución en su [a]rtículo 316" (pág. 88); sobre esta competencia *vide* Lenin José Andara Suárez, *Poder y Potestad Tributaria. Acerca de las competencias tributarias en la República Bolivariana de Venezuela* 46 (autor, Mérida, 2010).

En materia de tributación municipal esta competencia tiene como ley coordinadora y armonizadora a la *Ley Orgánica del Poder Público Municipal*; en cuanto a la tributación estadal no existe una ley con estas características.

e.- Distinción entre potestad tributaria y potestad reguladora: esta distinción se encuentra establecida en el encabezado del artículo 180 en los siguientes términos: "*La potestad tributaria que corresponde a los Municipios es distinta y autónoma de las potestades reguladoras que esta Constitución o las leyes atribuyan al Poder Nacional o Estadal sobre determinadas materias o actividades*". Sobre este particular ya habíamos hecho alusión en nuestra obra *Poder y Potestad Tributaria. Acerca de las competencias tributarias en la República Bolivariana de Venezuela*[23], en esa oportunidad hacíamos referencia a la jurisprudencia de la Sala Constitucional en la que se precisó que se debía diferenciar entre ambas potestades y dejar a salvo la potestad tributaria municipal, la cual no se puede ver afectada por el ejercicio de competencias regulatorias nacionales o estadales. A su vez, los municipios no pueden regular actividades que corresponden al Poder Público Nacional o estadal con el pretexto de asegurar la recaudación.

f.- Inmunidades frente a las potestades impositivas de los municipios: a esta se refiere el apartado único del artículo 180 constitucional cuando dispone: "*Las inmunidades frente a la potestad impositiva de los Municipios, a favor de los demás entes político territoriales, se extiende sólo a las personas jurídicas estatales creadas por ellos, pero no a concesionarios ni a otros contratistas de la Administración Nacional o de los Estados*". Precepto por demás bastante explícito en cuanto a sus alcances. Sobre la inmunidad fiscal hablaremos *infra* en la presente Lección.

Los preceptos constitucionales deben ser interpretados en relación con el resto del articulado, en especial, tomando en consideración la preeminencia de los derechos humanos (y aún los no reconocidos expresamente). Diversas disposiciones pueden ser vinculadas de forma indirecta con la materia tributaria pero ello no desnaturaliza su naturaleza, así sucede con el Derecho de propiedad (artículo 115) que forma parte de los derechos individuales reconocido en los albores del Estado liberal.

2.- "*Los tratados, convenios o acuerdos internacionales celebrados por la República Bolivariana de Venezuela*". Ya de antaño en la doctrina italiana se ha resaltado la importancia de los mismos, en el entendido que "los acuerdos internacionales se convierten en fuente de

---

[23] Lenin José Andara Suárez, *supra* nota 22, pág. 46.

derecho interno cuando se hacen ejecutivos en el Estado", como señalaba Giannini[24]. Su importancia se acrecenta hoy día dado los efectos de la globalización. El autor italiano señalaba en 1956 una tendencia cada vez más acentuada en nuestros tiempos: "Esta fuente ha adquirido una gran importancia en el Derecho tributario, dada la tendencia, manifestada sobre todo en los últimos años, a regular mediante acuerdos entre dos o más Estados el régimen tributario de quienes reciben o poseen bienes o desarrollan su actividad en el territorio de varios Estados, con el designio de impedir la doble imposición, determinando qué elementos sirven de base para que surja en cada uno de los Estados adheridos la potestad de someter al tributo las manifestaciones singulares de capacidad contributiva".

Nuestro país ha implementado diversos instrumentos de esta naturaleza, en este sentido es de resaltar el "Convenio entre el Gobierno de la República de Venezuela y el Gobierno de los Estados Unidos de América con el objeto de evitar la doble tributación y prevenir la evasión fiscal en materia de impuesto sobre la renta y sobre el patrimonio"; asimismo, el "Acuerdo entre el Gobierno de la República Bolivariana de Venezuela y el Gobierno de la República Popular de China para evitar la doble tributación y prevenir la evasión fiscal en materia de impuesto sobre la renta y sobre el patrimonio".

3.- *Las leyes y los actos con fuerza de ley.* El artículo 2, Parágrafo Segundo del Código Orgánico Tributario entiende por ley, *"los actos sancionados por las autoridades nacionales, estadales y municipales actuando como cuerpos legisladores"*, con ello se da un carácter amplio a lo establecido en el artículo 202 de la Constitución[25]; por ello cumplen con este requisito las leyes nacionales emanadas de la Asamblea Nacional, las leyes aprobadas por los Consejos Legislativos Estadales, y las Ordenanzas Municipales aprobadas por los Concejos Municipales[26]; pero también cumplen esta función los Decretos con Rango, Valor y Fuerza de Ley[27]. La ley constituye un instrumento fundamental como fuente en el Derecho tributario, y ello en virtud del principio de legalidad tributaria establecido en el artículo 317 de la Constitución y desarrollado en el artículo 3 del Código Orgánico Tributario.

---

[24] Achille Donato Giannini, *Instituciones de Derecho Tributario* 26-27 (título original: *Istituzioni di Diritto Tributario*, 7.ª ed., 1956, trad. Fernando Sainz de Bujanda, Editorial de Derecho Financiero, Madrid, 1957).
[25] El artículo 202 de la Constitución venezolana señala: *"La ley es el acto sancionado por la Asamblea Nacional como cuerpo legislador"*.
[26] Hemos redundado en cuanto al órgano que aprueba las Ordenanzas Municipales debido al persistente error en cuanto a la denominación que los mismos poseen.
[27] Es de resaltar la importancia de esta figura en el Derecho tributario venezolano pues el vigente Código Orgánico Tributario fue aprobado mediante el Decreto N° 1.434 de 17 de noviembre de 2014, asimismo la Ley de Reforma del Impuesto sobre la Renta y la Ley que establece el Impuesto al Valor Agregado aprobados mediante los Decretos 1.435 y 1.436, respectivamente.

En este nivel normativo se debe tomar en consideración los distintos tipos de leyes. Así, *"Las leyes que regulan sistemáticamente las normas relativas a determinada materia se podrán denominar códigos"* conforme el artículo 202 de la Constitución, y en la materia tributaria corresponde al Código Orgánico Tributario que si bien regula *"los tributos nacionales y a las relaciones jurídicas derivadas de esos tributos"* es de aplicación supletoria a los demás entes de la división político territorial, según lo dispuesto en el artículo 1 del propio Código. Luego tenemos las leyes orgánicas[28] cuyo caso paradigmático en materia tributaria es la Ley Orgánica de Aduanas. Finalmente, las leyes especiales que en nuestra área regulan cada tributo en particular, como la Ley del Impuesto sobre la Renta, Ley del Impuesto al Valor Agregado, Ley del Impuesto sobre Sucesiones, Donaciones y demás ramos conexos, entre otras.

4.- *Los contratos relativos a la estabilidad jurídica de regímenes de tributos nacionales, estadales y municipales.* Esta figura se encontraba prevista en el *Decreto con Rango, Valor y Fuerza de Ley de Promoción y Protección de Inversiones*, no obstante, este instrumento normativo fue derogado por el Decreto N° 1.438, mediante el cual se dictó el *Decreto con Rango, Valor y Fuerza de Ley de Inversiones Extranjeras* publicado en la Gaceta Oficial N° 6.152 Extraordinario de 18 de noviembre de 2014 en la que no se preveía esta figura.

A su vez, este último Decreto-ley fue derogado por la *Ley Constitucional de Inversión Extranjera Productiva* publicada en Gaceta Oficial de 29 de diciembre de 2017. Este instrumento normativo prevé que puede otorgarse condiciones favorables, beneficios o incentivos de promoción y estímulo a la inversión extranjera, y entre los mismos se prevé, conforme el artículo 23: desgravámenes, bonificación en impuestos, exenciones arancelarias, exenciones tributarias, entre otros. Los mismos *"estarán debidamente detallados en los contratos de inversión extranjera registrados, según sea el caso, siendo la vicepresidencia sectorial en materia de economía, a proposición del órgano rector y oída la opinión del órgano o ente competente, el encargado de establecer las condiciones de los mismos"*, conforme el artículo 24 *eiusdem*. Los contratos de inversión extranjera, previsto en el artículo 38 de la ley, son fundamentales en la concesión de los beneficios y son de carácter obligatorio entre las partes.

---

[28] El artículo 203 de la Constitución define como leyes orgánicas de la siguiente manera: *"Son leyes orgánicas las que así denomina esta Constitución; las que se dicten para organizar los poderes públicos o para desarrollar los derechos constitucionales y las que sirvan de marco normativo a otras leyes"*.

5.- *"Las reglamentaciones y demás disposiciones de carácter general establecidas por los órganos administrativos facultados al efecto"*. En este renglón se deriva de la necesidad de actos normativos de desarrollo de las leyes[29], que puede comprender de forma limitada aspectos materiales y aspectos procedimentales, la misma corresponde a la rama ejecutiva del Poder Público.

En primer lugar se encuentran los reglamentos, cuya competencia es atribuida al Presidente de la República conforme el artículo 236, numeral 10 de la Constitución. El precepto le atribuye la competencia para *"Reglamentar total o parcialmente las leyes, sin alterar su espíritu, propósito y razón"*. Esta potestad se ejerce a través de Decretos y "consiste en desarrollar una actividad no innovativa del ordenamiento jurídico y en toda caso ejecutora de las grandes decisiones políticas que corresponde a las leyes concebir", según ha señalado la jurisprudencia patria[30]. Los Reglamentos son de gran relevancia en materia tributaria debido a que desarrollan las leyes especiales sobre tributos específicos en forma que suele ser bastante detallada, así por el ejemplo, los Reglamentos de la Ley del Impuesto al Valor Agregado, o el Reglamento de la Ley del Impuesto sobre la Renta. Existen también Reglamentos sobre aspectos parciales como el Reglamento Parcial de la Ley del Impuesto sobre la Renta en materia de retenciones.

Otros actos normativos de origen administrativa son las Resoluciones y Providencias Administrativas. Los mismos suelen ser cambiantes y de gran auge en el Derecho tributario debido a la necesidad de ajustarse a la dinámica económica, no obstante, ello trae consigo un cierto grado de dispersión, complejidad normativa y hasta de inseguridad jurídica.

En virtud de los instrumentos anteriores se producen actos normativos de carácter general cuya aplicación puede corresponder a la Administración tributaria o pueden ser ejecutados de forma directa por los obligados tributarios, asimismo, en caso de controversias se hará necesaria la intervención de los órganos jurisdiccionales. Sobre las demás competencias remitimos a las lecturas señaladas en notas al pie de página.

---

[29] Como ya señalamos, la competencia normativa forma parte de las distintas competencias tributarias que hemos señalado en la obra Lenin José Andara Suárez, *supra* nota 22, págs. 53 y ss., en este caso, cargo de la rama ejecutiva.
[30] *Vide ídem,* pág. 57.

D.- Interpretación de la normativa tributaria

Sobre la interpretación de la normativa tributaria existen diversos pronunciamientos doctrinarios que mantienen toda su vigencia; los mismos parten desde los postulados fundamentales del Derecho Tributario hasta un particular análisis de nuestro Código Orgánico Tributario.

En la Constitución de 1999 se estableció, en su Disposición Transitoria Quinta, que la reforma que se debía hacer del Código Orgánico Tributario en un plazo no mayor de un año se debía establecer una *"interpretación estricta de las leyes y normas tributarias, atendiendo al fin de las mismas y a su significación económica, con el objeto de eliminar ambigüedades"*. Y este es el punto de análisis del Código actual en el que se regula la interpretación de la norma tributaria.

1.- Admisión de los métodos de interpretación en la normativa tributaria

En primer lugar debemos señalar lo dispuesto en el artículo 5 del Código Orgánico Tributario: *"Las normas tributarias se interpretarán con arreglo a todos los métodos admitidos en derecho, atendiendo a su fin y a su significación económica, pudiéndose llegar a resultados restrictivos o extensivos de los términos contenidos en las normas tributarias"*; siguiendo a JOSÉ ANDRÉS OCTAVIO L. podemos señalar tres aspectos fundamentales del encabezado del precepto[31]:

1.- La norma tributaria está sometida a interpretación en sus diversos métodos pero bajo la premisa de una interpretación funcional y según la realidad económica.

2.- "Las normas tributarias deben ser interpretadas en función de las realidades sobre las cuales proyectan sus efectos, que no son otras que los flujos de riqueza que el legislador valora como reveladoras de capacidad contributiva al establecer los distintos hechos imponibles".

3.- Como resultado de la interpretación se puede llegar a resultados *"restrictivos o extensivos"*, por lo que el intérprete "deberá desentrañar el sentido y alcance de la norma, a través de la finalidad perseguida por el legislador al establecer el tributo"[32].

---

[31] José Andrés Octavio L., *La interpretación de las normas tributarias* en *Estudios sobre el Código Orgánico Tributario* 228-229, 230 y 231, 225-260 (Livrosca, Caracas, 2002).

[32] En este sentido, también señala el autor: "sin que sea posible restringir el alcance de la norma, desconociendo supuestos en ella establecidos, inclusive aquellos implícitamente contenidos, pues la interpretación sería contraria a la Ley, o extender el alcance de la norma y aplicarla a supuestos que no se correspondan con los contenidos explícita o implícitamente en la misma, so pena de incurrir en la integración analógica, inaplicable a las normas tributarias materiales" (pág. 231).

Se puede notar que existe una gran diferencia entre lo dispuesto en la Disposición Transitoria Quinta, ya citada, y el contenido del artículo 5 del Código Orgánico Tributario pues en este último precepto no se hace referencia a la "*interpretación estricta de las leyes y normas tributarias*" sino que se prevé la posibilidad de llegar "*a resultados restrictivos o extensivos*"[33]. VALDÉS COSTA había señalado sobre la *interpretación estricta* que "sería aplicable a toda interpretación, con exclusión de cualquier extensión analógica. En esas condiciones es inadmisible la expresión interpretación estricta de las normas que crean, modifican o suprimen obligaciones tributarias"[34].

En la doctrina patria PULIDO GONZÁLEZ y LEGUIZAMÓN CORDERO se han referido a la *interpretación estricta* al analizar la "*Ley Sobre el Régimen de Remisión y Facilidades Para el Pago de Obligaciones Tributarias Nacionales*" y consideraban que la interpretación estricta fue consagrada por el constituyente de 1999 "como la antítesis de una interpretación ambigua. Refiere el sentido verdadero o claridad de las normas tributarias de acuerdo a su finalidad e incidencia económica". Consideran que cuando se habla de este tipo de interpretación "no se hace referencia a un método de interpretación, sino a un resultado que debe aspirar el intérprete al analizar el contenido de la norma". De allí que consideraron que la interpretación de esta Ley debía hacerse "en forma estricta en función de claridad real, lejos de ambigüedades o dudas, tanto en lo específico de cada norma, como en su contexto de cuerpo normativo o unidad"[35].

2.- La interpretación de las normas relativas a beneficios fiscales

Prosigue el artículo 5 del Código Orgánico Tributario, en su apartado único, al señalar: "*Las exenciones, exoneraciones, rebajas, desgravámenes y demás beneficios o incentivos fiscales se interpretarán en forma restrictiva*". En este caso tampoco se hace referencia a la "*interpretación estricta*" sino a la interpretación "*en forma restrictiva*" sobre lo cual señalaba OCTAVIO L. que la obtención de resultados restrictivos en materia de beneficios fiscales "no puede conllevar

---

[33] Paz Yanastacio ha considerado que con el artículo 5 del Código Orgánico Tributario se ha producido una ambigüedad que se supone debía eliminar con dicho precepto, en virtud de la Disposición Transitoria Quinta de la Constitución de 1999. Y considera esto "porque ahora surge la duda de si lo que se quiso fue establecer un híbrido de cuanto método admitido de interpretación existente en el derecho venezolano, con la interpretación según la realidad económica"; Francisco Paz Yanastacio, *Las economías de opción como instrumentos de control de riesgo fiscal* 82 (Universidad Central de Venezuela, Caracas, 2007).

[34] Ramón Valdés Costa, *Curso de Derecho Tributario* 280 (Temis, Bogotá, 2ª ed., 1996).

[35] José Alfredo Pulido González y Nilda Leguizamón Cordero, *Comentarios a la Ley de Remisión y Facilidades para el Pago de Obligaciones Tributarias Nacionales*, 95 *Revista de Derecho Tributario* 151, 147-195 (Asociación Venezolana de Derecho Tributario, Caracas, 2002).

al desconocimiento de supuestos en ellas establecidos, inclusive aquéllos implícitamente contenidos, pues la interpretación sería contraria a la Ley, desnaturalizando el beneficio otorgado, en perjuicio evidente de la actividad que el legislador ha pretendido fomentar"[36].

El artículo 6 *eiusdem*, se refiere a la admisión de la analogía en materia tributaria, señala al respecto: "*La analogía es admisible para colmar los vacíos legales, pero en virtud de ella no pueden crearse tributos, exenciones, exoneraciones ni otros beneficios, tampoco tipificar ilícitos ni establecer sanciones*". VALDÉS COSTA ha considerado que la analogía no era admisible "para las situaciones reservadas a la ley, porque no es interpretación, sino integración, incompatible con el principio de legalidad inherente al derecho tributario material"[37].

3.- Normas supletorias

La normativa tributaria no es la excepción cuando se trata de abarcar todo el complejo mundo de relaciones. De allí que la supletoriedad esté prevista de forma expresa en el artículo 7 del Código Orgánico Tributario, en los siguientes términos: "*En las situaciones que no puedan resolverse por las disposiciones de este Código o de las leyes, se aplicarán supletoriamente y en orden de prelación, las normas tributarias análogas, los principios generales del derecho tributario y los de otras ramas jurídicas que más se avengan a su naturaleza y fines, salvo disposición especial de este Código*".

Esto tiene especial importancia debido a que el Derecho Tributario recibe diversas figuras jurídicas de otras ramas del Derecho, realizando salvedades o adaptándolas a las particularidades propias del Derecho Financiero. Esta disposición va a acompañada de otras de similares características en el propio Código Orgánico Tributario, así por ejemplo, en materia de procedimientos tributarios, el artículo 158 dispone: "*En caso de situaciones que no puedan resolverse conforme a las disposiciones de esta sección, se aplicarán supletoriamente las normas que rigen los procedimientos administrativos y judiciales que más se avengan a su naturaleza y fines*"; en similares términos en lo que corresponde a los ilícitos tributarios y las sanciones, el artículo 80 *eiusdem* establece: "*A falta de disposiciones especiales de este Título, se aplicarán supletoriamente los principios y normas de Derecho Penal, compatibles con la naturaleza y fines del Derecho Tributario*". Así, pueden resultar aplicables de forma supletoria a la materia tributaria, diversas disposiciones del Código de Procedimiento Civil, de la Ley Orgánica de Procedimientos Administrativos y del Código Penal. Asimismo, el Código Civil puede ser de aplicación supletoria tal como

---

[36] José Andrés Octavio L., *supra* nota 31, pág. 232. El autor señala diversas críticas sobre la expresión "*interpretación estricta*", a cuya lectura remitimos.

[37] Ramón Valdés Costa, *supra* nota 34, pág. 280.

sucede con la regulación de la obligación tributaria y sus modos de extinción, en este sentido, el artículo17 *eiusdem*, dispone: *"En todo lo no previsto en este Título, la obligación tributaria se regirá por el derecho común, en cuanto sea aplicable"*.

En todo caso, la aplicación de normas supletorias debe hacerse tomando en consideración la naturaleza y fines del Derecho Tributario, pues una aplicación literal de otras ramas del Derecho, podría, en muchos casos, ir en contra de los postulados fundamentales de nuestra disciplina; de allí que se hace necesario un análisis puntual en cada caso.

4.- Inoponibilidad al fisco de los convenios entre particulares

JARACH señalaba que "la autonomía dogmática del derecho impositivo tiene por consecuencia que el impuesto debe ser aplicado a la relación económica prescindiendo de las formas jurídicas toda vez que éstas sean inadecuadas para aquélla, exista o no la intención de evadir el impuesto y sea este criterio favorable al Fisco o al contribuyente"[38]. La voluntad de los particulares es irrelevante con miras al nacimiento de la obligación tributaria y los deberes formales.

El artículo 14 del Código Orgánico Tributario establece que *"Los convenios referentes a la aplicación de las normas tributarias celebrados entre particulares no son oponibles al Fisco, salvo en los casos autorizados por la ley"*. Y ello tiene total concordancia con el carácter *ex lege* de la obligación tributaria y de las prestaciones tributarias con un carácter no pecuniario; la voluntad de las partes no puede modificar el contenido de las obligaciones nacidas en virtud de la ley. Ahora bien, ello no se traduce en que los particulares no puedan realizar las contrataciones conforme a su libre discernimiento, los sujetos han de realizar los contratos que consideren convenientes para sus intereses y el Derecho ha de establecer las consecuencias que en el plano jurídico tributario tienen tales contrataciones como fenómeno económico, manifestación de capacidad contributiva.

La razón de ser de esta disposición, ha señalado el Tribunal Supremo de Justicia en Sala Político-Administrativa, "es más que evidente, ya que teniendo la obligación tributaria una fuente exclusivamente legal (*ex lege*), no es posible que los particulares puedan convenir libremente acerca de la aplicación y efectos frente a la administración tributaria de la normativa que rige en esta especial materia. Podrán convenir entre ellos acerca de las

---

[38] Dino Jarach, *supra* nota 4, pág. 161.

responsabilidades derivadas de los efectos de la legislación fiscal sobre sus esferas particulares, pero las consecuencias surgidas de estas convenciones en momento alguno pueden ser esgrimidas frente al ente acreedor del tributo"[39].

5.- Interpretación según la realidad económica

Conforme el principio de sustancia sobre la forma, "el operador jurídico siempre debe penetrar en la verdadera esencia de los hechos o actos gravados por la ley tributaria", así fue señalado por el Tribunal Supremo de Justicia en Sala Políticoadministrativa[40], quien encontraba plasmado dicho principio en el hoy día artículo 15 del Código Orgánico Tributario el cual dispone: "*La obligación tributaria no será afectada por circunstancias relativas a la validez de los actos o a la naturaleza del objeto perseguido, ni por los efectos que los hechos o actos gravados tengan en otras ramas jurídicas, siempre que se hubiesen producido los resultados que constituyen el presupuesto de hecho de la obligación*".

El Tribunal analizaba el caso de un contribuyente en cuyo Registro de Comercio se establecía un objeto social diferente al que realizaba en la práctica. Expresaba que para conocer "cuál es la actividad realizada por una sociedad mercantil, no basta con consultar el objeto social expresado en su documento constitutivo, sino que es imprescindible dejar establecido cuál es la actividad que verdaderamente despliega la compañía en el plano de la realidad"[41]. El Tribunal funda dicho criterio en lo que hoy en día es el artículo 15 ya citado. Comentando esta disposición, se deriva según ANZOLA que "si el acto realizado es nulo de nulidad absoluta; es contrario a la ley ordinaria (civil, mercantil), o a otras leyes; es contrario a la moral, pero produjo el supuesto de hecho señalado en la ley tributaria para dar nacimiento a la obligación tributaria, ella debe nacer y producir las consecuencias tributarias allí previstas"[42].

---

[39] Sala Político-Administrativa del Tribunal Supremo de Justicia, Sentencia de 16 de julio de 2002, caso: Organización Sarela, C. A., 31 *Colección Doctrina Judicial del Tribunal Supremo de Justicia*, 2 *Compilación de la Doctrina de la Sala Políticoadministrativa: Contencioso Administrativo Tributario* 841 (Caracas, 2009).

[40] *Ídem*, pág. 843.

[41] Expresaba asimismo: "De este modo e independientemente de las inconveniencias que ello pudiera generar en el campo del Derecho Mercantil, es perfectamente posible que, a los efectos del Impuesto al Valor Agregado –por ejemplo– una empresa que tenga por objeto social la venta de bienes muebles gravados por el tributo no se encuentre en la obligación de pagarlo si se comprueba que lo realmente efectúa es una actividad no sujeta al referido impuesto, y viceversa, ello por aplicación de los principios antes mencionados" (pág. 844).

[42] Oswaldo Anzola, *La Ley tributaria: su interpretación y los medios legales e ilegales para evitar o reducir sus efectos* en *Homenaje a José Andrés Octavio* 31, 3-54 (Asociación Venezolana de Derecho Tributario, Caracas, 1999).

El artículo 16 del Código Orgánico Tributario vino a consagrar de forma expresa la interpretación de la norma tributaria según su significado económico y en la que prevalece, a decir de OCTAVIO L., "la sustancia sobre las formas"; con ello, el intérprete debe prescindir de "una mera apreciación formal del presupuesto y de los hechos que se pretenden subsumir en la norma, con el objeto de gravar la manifestación de riqueza que el legislador quiso sujetar a imposición, cuando el hecho imponible ha sido definido en atención a una realidad económica y no a una determinada forma"[43]. En este sentido, el encabezado del citado artículo establece: *"Cuando la norma relativa al hecho imponible se refiera a situaciones definidas por otras ramas jurídicas, sin remitirse o apartarse expresamente de ellas, el intérprete puede asignarle el significado que más se adapte a la realidad considerada por la ley al crear el tributo".*

A decir de JARACH, "para el nacimiento de la obligación impositiva es relevante la relación económica, de la cual resulta capacidad contributiva. La ley tributaria, sin embargo, no puede ignorar que las relaciones económicas son creadas muchas veces mediante negocios jurídicos. El negocio jurídico, es decir, la manifestación de voluntad que crea una relación jurídica, interesa a la ley tributaria solamente en cuanto crea la relación económica; ésta constituye el hecho imponible, el presupuesto de la relación impositiva", prevalece así la *intentio facti* y no la *intentio juris*. En breves términos, la *intentio facti*, es "la finalidad empírica, la relación económica", mientras que la *intentio juris* es la manifestación "dirigida a someter esa relación a un determinado régimen de derecho privado"[44]. Siguiendo el criterio expuesto en el artículo 16 del Código, prevalece la *intentio facti* sobre la forma, esto es, sobre la *intentio juris*. El propio Tribunal Supremo de Justicia en Sala Político-Administrativa ha reconocido que "el hecho generador del tributo está configurado por actos o hechos que pueden tener su origen en vínculos contractuales nacidos entre dos o más sujetos"[45].

Estaríamos en presencia de un acto celebrado bajo formas del Derecho Civil o Mercantil (*intentio juris*), pero al cual correspondería dar otra calificación atendiendo la finalidad económica (*intentio facti*) y por ende, causando un perjuicio al fisco, bien porque se haya

---

[43] José Andrés Octavio L., *supra* nota 31, pág. 237.

[44] Dino Jarach, *supra* nota 4, págs. 81-82, 126 y 127. En términos amplios, el autor define la *intentito facti* como la "manifestación de voluntad dirigida a crear los efectos empíricos, es decir, la relación económico-social", mientras la que *intentito juris* es la "manifestación de voluntad dirigida a la absorción de la relación económico-social bajo un determinado esquema y una determinada disciplina jurídico privada" (pág. 80).

[45] Sala Político-Administrativa, *supra* nota 39, pág. 842. En dicha Sentencia también se señala: "la aplicación de las figuras antes mencionadas no debe hacerse a partir de presunciones caprichosas y gratuitas del funcionario actuante, sino que requiere de la existencia de pruebas contundentes que demuestren fehacientemente elementos tales como que el contribuyente ha tenido el propósito fundamental de eludir la carga tributaria al emplear una forma jurídica determinada, o que la utilizada por él es manifiestamente inadecuada frente a la realidad económica subyacente" (pág. 843).

evadido un tributo o se haya producido uno menor. Sin que ello coarte la libertad de los sujetos de escoger la forma jurídica de su preferencia, cuando así ha sido admitido por el Derecho. "Cierto es, –señala el Tribunal Supremo de Justicia– que existen algunos casos en que los contribuyentes recurren a determinadas formas jurídicas con el propósito fundamental de eludir la carga tributaria que, bajo un escenario normal, tendrían que enfrentar, y que en estas situaciones es posible que la administración tributaria aplique figuras como el denominado «abuso de las formas», y el desconocimiento del uso de formas atípicas, a fin de proteger los intereses del Fisco Nacional y cuidar la efectiva y correcta aplicación de las normas tributarias, pero es importante destacar que estas herramientas deben ser utilizadas con sumo cuidado por las autoridades fiscales, a objeto de que no degeneren en arbitrariedades que vulneren el denominado principio de «economía de opción», que en materia tributaria se traduce en que ningún individuo puede ser obligado a estructurar sus negocios de la forma que le sea más gravosa desde el punto de vista fiscal"[46].

Para que la Administración Tributaria pueda acudir a esta interpretación debe llevar a cabo el *Procedimiento de fiscalización y determinación* establecido en los artículos 187 y siguientes del Código Orgánico Tributario; se excluye así otro tipo de procedimientos, como el de verificación, por ejemplo. Así lo dispone el artículo 16 en su apartado único, el cual dispone: "*Al calificar los actos o situaciones que configuren los hechos imponibles, la Administración Tributaria, conforme al procedimiento de fiscalización y determinación previsto en este Código, podrá desconocer la constitución de sociedades, la celebración de contratos y, en general, la adopción de formas y procedimientos jurídicos, cuando éstos sean manifiestamente inapropiados a la realidad económica perseguida por los contribuyentes y ello se traduzca en una disminución de la cuantía de las obligaciones tributarias*". Esta interpretación se daría porque los sujetos han realizado un negocio jurídico con determinadas consecuencias tributarias y la Administración tributaria considera que la misma no refleja la verdadera realidad económica; y por ende, procede a desconocerlo por ser inapropiados a "*la realidad económica perseguida por los contribuyentes*".

Las decisiones que sobre este particular tome la Administración tributaria tienen efectos limitados sólo a la materia tributaria. En este sentido, el artículo 16 en su parágrafo único *eiusdem*, dispone: "*Las decisiones que la Administración Tributaria adopte conforme a esta disposición, sólo tendrán implicaciones tributarias y en nada afectarán las relaciones jurídico-privadas de las partes intervinientes o de terceros distintos del Fisco*". Esta limitación de efectos cobra importancia

---

[46] Sala Político-Administrativa, *supra* nota 39, pág. 842.

porque se pone en duda la realidad económica de un negocio privado, pero se debe advertir que las decisiones de la Administración Tributaria, no tienen ningún efecto en un posible proceso civil de simulación, por ejemplo, debido a que la ley lo limita expresamente.

La interpretación según la realidad económica constituye un mecanismo para evitar que los sujetos puedan obviar obligaciones tributarias, por ello se incluye dentro de los métodos antielusivos[47]. Así, se debe hacer referencia a la *elusión fiscal.* En la que según CRER FRANCÉS, "no se produce incumplimiento alguno de la obligación tributaria, ya sea porque ésta no llegó legalmente a nacer, por efecto de la utilización abusiva de formas jurídicas con el fin de impedir la verificación del hecho imponible, o bien, porque a pesar de haber ocurrido éste, el contribuyente pagó la totalidad del tributo aplicado al negocio realizado, o estructurado en forma atípica, el cual por supuesto, resultó inferior al que hubiese correspondido pagar de haberse realizado el negocio de acuerdo con el tipo contractual previsto en la ley tributaria"[48].

Diferente es el caso de las *economías de opción* (también llamada planificación fiscal, economía fiscal) en las que el sujeto emplea una de las formas jurídicas disponibles en el sistema tributario "con el objeto de realizar las transacciones requeridas bajo la aplicación de las normas impositivas más favorables o menos gravosas" tal como lo señala PAZ YANASTACIO[49]; en correspondencia ha señalado BORGES VEGA, "[e]l supuesto de economía de opción si bien busca disminuir el efecto fiscal de los hechos jurídicos utiliza mecanismos lícitos para lograr ese objetivo"[50].

En el extremo de la ilegalidad nos vamos a encontrar con la *evasión tributaria*, un término dentro del cual se puede incluir los subterfugios para evadir la responsabilidad tributaria[51]. Así, podemos encontrar en el Código Orgánico Tributario la clásica figura de la *defraudación tributaria,* castigada con prisión de seis meses a siete años; asimismo, *la falta de enteramiento de anticipos por parte de los agentes de retención o percepción,* sancionada con pena de cuatro a seis años, conforme los artículos 119 y 121 *eiusdem.*

Se debe advertir que esta materia está rodeada de una imprecisión terminológica que puede llevar a confusión conforme la obra consultada. Así lo ha manifestado la doctrina

---

[47] Francisco Paz Yanastacio, *supra* nota 33, pág. 25.
[48] Corina Daniela Crer Francés, *Evasión tributaria. Elusión, la Defraudación y la Economía de Opción* 38 (Vadell Hermanos, Caracas, 2011).
[49] Francisco Paz Yanastacio, *supra* nota 33, pág. 20.
[50] Carmen Luisa Borges Vega, *La defraudación tributaria* 57 (Universidad Central de Venezuela, Caracas, 2006).
[51] *Ídem*, págs. 53-54.

venezolana[52]. WEFFE advertía que las posiciones doctrinales relativas a elusión tributaria, evasión tributaria, abuso de formas, abuso del derecho, fraude de ley tributaria, simulación y negocio indirecto, sirven para "denominar los hechos más disímiles, de lo que nada seguro puede obtenerse de su caracterización doctrinal sin encender, como ya apuntaba VILLEGAS, una apasionada polémica semántica", por lo que el asunto se sitúa en una perspectiva desalentadora[53]. Por ello es recomendable que para el estudio de estas figuras en el ordenamiento jurídico venezolano se atienda primordialmente tanto la doctrina como la jurisprudencia patria, ello sin desmerecer los importantes aportes de la doctrina extranjera.

II.- EL TRIBUTO

Dentro de los diversos tipos de ingresos públicos los tributos se ubican como ingresos derivados, definidos por MORSELLI como aquellos "que las entidades públicas se procuran mediante contribuciones provenientes de la economía de los individuos pertenecientes a la vida pública"[54]. En este caso, los ingresos públicos por excelencia son los tributarios.

A.- El concepto de tributo

La doctrina ha formulado infinidad de definiciones sobre el tributo, así como de los impuestos, tasas y contribuciones especiales. No obstante, resulta bastante complicado seleccionar aquéllas que permitan reflejar el estado actual del Derecho Tributario sin ser juzgado de arbitrario, aunque como advertía el propio VALDÉS COSTA, la situación ha sido bastante confusa hasta en el plano terminológico en el que el término "*contribución*" era usado como sinónimo de "*tributo*"[55]. Desde el punto de vista del Derecho positivo, el Código Orgánico Tributario no establece una definición del mismo. Podemos señalar que el tributo es una prestación en dinero exigida coactivamente por el Estado en virtud de la

---

[52] Carmen Luisa Borges Vega: *supra* nota 50, pág. 57; Carlos E. Weffe H., *Garantismo y Derecho Penal Tributario en Venezuela* 220 (Globe, Caracas, 2010).

[53] Carlos E. Weffe H., *supra* nota 52, pág. 220.

[54] Manuel Morselli, *Compendio de Ciencias de las Finanzas* 44-45 (título original: *Compendio di Scienza dell Finanze,* 18ª. ed., trad. D. Abad de Santillan, Buenos Aires, Atalaya, 1947). Los ingresos derivados se contraponen a los ingresos originarios, que son aquellos que la entidad toma de su propio patrimonio. El tema relativo al Ingreso Público, lo hemos tratado en nuestra obra Lenin José Andara Suárez, *supra* nota 1, págs. 145 y ss.

[55] Ramón Valdés Costa, *supra* nota 34, págs. 84 y ss.

ley con la finalidad de financiar el gasto público. Vamos a analizar el significado de la definición:

1.-Carácter pecuniario: el tributo tiene carácter pecuniario, hemos seleccionado la expresión "prestación en dinero" debido al uso del término "obligación" con un carácter no pecuniario que se puede encontrar en algunas legislaciones[56] y lo cual puede causar confusión. El artículo 317 de la Constitución prohíbe expresamente que se puedan establecer *"obligaciones tributarias pagaderas en servicios personales"* por lo cual, el carácter pecuniario del tributo no puede ser un objeto controvertido, en este sentido, nos situamos en el ámbito del Derecho tributario sustantivo que tiene como pilar el deber de contribuir con el gasto público vinculado inexorablemente con el principio de capacidad económica.

No obstante, existe una serie de prestaciones no pecuniarias representadas por prestaciones de hacer y de no hacer que acompañan al tributo. Las mismas se enmarcan en el Derecho tributario adjetivo o procedimental, su finalidad es la aplicación de la normativa tributaria y se les denomina *deberes formales*. Pero se debe advertir que no se contribuye al gasto público a través de los deberes formales, sino que mediante los mismos se busca la aplicación del tributo; están teleológicamente vinculados con el tributo y no se rigen por el principio de capacidad económica.

2.- Son exigidas coactivamente por el Estado: la entidad pública es la titular del *ius imperium* (poder de imperio) que le permite establecer tributos conforme criterios de sometimiento que él mismo establece. No obstante, este poder no se ejerce de forma arbitraria sino conforme al Estado de Derecho y, más recientemente, según el *Estado democrático y social de Derecho y de Justicia* establecido en el artículo 2 de la Constitución. El poder tributario aparece así como un atributo del *ius imperium,* que se traduce en un conjunto de competencias tributarias[57]. El poder de imperio reviste al tributo como prestación coactiva, de allí que VILLEGAS afirme que "[e]lemento esencial del tributo es la *coacción,* o sea, la facultad de «compeler» al pago de la prestación requerida (…) se manifiesta especialmente en la prescindencia de la voluntad del obligado en cuanto a la creación del tributo que le será exigible"[58].

---

[56] Así por ejemplo, en la Ley 58/2003, General Tributaria española se emplea la expresión "obligaciones formales" para referirse a lo que nosotros conocemos como "deberes formales". Un uso del término "obligación" que se aparta notablemente de la tradicional doctrina tributaria.
[57] Sobre la distinción entre poder y potestad tributaria *vide* la obra Lenin José Andara Suárez, *supra* nota 22, págs. 26 y ss., en la que se concluye que la diferenciación entre ambos términos es meramente semántica pues atienden a corrientes doctrinarias que muestran preferencia por uno u otro término pero que finalmente se manifiestan a través de competencias tributarias.
[58] Héctor Villegas, *supra* nota 5, pág. 67.

3.- En virtud de la ley: los tributos sólo pueden ser creados a través de leyes o actos con fuerza de ley. Se trata del aforismo *"nullum tributum sine lege"* que viene a reflejar el principio de legalidad tributaria que se establece en nuestra Constitución en su artículo 317 y conforme el cual: *"No podrán cobrarse impuestos, tasas ni contribuciones que no estén establecidos en la ley"*, así, la ley debe establecer los elementos configuradores del tributo para que pueda nacer a la vida jurídica. En la siguiente Lección trataremos más ampliamente el citado principio.

4.- Con la finalidad de financiar el gasto público: la preponderancia del principio de legalidad en materia tributaria conduce a que los ingresos obtenidos mediante tributos sean destinados a gastos presupuestados conforme el principio de no afectación de recursos (y sus excepciones) previstos en la Ley Orgánica de la Administración Financiera del Sector Público. Las valoraciones políticas sobre el destino de lo recaudado por tributos corresponde a los órganos encargados de la elaboración y aprobación del Presupuesto Público[59], según el principio de no afectación de recursos y sus excepciones conforme el ordenamiento jurídico.

B.- La extrafiscalidad

Se admite también que los tributos pueden poseer fines que pueden ir más allá de la provisión de fondos el Estado, encontrándonos así ante fines *extrafiscales*. En estos casos, el tributo grava una manifestación de riqueza y genera ingresos pero su finalidad fundamental no es recaudar sino alcanzar objetivos económicos, sanitarios, ambientales, culturales, etc. Así por ejemplo, algunos países imponen altos tributos sobre el consumo de alcohol y cigarrillos con el fin de desincentivar su consumo; los *tributos verdes* también son un claro ejemplo de tributos con fines extrafiscales pues se imponen para desincentivar acciones que van en perjuicio del medio ambiente. Se debe advertir que ello no altera la naturaleza tributaria de los impuestos que se estatuyen con estos fines.

La extrafiscalidad no es una situación que pueda considerarse reciente en el Derecho Tributario, ya GIANNINI se refería con especial énfasis al *impuesto* al señalar que "es un medio que se presta a ser manejado para la consecución de objetivos no fiscales", y ello adicional a los fines de "distribución social de riqueza"; acotaba: "es frecuentísimo que se

---

[59] Sobre este particular *vide* Lenin José Andara Suárez, *El presupuesto público venezolano* 152 (Facultad de Ciencias Económicas y Sociales, y el Consejo de Publicaciones de la Universidad de Los Andes con el auspicio del Banco Central de Venezuela, Mérida, 2012).

trate de limitar por medio de una elevada imposición algunas manifestaciones de la vida económica o social que se estiman dañosas para la colectividad. Recíprocamente, las exenciones impositivas sirven, entre otras cosas, para favorecer determinadas actividades que se consideran socialmente ventajosas". El autor consideraba que los gravámenes *aduaneros* eran el ámbito en que se manifiesta de forma más amplia e intensa este fenómeno, dando origen a la distinción entre derechos fiscales y derechos protectores[60].

La distinción entre impuestos con objetivos fiscales y con objetivos extrafiscales vendría dada así, por la finalidad principal por el que el mismo se establece; en ambos casos se trata de figuras que reúnen los requisitos fundamentales de todo tributo. En materia aduanera, GIANNINI hacía referencia a los derechos fiscales y los derechos protectores, "los primeros tienen por única finalidad aumentar los ingresos del Estado, en tanto que los segundos se dirigen a obstaculizar –si se trata de derechos de importación– la introducción de mercancías extranjeras en el territorio del Estado para proteger adecuadamente a la industria nacional frente a la concurrencia extranjera o a impedir –si se trata de derechos de exportación– la salida del territorio de cosas necesarias al consumo interior"[61].

Los derechos protectores mantienen toda su vigencia en los ordenamientos tributarios actuales, así podemos encontrar figuras como los derechos *antidumping*, derechos compensatorios y los derechos preferenciales. En el *Glosario Aduanero Tributario* del Servicio Nacional Integrado de Administración Aduanera y Tributaria (SENIAT) [62] se definen los mismos en los siguientes términos:

> "**Derechos** *antidumping*: gravamen especial establecido en forma provisional o definitiva, para contrarrestar los efectos perjudiciales de importaciones de mercancías que intentan ser ingresadas al mercado nacional, a un precio inferior al aplicable en su país de origen.
>
> **Derechos compensatorios**: gravamen especial que se establece provisional o definitivamente para contrarrestar cualquier subsidio concedido directa o indirectamente a la fabricación, producción, almacenamiento, transporte o exportación de un bien, incluyendo los subsidios concedidos a sus materias primas o insumos.

---

[60] Achille Donato Giannini, *supra* nota 24, pág. 64.

[61] *Ídem.*

[62] Servicio Nacional Integrado de Administración Aduanera y Tributaria (SENIAT), *Glosario aduanero tributario* voces DER (Oficina de Información y Comunicación, Caracas, s/f.).

Derechos preferenciales: aranceles aduaneros (menores que los aranceles aduaneros nacionales) que un país (donante de un sistema generalizado de preferencias o un país miembro de una zona de libre comercio) establece a favor de otro u otros países".

Así, los fines extrafiscales son admitidos pacíficamente en los sistemas tributarios modernos y sin que ello signifique menoscabar los principios fundamentales que rigen la tributación.

C.- Clasificación

1.- Tributos vinculados y no vinculados

En primer lugar, debemos hacer referencia a la distinción del tributo formulada por ATALIBA que toma como referencia la vinculación del tributo con una actividad o actuación estatal. Así se distinguiría entre tributos vinculados y tributos no vinculados; en la primera categoría estarían las tasas y las contribuciones especiales, mientras que los tributos no vinculados estarían representados por los impuestos[63]; esto se expresa en el supuesto de hecho que da origen a la obligación tributaria en cada una de sus modalidades.

2.- Tributos nacionales, estadales y municipales

La distribución de competencias en un régimen federal origina que se asignen los tributos a las diversas entidades que la componen. De allí que se pueda diferenciar entre tributos nacionales, estadales y municipales, bien sea que se atribuyan directamente por el texto constitucional o a través de una ley. Cuando nos referimos *supra* a las disposiciones constitucionales como fuentes del Derecho Tributario mencionamos que el texto constitucional posee una serie de preceptos relativos, entre otros, a las competencias entre niveles del Poder Público, a cuya lectura remitimos.

---

[63] El criterio del autor brasileño Geraldo Ataliba se encuentra referido en la obra de Héctor Villegas, *supra* nota 5, pág.69. Valdés Costa señala como antecedente de esta distinción la propia doctrina brasileña y la equiparación de esta distinción a la formulada por Blumenstein "que ya en 1939 sostuvo la dicotomía de tributos causados y no causados, tasas y contribuciones entre los primeros, e impuestos entre los segundos"; *vide* Ramón Valdés Costa, *supra* nota 34, pág. 89. La obra de Geraldo Ataliba, *Hipótesis de incidencia tributaria* págs. 146 y 170 y ss. (F. C. U., Montevideo, 1977).

Es notorio que en Venezuela los tributos más importantes son competencia del Poder Público Nacional, vale decir, el Impuesto sobre la Renta (ISLR), el Impuesto al Valor Agregado (IVA), los tributos aduaneros, el Impuesto sobre Sucesiones, las contribuciones parafiscales, etc. El Poder Público Municipal tiene asignada un número importante de tributos mientras que el Poder Público Estadal ha sido históricamente marginado en la asignación de competencias tributarias.

3.- Impuestos, tasas y contribuciones especiales

El tributo se clasifica históricamente en impuestos, tasas y contribuciones (o contribuciones especiales); esta distinción es reconocida en el artículo 133 de la Constitución de la República y a la misma también se refiere el encabezado del artículo 317 *eiusdem*. El artículo 12 del Código Orgánico Tributario la acoge cuando señala que "[e]*stán sometidos al imperio de este Código, los impuestos, las tasas, las contribuciones de mejoras, de seguridad social y las demás contribuciones especiales* (…)". No obstante, se debe reconocer que existen serios cuestionamientos a esta distinción, en especial, por los alcances del principio de capacidad contributiva a cada una de estas figuras[64].

a.- El impuesto y sus clases

El impuesto ha sido definido por VILLEGAS como "el tributo exigido por el Estado a quienes se hallan en las situaciones consideradas por la ley como hechos imponibles, siendo estos hechos imponibles ajenos a toda actividad estatal relativa al obligado"[65]. A esta definición habría que acotar "en consideración a la capacidad económica del sujeto pasivo" pues no puede ser exigido un impuesto sin que esta cualidad se manifieste de forma real; aunque se podría señalar que la misma ha sido estimada por el legislador cuando configuró de forma general y abstracta el hecho que dio nacimiento a la obligación tributaria[66].

---

[64] *Vide* entre otros Nicola D´Amati, *La formación del Derecho Tributario en Italia* en Andrea Amatucci y Nicola D´Amati, *Historia del Derecho de la Hacienda Pública y del Derecho Tributario en Italia* 211 y ss., 137-238(Temis, Bogotá, 2004).

[65] Héctor Villegas, *supra* nota 5, pág.72. Giuliani define los impuestos como "las prestaciones en dinero o en especie, exigidas por el Estado en virtud del poder de imperio, a quienes se hallen en las situaciones consideradas por la ley como hechos imponibles"; 1 Carlos M. Giuliani Fonrouge, *Derecho Financiero* 291(Depalma, Buenos Aires, 5ª ed., 1993)

[66] Respecto al concepto de tributos y su clasificación, la Sala Constitucional del Tribunal Supremo de Justicia en sentencia de fecha 28 de noviembre de 2011, se ha referido al criterio de la Sala Político Administrativa

Los ejemplos más representativos son el Impuesto sobre la Renta (ISLR), el Impuesto al Valor Agregado (IVA), el Impuesto sobre actividades económicas, de industria, comercio, servicios o de índole similar, entre otros.

Es necesario distinguir los diversos tipos de impuestos para lo cual señalaremos algunas de los criterios con mayores repercusiones desde el punto de vista legal. Es de advertir que los criterios económicos no son tomados en consideración sino en la medida que tengan recepción en el ordenamiento jurídico:

* Impuestos directos e indirectos

Toma en consideración si existe la posibilidad jurídica que el obligado tributario traslade la carga fiscal a otro u otros sujetos[67]. Así, sería un impuesto indirecto el Impuesto al Valor Agregado (IVA) en el que la traslación del gravamen forma parte de la estructura jurídica del mismo, en cambio, sería un impuesto directo el Impuesto sobre la Renta (ISLR) en el que el contribuyente no puede trasladar la carga tributaria.

* Impuestos objetivos y subjetivos

Esta distinción se produce conforme el impuesto tome en cuenta o no, las condiciones personales del contribuyente. Si el impuesto toma en consideración solamente la riqueza, sin tomar en cuenta las condiciones personales del sujeto, estaremos en presencia de un impuesto objetivo, por ejemplo el Impuesto sobre bienes inmuebles. En cambio, si tales condiciones sí son tomadas en consideración, se trataría de un impuesto subjetivo, por ejemplo, el Impuesto sobre la Renta (ISLR).

---

expuesto en la sentencia número 1928 del 27 de julio de 2006, en la cual señala: "la doctrina ha desarrollado el concepto de tributo como el medio o instrumento por el cual los entes públicos obtienen ingresos; es decir, es el mecanismo que hace surgir a cargo de ciertas personas, naturales o jurídicas, la obligación de pagar a la Administración Tributaria de que se trate sumas de dinero, cuando se dan los supuestos previstos en la ley. En otras palabras, es la prestación en dinero que la Administración exige en virtud de una ley, para cubrir los gastos que demanda el cumplimiento de sus fines"; Tribunal Supremo de Justicia de Venezuela, en Sala Constitucional, Sentencia de fecha 28 de noviembre de 2.011. Exp. N° AA50-T-2011-1279.

[67] Aunque existen otros criterios para diferenciar entre este tipo de impuestos, creemos que éste es el más acorde con el sistema jurídico venezolano. Este criterio es admitido por autores como Fernando Sainz de Bujanda, *Lecciones de Derecho Financiero* 177 (Universidad Complutense, Madrid, 10ª ed., 1993), si bien este autor se refiere a "métodos impositivos directos" y "métodos impositivos indirectos". La traslación ha sido definida por Villegas como "el fenómeno por el cual «el contribuyente *de jure*" consigue trasferir el peso del impuesto sobre otra persona (contribuyente *de facto*)"; Héctor Villegas, *supra* nota 5, pág. 80.

* Impuestos reales y personales

Autores como GIULIANI y VILLEGAS asimilan la anterior distinción a la que contrasta entre impuestos reales y personales. Es decir, que los impuestos objetivos serían impuestos reales, mientras que los impuestos subjetivos serían impuestos personales[68]. El primero de los autores sostiene que esta "división ha perdido nitidez, ya que en la tributación contemporánea se combinan de tal modo el factor personal y el factor objetivo, que carecen de validez antiguas atribuciones". La asimilación de criterios no deja de tener sentido si observamos lo señalado por SAINZ DE BUJANDA en relación con los impuestos reales y personales; para el autor el impuesto real "es aquel que tiene por fundamento un presupuesto objetivo cuya intrínseca naturaleza se determina con independencia del elemento personal de la relación tributaria", en cambio, el impuesto personal "tiene como fundamento un presupuesto objetivo que sólo puede concebirse por referencia a una persona determinada, de tal suerte que ésta actúa como elemento constitutivo del propio presupuesto".

* Impuestos instantáneos y periódicos

Este criterio atiende a la temporalidad del hecho imponible. SAINZ DE BUJANDA señala que son hechos imponibles instantáneos "aquellos que se realizan en un momento, en un período de tiempo brevísimo, por lo que su dimensión temporal queda agotada al tiempo de producirse el elemento objetivo en que el presupuesto consiste", en contraposición, existen "hechos imponibles duraderos, pero únicos. Su realización, una vez transcurrido todo su plazo de duración, da origen a una sola obligación autónoma. (…) es posible que el hecho duradero aparezca dividido en fracciones o períodos temporales"[69]. Es un impuesto periódico el Impuesto sobre la Renta (ISLR) debido a que su hecho imponible se prolonga en el tiempo, mientras que en el Impuesto sobre Sucesiones, el hecho imponible se produce en un solo instante.

---

[68] Carlos M. Giuliani Fonrouge, *supra* nota 65, pág. 292; Héctor Villegas, *supra* nota 5, pág. 75.
[69] Fernando Sainz de Bujanda, *supra* nota 67, pág. 207.

* Impuestos ordinarios y extraordinarios

Como regla general los tributos son establecidos de forma permanente y esto viene reforzado por las crecientes necesidades de financiamiento de las entidades públicas. De allí que las leyes especiales que establecen los tributos suelen gozar de amplia permanencia en los ordenamientos jurídicos, encontrándonos así ante *impuestos ordinarios*; las leyes especiales de estos tributos señalan su entrada en vigencia pero no indican su finalización. No obstante, las mismas deben ser adecuadas a las diversas variantes económicas, sociales y hasta políticas; esta adecuación o adaptación se produce mediante las leyes de reformas parciales que muchas veces se producen en nuestro ordenamiento jurídico a través de Decretos con Rango, Valor y Fuerza de Ley. Así sucede con el Impuesto sobre Renta (ISLR), el Impuesto al Valor Agregado (IVA), Impuesto sobre Sucesiones y Donaciones, entre otros.

No obstante, y de forma excepcional, existen tributos que se establecen por un tiempo determinado. Las leyes especiales indican su entrada en vigencia y en este caso, también establecen su finalización. Sobres este particular señalaba GIANNINI, "[a]lgunas leyes tributarias están llamadas, por su objeto, a tener vigencia tan sólo durante un período de tiempo determinado, tal acontece con las que establecen un *impuesto extraordinario*"[70]. Un ejemplo clásico de este tipo de tributos lo constituían los impuestos sobre las transacciones financieras, cuya vigencia en nuestro ordenamiento había obedecido a abruptas caídas en los ingresos públicos ordinarios.

b.- La tasa

La tasa ha sido definida por GIULIANI como la "prestación pecuniaria exigida compulsivamente por el Estado y relacionada con la prestación efectiva o potencial de una actividad de interés público que afecta al obligado"[71]. Las tasas más comunes son las

---

[70] Achille Donato Giannini, *supra* nota 24, pág. 28.
[71] Carlos M. Giuliani Fonrouge, *supra* nota 65, pág. 293. Consideramos interesante transcribir la definición de tasas establecida en la Ley 58/2003, General Tributaria española, según la cual las tasas "son los tributos cuyo hecho imponible consiste en la utilización privativa o el aprovechamiento especial del dominio público, la prestación de servicios o la realización de actividades en régimen de derecho público que se refieran, afecten o beneficien de modo particular al obligado tributario, cuando los servicios o actividades no sean de solicitud o recepción voluntaria para los obligados tributarios o no se presten o realicen por el sector privado".

derivadas del uso de aeropuertos, terminales terrestres, tasas por tramitaciones administrativas, etc.

La doctrina no es uniforme en cuanto a si las tasas deben cubrir el costo del beneficio recibido por el particular, o si incluso puede arrojar beneficios al ente público que coadyuve a mejorar la actividad prestada.

c.- Las contribuciones especiales

Las contribuciones especiales tienen como figura originaria aquéllas obligaciones que surgían cuando se ejecutaba una obra pública y revalorizaba los inmuebles aledaños; a esta noción se adiciona aquellas obligaciones nacidas de beneficios que se reciben a título individual o colectivo. Así pues, se trata de una categoría de tributos con un carácter bastante amplio. GIULIANI la define como la "prestación obligatoria debida en razón de beneficios individuales o de grupos sociales, derivados de la realización de obras públicas o de especiales actividades del Estado"[72]. Es de advertir que existen figuras tributarias que, aunque no poseen esta denominación, se enmarcan en dicha categoría; por eso se debe analizar su verdadera naturaleza a los fines de precisar su carácter tributario. Las contribuciones especiales reciben diversas denominaciones y suelen estar dispersas en leyes especiales, así por ejemplo, las cotizaciones de la seguridad social, los aportes del INCES, entre otros.

RUAN SANTOS se refiere a las denominadas *contribuciones parafiscales* y no duda en afirmar que las mismas "deben ser encuadradas dentro de la categoría general de los tributos"[73]. Esta expresión se desarrolló inicialmente en la doctrina y la legislación comparada para referirse a prestaciones que en principio no formaban parte de la categoría tributaria y ello con la finalidad de relajar los principios que rigen la materia; no obstante, hoy día su carácter como integrante del género, al menos en nuestro derecho, no da lugar a dudas. Las mismas pueden recibir la denominación más variada y se encuentran dispersas

---

[72] Carlos M. Giuliani Fonrouge, *supra* nota 65, pág. 295.

[73] Gabriel Ruan Santos, *El impacto institucional de las exacciones parafiscales* 23 (Liber, Caracas, 2008). Este autor destaca peculiaridades de este sector de los tributos como la parapresupuestalidad pues el producto de lo recaudado "no ingresa al fisco sino a fondos separados y administrados en forma extrapresupuestaria, es decir, al margen o en modo paralelo al régimen presupuestario de ingresos y gastos públicos", constituyendo una excepción al principio de unidad de caja previsto en el artículo 34 de la Ley Orgánica de la Administración Financiera del Sector Público (pág. 37). En Derecho Presupuestario se habla del principio de no afectación de recursos al cual nos hemos referido en Lenin José Andara Suárez, *supra* nota 59, pág. 152 y ss.

en diversos instrumentos jurídicos que regulan la materia laboral[74], asimismo, sectores como telecomunicaciones; ciencia, tecnología e innovación, entre otros. Así, debemos señalar que las contribuciones parafiscales forman parte de las *contribuciones especiales* a las que nos hemos referido.

III.- LOS PRECIOS PÚBLICOS

Los precios públicos o precios financieros, constituyen una categoría en la que se incluyen, como nos dice VALDÉS COSTA, "los ingresos que tienen como característica común, la de ser contraprestaciones por los bienes y servicios prestados por el Estado en el campo económico y que, desde el punto de vista jurídico, reconocen su fuente en el consentimiento del obligado y su causa en la ventaja o provecho que le proporciona la prestación estatal"[75]. Nótese que en los precios públicos la voluntad del particular es determinante para que surja la obligación de pago, mientras que, en contraposición, en los tributos la obligación tiene su fuente en la ley, tiene un origen *ex lege*.

Nos situamos en un ámbito en el que normalmente el ente público acude a las formas del Derecho Privado para la regulación, tanto de la entidad que presta el servicio o suministra el bien, como de la forma de contratación que se realiza. La empresa pública aparece como una entidad con la que el particular puede contratar libremente para garantizarse la ventaja, aunque es típico también que esta libertad de contratación se ve anulada cuando la actividad se realiza bajo régimen de monopolio. En cuanto al régimen jurídico de la empresa pública se debe tomar en consideración lo dispuesto en el artículo 300 de la Constitución cuando establece: "*La ley nacional establecerá las condiciones para la creación de entidades funcionalmente descentralizadas para la realización de actividades sociales o empresariales, con el objeto de asegurar la razonable productividad económica y social de los recursos públicos que en ella se inviertan*".

---

[74] Se debe destacar que la Sala Constitucional del Tribunal Supremo de Justicia en Sentencia N° 1771 de 28 de noviembre de 2011 señaló que los aportes al Fondo de Ahorro Obligatorio de Vivienda (FAOV) no tienen el carácter de contribuciones parafiscales por lo cual se les excluye del régimen del Derecho tributario.
[75] Ramón Valdés Costa, *supra* nota 34, pág. 23.

IV.- INMUNIDADES FISCALES

En la Constitución venezolana podemos encontrar el término inmunidad en su artículo 180, apartado único cuando se refiere a las *"inmunidades frente a la potestad impositiva de los Municipios, a favor de los demás entes político-territoriales"*. No obstante, el texto supremo no establece expresamente este tipo de inmunidades, por ello, se debe acudir a las normas de rango legal para encontrarlas.

En este particular, el artículo 10 del Decreto con Rango, Valor y Fuerza de Ley Orgánica de Bienes Públicos establece: *"Los bienes, rentas, derechos o acciones que formen parte del patrimonio de la República, no están sujetos a embargos, secuestros, hipotecas, ejecuciones interdictales y en general, a ninguna medida preventiva o ejecutiva y están exentos además, de contribuciones o gravámenes nacionales, estadales y/o municipales"*. Se trata de un supuesto de inmunidad a favor de la República. Con un carácter más amplio, el artículo 9 de la citada Ley dispone: *"Los bienes de dominio público son imprescriptibles, inembargables e inalienables y están exentos además, de contribuciones o gravámenes nacionales, estadales y/o municipales"* en lo que según el título del artículo corresponde a *"Prerrogativas de los bienes del dominio público"*. Así, se hace necesario precisar qué es un bien del dominio público para lo cual es necesario acudir el artículo 6 *eiusdem*, el cual distingue entre bienes públicos del dominio público y del dominio privado. Según este último precepto, son bienes del dominio público:

"1. Los bienes destinados al uso público, como plazas, parques, infraestructura vial, vías férreas, caminos y otros.

2. Los bienes que en razón de su configuración natural, construcción o adaptación especial, o bien por su importancia histórica, científica o artística sean necesarios para un servicio público o para dar satisfacción a una necesidad pública y que no puedan ser fácilmente reemplazados en esa función.

3. Los espacios lacustre y fluvial, mar territorial, áreas marinas interiores, históricas y vitales y las comprendidas dentro de las líneas de base recta que ha adoptado o adopte la República; las costas marinas; el suelo y el subsuelo de éstos; el espacio aéreo continental, insular y marítimo y los recursos que en ellos se encuentran, incluidos los genéticos, los de las especies migratorias, sus productos derivados y los componentes intangibles que por causas naturales allí se hallen.

4. Los yacimientos mineros y de hidrocarburos, cualquiera que sea su naturaleza, existentes en el territorio nacional, bajo el lecho del mar territorial, en la zona económica exclusiva y en la plataforma continental.

Es importante destacar el carácter amplio de los bienes públicos del dominio público para comprender la imposibilidad de cobro de tributos de una entidad pública a otra; esto es indiferente si este tipo de bien es nacional, estadal o municipal. En la doctrina y la legislación el tratamiento relativo a la inmunidad también suele vincularse con términos como exención y no sujeción; por lo que es necesario desentrañar su significado para determinar su contenido en cada caso en particular.

En un comentario al artículo 180 constitucional, ROMERO-MUCI da cuenta de la jurisprudencia relativa a la "inmunidad fiscal recíproca entre las autonomías tributarias", al respecto señala "el Tribunal Supremo ha sido del criterio reiterativo que, la obligación de contribuir a los gastos públicos mediante el pago de tributos no incumbe a los distintos entes político territoriales y sus servicios descentralizados, pues de lo contrario se obstaculizaría económicamente sus funciones y los fines de utilidad pública que persiguen en cada nivel territorial por causa del recurso tributario, frustrándose el propósito de colaboración que incumbe a cada rama del Poder Público en su respectiva distribución vertical. Es por esto que, ningún ente político-territorial puede, a través de sus tributos propios, gravar otros entes políticos-territoriales o sus servicios descentralizados, simplemente porque están no sujetos (son inmunes) conforme al claro y expreso mandato constitucional"[76].

IV.- EL CÓDIGO ORGÁNICO TRIBUTARIO

A.- Antecedentes

La codificación tributaria en Venezuela tuvo la particularidad de mantenerse rezagada durante décadas, respecto a los avances y consolidación de los sistemas tributarios modernos. Desde el punto de vista legislativo, fue regulada por la Ley Orgánica de la Hacienda Pública Nacional que mantuvo la estructura básica promulgada en 1918; y en cuanto a las leyes tributarias especiales la situación era la de "normas fundamentales y generales diferentes en cada uno de los tributos, y (…) una casi total ausencia de las normas necesarias para aplicación de dichas leyes, lo cual configura(ba) un cuadro de acentuado

---

[76] Humberto Romero-Muci, *supra* nota 22, pág. 94.

atraso legislativo", así lo señalaba OCTAVIO, en 1978, quien veía que "[a]ún la Ley de Impuesto sobre la Renta, que por ser nuestro primer instrumento tributario contiene cierto desarrollo normativo, es totalmente insuficiente en su articulado, para definir y resolver adecuadamente las diversas situaciones jurídicas que presenta la aplicación de la Ley, dentro de los requerimientos concurrentes de una administración eficaz y de la salvaguarda de la seguridad jurídica de los administrados"[77].

El Código tributario venezolano, señala SOL GIL, "con rango de Ley Orgánica se promulga por primera vez el 3 de agosto de 1982 con vigencia desde el 31 de enero de 1983 y luego sus sucesivas reformas del 11 de septiembre de 1992, vigente desde el 11 de diciembre de ese mismo año y la de 1994 vigente desde el 1 de julio de ese año". Su reforma en 2001 tienen "un valor innegable para la seguridad jurídica de los contribuyentes, por cuanto debe regular la materia tributaria con pleno apego a los principios fundamentales que recoge" el texto constitucional de 1999 en materia tributaria[78].

El primer Código Orgánico Tributario venezolano nació bajo la influencia del Modelo de Código Tributario para América Latina "el cual había sido preparado en 1967 para el Programa Conjunto de Tributación OEA-BID" asimismo, bajo los aportes de la Unidad de Finanzas Públicas del Departamento de Asuntos Económicos de la Unión Panamericana así como otros importantes antecedentes, según señalaba CARRILLO BATALLA[79].

Posterior a la entrada en vigencia de la Constitución de la República Bolivariana de Venezuela (CRBV) de 1999, se aprueba, en el año 2001, el Código Orgánico Tributario. El reformado Código tiene su origen así en la Disposición Transitoria Quinta del texto constitucional "norma programática e imperfecta en la cual, además de disponer que dicha Asamblea procediera a reformar el Código en el lapso de un año, indicaba los aspectos que "...entre otros...", debían ser tomados en cuenta para la realización de este propósito"; asimismo dicho Código fue influenciado –señalaba OCTAVIO– por una "errada

---

[77] José Andrés Octavio, *El proyecto de Código tributario de Venezuela*, 89 *Revista de Control Fiscal* 26 (Contraloría General de la República, Caracas, 1978).

[78] Jesús Sol Gil, *La codificación del Derecho tributario y el debido equilibrio entre los derechos del fisco y los de los contribuyentes* en *Estudios sobre el Código Orgánico Tributario de 2001* 69-70, 69-118 (Livrosca-Asociación Venezolana de Derecho Tributario, Caracas, 2002). Moreno de Rivas señalaba que la iniciativa codificadora de 1982 "implicó un gran avance en la consolidación de la Administración Tributaria como una entidad especializada en las competencias relativas a la gestión de los tributos nacionales, que hasta ese fecha estuvieron disgregadas en distintas dependencias del para entonces Ministerio de Hacienda (…). La tipificación de los hechos ilícitos y las sanciones aplicables, estaban contenidas en cada una de las leyes especiales, y la Ley de Hacienda Pública cubría los vacíos legales"; Aurora Moreno de Rivas, *El alcance de la responsabilidad por ilícitos tributarios* en 3 *30 años Codificación del Derecho Tributario en Venezuela. Tomo III. Principios Constitucionales e ilícitos tributarios* 470, 469-496 (Asociación Venezolana de Derecho Tributario, Caracas, 2012).

[79] Tomás Enrique Carrillo Batalla, *El proceso formativo del Código Orgánico Tributario* en 2 *Libro Homenaje al Dr. Eloy Lares Martínez* 801 (Universidad Central de Venezuela, Caracas, 1984).

apreciación de ineficiencia del Código de 1982, así como del articulado del Modelo de Código Tributario elaborado por el Centro Interamericano de Administraciones Tributarias (CIAT) con el propósito de sustituir el Modelo OEA/BID/MCTAL como base para la legislación tributaria de América Latina"[80].

La última reforma del Código Orgánico Tributario venezolano se produjo en el año 2014, conforme Gaceta Oficial N° 6152 Extraordinario, de 18 de noviembre de 2014, contentivo del *"Decreto con Rango, Valor y Fuerza de Ley del Código Orgánico Tributario"*.

B.- Estructura

El vigente Código Orgánico Tributario es un instrumento legal que posee 349 artículos distribuidos en la siguiente estructura:

Título I: Disposiciones Preliminares.
Título II: De la Obligación Tributaria.
    Capítulo I: Disposiciones Generales.
    Capítulo II: Del Sujeto Activo.
    Capítulo III: Del Sujeto Pasivo.
        Sección Primera: Disposiciones Generales.
        Sección Segunda: De los Contribuyentes.
        Sección Tercera: De los Responsables.
        Sección Cuarta: Del Domicilio.
    Capítulo IV: Del Hecho Imponible.
    Capítulo V: De los Medios de Extinción.
        Sección Primera: Del Pago.
        Sección segunda: De la Compensación.
        Sección Tercera: De la Confusión.
        Sección Cuarta: De la Remisión.
        Sección Quinta: De la Declaratoria de Incobrabilidad.
    Capítulo VI: De la Prescripción.
    Capítulo VII: De los Intereses Moratorios.
    Capítulo VIII: De los Privilegios y Garantías.
    Capítulo IX: De las Exenciones y Exoneraciones.

---

[80] José Andrés Octavio, *Origen y orientación del Código Orgánico Tributario de 2001* en *Estudios sobre el Código Orgánico Tributario de 2001* 2 y 7, 1-22 (Livrosca-Asociación Venezolana de Derecho Tributario, Caracas, 2002); Montilla Varela señaló que el "Modelo CIAT fue redactado en 1997 por una Comisión presidida por el jefe de la Misión alemana del nombrado centro. Esto fue veinte años después de la primera edición del Modelo de Código Tributario para la América Latina, preparado bajo el Programa Conjunto de Tributación de la Organización de Estados Americanos y del Banco Interamericano de Desarrollo. De allí que al segundo se le conoce como el Modelo OEA/BID, que fue precisamente el que siguió el legislador venezolano cuando se aprobó nuestro primer Código Orgánico Tributario ya dos veces reformado (1991 y 1994) antes de la promulgación del novísimo Código de 2001"; Armando Montilla Varela, *Anotaciones sobre los antecedentes del nuevo Código Orgánico Tributario* en *Estudios sobre el Código Orgánico Tributario de 2001* 40, 23-68 (Livrosca-Asociación Venezolana de Derecho Tributario, Caracas, 2002).

---

[81] En la Gaceta Oficial no aparece reflejada una Sección Cuarta de este Capítulo I. Se pasa de la Sección Tercera, artículo 281 al 286; y, luego la Sección Quinta que va desde el artículo 287 al 289.

C.- Ámbito de aplicación

El ámbito de aplicación del Código Orgánico Tributario es el de los *"tributos nacionales"* y *"las relaciones jurídicas derivadas de esos tributos"* conforme el encabezado de su artículo 1. Los tributos nacionales son los establecidos en la Constitución, y entre otros podemos señalar: el Impuesto sobre la Renta, el Impuesto al Valor Agregado, el Impuesto sobre Sucesiones y Donaciones, Cotizaciones del Seguro Social, Aportes del INCES, etc. En este sentido, el artículo 12 *eiusdem*, dispone: *"Están sometidos al imperio de este Código, los impuestos, las tasas, las contribuciones de mejoras, de seguridad social y las demás contribuciones especiales, salvo lo dispuesto en el artículo 1°"*.

Para los tributos aduaneros el Código Orgánico Tributario se aplica de forma directa *"en lo atinente a los medios de extinción de las obligaciones, a los recursos administrativos y judiciales, la determinación de intereses y en lo relativo a las normas para la administración de tales tributos"*, conforme el citado artículo 1, apartado primero, para los demás aspectos se aplicará de forma supletoria. Por ello la importancia que posee la Ley Orgánica de Aduanas[82], como un instrumento legal que regula este sector del Derecho tributario, y la cual establece en su artículo 1: *"Los derechos y obligaciones de carácter aduanero y las relaciones jurídicas derivadas de ellos, se regirán por las disposiciones de este Decreto con Rango, Valor y Fuerza de Ley, y su Reglamento, así como por las normas de naturaleza aduanera contenidas en los Tratados y Convenios Internacionales suscritos y ratificados por la República, en las obligaciones comunitarias y en otros instrumentos jurídicos vigentes, relacionados con la materia"*.

Para los Estados, Municipios y demás entes de la división político territorial, el Código Orgánico Tributario es de aplicación supletoria; al respecto, en su artículo 1, apartado segundo, dispone: *"Las normas de este Código se aplicarán en forma supletoria a los tributos de los estados, municipios y demás entes de la división político territorial. El poder tributario de los estados y*

---

[82] La vigente fue aprobada mediante *Decreto con Rango, Valor y Fuerza de Ley Orgánica de Aduanas*, publicada en Gaceta Oficial N° 6155 Extraordinario, de 19 de noviembre de 2014.

municipios para la creación, modificación, supresión o recaudación de los tributos que la Constitución y las leyes le atribuyan, incluyendo el establecimiento de exenciones, exoneraciones, beneficios y demás incentivos fiscales, será ejercido por dichos entes dentro del marco de la competencia y autonomía que le son otorgadas, de conformidad con la Constitución y las leyes dictadas en su ejecución".

Los estados federales están dotados de una autonomía ampliamente limitada en Derecho Tributario pues históricamente han sido marginados en la asignación de competencias tributarias; no obstante, para los pocos tributos que manejan poseen una autonomía que deben ejercer a través de la normativa emanada, en primer lugar, de las leyes estadales cuya aprobación corresponde a los Consejos Legislativos; y en segundo lugar, de las competencias normativas que corresponde al Ejecutivo Estadal, vale decir, al Gobernador de Estado. Sólo a partir de estos supuestos, se aplica de forma supletoria el Código Orgánico Tributario.

A los Municipios corresponde la competencia sobre una serie de tributos establecidos en la Constitución y las leyes; al tratarse de entidades autónomas deben ejercer su competencia a través de actos normativos tales como las "ordenanzas municipales" que fungen como leyes municipales y emanan del Concejo Municipal. Mediante las mismas regulan sus propios tributos pero tomando en consideración lo dispuesto en la Ley Orgánica del Poder Público Municipal que actúa como ley armonizadora de las competencias de los municipios y fija parámetros de obligatoria observancia. Sólo en defecto de las mismas es aplicable el Código Orgánico Tributario, vale decir, se aplica supletoriamente.

No obstante, existen aspectos tributarios que escapan de la regulación de los estados y municipios, como por ejemplo, lo concerniente a la jurisdicción contencioso tributaria. Ello se debe a que las mismas son competencia del Poder Público Nacional que los regula a través del Código Orgánico Tributario; en el ejemplo antes señalado, la organización y administración de la justicia es competencia del Poder Público Nacional, por ello los estados y municipios no pueden crear ningún tipo de normativa al respecto y deben aplicar este sector del Código a las relaciones derivadas de sus propios tributos.

El artículo 1 ante señalado también señala que "*[p]ara los tributos y sus accesorios determinados por administraciones tributarias extranjeras, cuya recaudación sea solicitada a la República Bolivariana de Venezuela de conformidad con los respectivos tratados internacionales, este Código se aplicará en lo referente a las normas sobre cobro ejecutivo*". Asimismo, dispone en su parágrafo único: "*Los procedimientos amistosos previstos en los tratados para evitar la doble tributación son optativos, y podrán ser solicitados por el interesado con independencia de los recursos administrativos y judiciales previstos en este Código"*. Con ello se pone de relieve la importancia que tienen los Tratados internacionales en materia tributaria.

El vigente Decreto con Rango, Valor y Fuerza de Ley del Código Orgánico Tributario derogó el Código Orgánico Tributario de 2001, asimismo, en su artículo 345 establece que *"[n]o será aplicable a la materia tributaria regida por este Código, cualquier disposición de naturaleza tributaria contenida en la Ley Orgánica de la Hacienda Pública Nacional"*. Por otro lado y conforme el artículo 346 *eiusdem, "[n]o son aplicables a la materia tributaria regida por este Código, las disposiciones relativas al procedimiento de ejecución de créditos fiscales establecido en el Código de Procedimiento Civil"*; esta disposición hace una exclusión limitada del Código de Procedimiento Civil pues el resto de su articulado puede resultar, como en efecto sucede, aplicable a la materia tributaria tanto en sus procesos judiciales como en procedimientos administrativos.

D.- Vigencia temporal

La irretroactividad de la ley conlleva que una ley no puede ser aplicada a situaciones previas a su aprobación. Ello va en concordancia con la seguridad jurídica de los particulares quienes deben tener total certeza de cuál es el Derecho aplicable en un momento determinado. Así, una ley va a regular las situaciones nacidas a partir de su entrada en vigencia.

Desde la perspectiva constitucional, el artículo 24 establece: *"Ninguna disposición legislativa tendrá efecto retroactivo, excepto cuando imponga menor pena"*, con lo que se establece de forma expresa el *principio de irretroactividad de la ley*. Este principio se va a establecer de forma general para todo el ordenamiento jurídico por lo que no puede ser considerado un principio de la especialidad tributaria[83]; sin embargo, ello no menoscaba la importancia que tiene para el Derecho Tributario ni mucho menos el papel fundamental que tiene en la seguridad jurídica de los contribuyentes, responsables y terceros. En estos términos cabe hablar del *Principio de irretroactividad de la Ley tributaria*. Los particulares deben tener certeza del Derecho aplicable a sus obligaciones tributarias y más, tomando en consideración que se trata de un sector que limita un derecho fundamental como es el derecho de propiedad.

---

[83] No obstante, algunos autores venezolanos lo consideran un principio constitucional tributario, criterio con el cual disentimos por las razones que se exponen.

ATENCIO VALLADARES señala que "como una forma de garantizar la seguridad jurídica dentro de la creación y aplicación de los tributos, se debe respetar la regla general de entrada en vigencia y de los efectos que surten los tributos hacia el futuro y no hacia el pasado, salvo situaciones excepcionales y que varían en cada ordenamiento jurídico"[84].

Como sector especializado del Derecho se hace una aplicación del citado precepto constitucional a la materia tributaria, de allí que el Código Orgánico Tributario disponga en su artículo 8, apartado segundo: "*Ninguna norma en materia tributaria tendrá efecto retroactivo, excepto cuando suprima o establezca sanciones que favorezcan al infractor*"; de esta manera puede considerarse inconstitucional aquella norma tributaria que establezca un tributo con efectos retroactivos, es por ello que el artículo 8 *eiusdem*, en su último apartado señala: "*Cuando se trate de tributos que se determinen o liquiden por períodos, las normas referentes a la existencia o a la cuantía de la obligación tributaria regirán desde el primer día del período respectivo del contribuyente que se inicie a partir de la fecha de entrada en vigencia de la ley, conforme al encabezamiento de este artículo*". De allí que el Tribunal Supremo de Justicia en Sala Políticoadministrativa haya señalado: "Las leyes tributarias que entren en vigencia durante un determinado ejercicio fiscal correspondiente a un contribuyente y que modifiquen algún elemento integrante del tributo, tienen aplicación en el ejercicio fiscal siguiente"[85].

La excepción señalada en el artículo 8 del Código nos remite al Derecho Penal Tributario, esto es, al sector del Derecho que se ocupa de la imposición de sanciones cuando se ha producido la violación de la normativa tributaria.

Retomando el artículo 24 de la Constitución, señala seguidamente: "*Las leyes de procedimiento se aplicarán desde el momento mismo de entrar en vigencia, aún en los procesos que se hallaren en curso; pero en los procesos penales, las pruebas ya evacuadas se estimarán en cuanto beneficien al reo o a la rea, conforme a la ley vigente para la fecha en que se promovieron. Cuando haya dudas se aplicará la norma que beneficie al reo o a la rea*". En correspondencia, el artículo 8 del Código Orgánico Tributario dispone: "*Las normas de procedimientos tributarios se aplicarán desde la entrada en vigencia de la ley, aun en los procesos que se hubieren iniciado bajo el imperio de leyes anteriores*".

El artículo 317 de la Constitución establece como principio general: "*Toda ley tributaria fijará su lapso de entrada en vigencia*". Seguidamente establece una *vacatio legis* de 60 días en caso

---

[84] Gilberto Atencio Valladares, *El principio de irretroactividad de las normas en materia tributaria* en 3 *30 años de codificación del Derecho Tributario en Venezuela. Tomo III. Principios constitucionales e ilícitos tributarios* 73, 67-114 (Asociación Venezolana de Derecho Tributario, Caracas, 2012).

[85] Sala Político-Administrativa del Tribunal Supremo de Justicia, Sentencia 5 de mayo de 2005, caso: Compaq Computer Venezuela S. A., 31 *Colección Doctrina Judicial del Tribunal Supremo de Justicia*, 2 *Compilación de la Doctrina de la Sala Políticoadministrativa, Contencioso Administrativo Tributario* 845 (Caracas, 2009).

que el lapso de entrada vigencia no sea señalado en la propia ley, en los siguientes términos: *"En ausencia del mismo se entenderá fijado en sesenta (60) días continuos. Esta disposición no limita las facultades extraordinarias que acuerde el Ejecutivo Nacional en los casos previstos por esta Constitución".* En similares términos el Código Orgánico Tributario en su artículo 8 establece: *"Las leyes tributarias fijarán su lapso de entrada en vigencia. Si no lo establecieran, se aplicarán una vez vencidos los sesenta (60) días continuos siguientes a su publicación en la Gaceta Oficial de la República Bolivariana de Venezuela".*

En cuanto a los Reglamentos y demás disposiciones administrativas de carácter general (Resoluciones, Providencias), *"se aplicarán desde la fecha de su publicación oficial o desde la fecha posterior que ellas mismas indiquen"*, conforme el artículo 9 del Código Orgánico Tributario.

E.- Vigencia espacial

Los entes político territoriales ejercen su potestad tributaria conforme su ámbito territorial, de allí que según el encabezado del artículo 11 del Código Orgánico Tributario: *"Las normas tributarias tienen vigencia en el ámbito espacial sometido a la potestad del órgano competente para crearlas".*

Los hechos imponibles, a decir de JARACH, son "definidos por la ley en su aspecto objetivo, deben —necesariamente— ser delimitados territorialmente para abarcar solamente aquellos que se verifican en el ámbito espacial que establece la ley misma y que, automáticamente, excluye los hechos imponibles que, si bien responden a la delimitación objetiva, deben hacerlo con respecto al espacio que la ley circunscribe para el ejercicio de su poder fiscal"[86]. La territorialidad constituye el criterio de sujeción a la potestad tributaria que deriva en el sometimiento de los sujetos que realizan un hecho imponible en el territorio nacional[87].

Otros criterios de vinculación o criterios de sujeción lo constituyen el domicilio del contribuyente, así como su nacionalidad. En el artículo 11 del Código, estos criterios parecieran complementar al de territorialidad, cuando en su primer apartado señala: *"Las leyes tributarias nacionales podrán gravar hechos ocurridos total o parcialmente fuera del territorio nacional, cuando el contribuyente tenga nacionalidad venezolana, esté residenciado o domiciliado en Venezuela, o*

---

[86] Dino Jarach, *Finanzas Públicas y Derecho Tributario* 386 (Cangallo, Buenos Aires, 1983).
[87] Como referencia histórica, Valdés Costa señalaba la tendencia de los países latinoamericanos para sustentar "con mayor o menor firmeza, su derecho a tributar exclusivamente, o por lo menos preferentemente, todos los hechos que ocurran en su territorio", como criterio diferenciado "al del domicilio del contribuyente, sostenido por los países europeos y de la nacionalidad por Estados Unidos"; Ramón Valdés Costa, *supra* nota 34, pág. 249.

posea establecimiento permanente o base fija en el país". Como consecuencia, es posible que se produzcan problemas de doble tributación internacional, por lo que el precepto *in commento* dispone: *"La ley procurará evitar los efectos de la doble tributación internacional".*

F.- Los lapsos en el Código Orgánico Tributario

El artículo 10 del Código Orgánico Tributario establece reglas específicas para la contabilización de los plazos en materia tributaria. El precepto dispone:

Los plazos legales y reglamentarios se contarán de la siguiente manera:

1.- Los plazos por años o meses serán continuos y terminarán el día equivalente del año o mes respectivo. El lapso que se cumpla en un día que carezca el mes, se entenderá vencido el último día de ese mes.

2.- Los plazos establecidos por días se contarán por días hábiles, salvo que la ley disponga que sean continuos.

3.- En todos los casos los términos y plazos que vencieran en día inhábil para la Administración Tributaria, se entienden prorrogados hasta el primer día hábil siguiente.

4.- En todos los casos los plazos establecidos en días hábiles se entenderán como días hábiles de la Administración Tributaria.

Obsérvese el caso del Impuesto sobre Sucesiones, cuyo lapso para declarar se establece en el artículo 27 de la *Ley del Impuesto sobre Sucesiones, Donaciones y demás ramos conexos*. El precepto dispone: *"A los fines de la liquidación del impuesto, los herederos y legatarios, o uno cualquiera de ellos, deberán presentar dentro de los ciento ochenta (180) días siguientes a la apertura de la sucesión una declaración jurada del patrimonio gravado conforme a la presente ley".* Del tenor literal del precepto no se puede determinar si los días son hábiles o continuos; por ello es necesario acudir a las reglas del artículo 10 numeral 2° del Código para precisar que se trata de días hábiles.

Siguiendo con el caso anterior, si el último día hábil es un viernes pero la Administración tributaria no labora ese día por Decreto emanado del Ejecutivo Nacional en el que se declara día de júbilo, estaríamos en presencia de un día inhábil para la Administración, y de conformidad con el numeral 3° del artículo 10 *eiusdem*, el lapso se prorrogaría *"hasta el primer día hábil siguiente"*. Imagínese que el día lunes siguiente es 1 de mayo, *Día Internacional del Trabajador*, entonces el lapso se prorrogaría hasta el día 2 de mayo.

En este sentido, son días inhábiles, conforme el parágrafo único del artículo 10 *in commento* "*tanto los días declarados feriados conforme a disposiciones legales, como aquellos en los cuales la respectiva oficina administrativa no hubiere estado abierta al público, lo que deberá comprobar el contribuyente o responsable por los medios que determine la ley*". El Código establece una absurda carga probatoria sobre el particular al tener que demostrar que una oficina administrativa no estuvo abierta, confiamos en la seriedad de la Administración tributaria que deberá llevar un calendario visible a los contribuyentes y ajustar sus actuaciones a los días hábiles.

Finalmente, el artículo 10 *in commento* dispone: "*Igualmente se consideran inhábiles, a los solos efectos de la declaración y pago de las obligaciones tributarias, los días en que las instituciones financieras autorizadas para actuar como oficinas receptoras de fondos nacionales no estuvieren abiertas al público, conforme lo determine su calendario anual de actividades*". En este sentido, es posible diferenciar entre el momento de la declaración y el momento del pago a partir de medios electrónicos.

LECCIÓN II
DERECHO CONSTITUCIONAL TRIBUTARIO

Desde un punto de vista didáctico podemos hablar de un Derecho Constitucional Tributario, esto es, el estudio de los principios y normas constitucionales relativos al tributo. Ya hemos adelantado algunos puntos cuando nos referimos en la Lección anterior a las normas constitucionales como fuentes del Derecho tributario, ahora corresponde incorporar nuevos elementos y profundizar en aquellos necesarios para la comprensión del sistema tributario venezolano.

I.- SUPREMACÍA CONSTITUCIONAL

Como señala el artículo 7 de la propia Constitución de la República Bolivariana de Venezuela: *"La Constitución es la norma suprema y el fundamento del ordenamiento jurídico. Todas las personas y los órganos que ejercen el Poder Público están sujetos a esta Constitución"*, con ello se consagra la supremacía constitucional, tanto material como formal, reconocida tradicionalmente por la doctrina constitucional. Sobre la supremacía material el profesor FERNÁNDEZ MORALES señala: "La Constitución es materialmente superior a las demás normas jurídicas porque ella es la norma que organiza al Estado. En tal virtud el ordenamiento jurídico vigente sólo puede existir conforme a los postulados constitucionales, y ello porque la naturaleza de ese ordenamiento jurídico está especificada en la Constitución" [88]. En nuestra materia tributaria, los postulados constitucionales consagran una serie de principios dirigidos a alcanzar la justicia tributaria (legalidad tributaria, generalidad, capacidad económica, progresividad, no confiscatoriedad e igualdad); asimismo, establecen las competencias tributarias entre los diferentes órganos que conforman el Poder Público.

Sobre la supremacía formal CHALBAUD ZERPA, señala que la Constitución es "superior al restante ordenamiento jurídico en razón de que éste se encuentra sometido a las formalidades y procedimientos establecidos en la propia Constitución para su

---

[88] Juan Carlos Fernández Morales, *Temas de Derecho Constitucional. Especial referencia a la Jurisprudencia de la Sala Constitucional* 112 (Universidad de Los Andes, Mérida, 3ª ed., 2012).

producción y reforma"[89]. La importancia en materia tributaria procede debido a que las leyes tributarias deben producirse siguiendo el procedimiento establecido en la misma, conforme el artículo 202 y siguientes de la Constitución venezolana; pero también faculta al Presidente de la República para que dicte decretos con fuerza de ley previa autorización por una ley habilitante, conforme el artículo 236, numeral 8 del texto constitucional; estos decretos pueden referirse a la materia tributaria tal como sucede con el actual texto del Código Orgánico Tributario, aprobado por esta vía. Y como señala RIVAS QUINTERO "ninguna Ley nacional, ni estadal como tampoco ningún acto proveniente de la cualesquiera de los órganos del Estado, puede contravenir lo dispuesto en la Constitución de la República"[90], aún cuando se adecúen al procedimiento constitucional.

II.- EL PODER TRIBUTARIO

El Estado está revestido del *ius imperium* que le permite establecer tributos de forma unilateral dando origen a lo que se denomina en doctrina como *poder tributario* o *potestad tributaria*. Afirmaba RANELLETTI que el "poder de imposición es una de las direcciones, en las que se manifiesta la potestad de imperio y soberanía del Estado. De allí surge entonces –y el Estado lo reafirma– desde el origen mismo del Estado y por ello, como todo poder de imperio, un poder propio y originario del Estado y como tal solamente del Estado"[91].

GIULIANI define el poder tributario como "la facultad o la posibilidad jurídica del Estado, de exigir contribuciones [tributos] con respecto a personas o bienes que se hallan en su jurisdicción"[92]. No obstante, este concepto deber ser interpretado de acuerdo al Estado Social de Derecho en el que quedan proscritas las actuaciones arbitrarias del Estado y se atribuye absoluta preponderancia al imperio de la ley. El autor citado señala cuatro elementos esenciales del poder tributario: a) es *abstracto* pues como facultad puede ser ejercida en un plano general; b) es *permanente* debido a que no se extingue con el transcurso del tiempo (MICHELI), se trata de un atributo inherente al propio Estado; c) es *irrenunciable*

---

[89] Reinaldo Chalbaud Zerpa, *Estado y Política. Derecho Constitucional e instituciones políticas* 263 (Liber, Caracas, 7ª ed., 2007).

[90] Alfonso Rivas Quintero, *Derecho Constitucional* 203 (autor, Valencia, 5ª ed., 2008).

[91] Oreste Ranelletti, *Derecho de la Hacienda Pública* 165 (título original *Diritto Finanziario*, 1928, trad. Juan Camilo Restrepo, Temis, Bogotá, 2006).

[92] Carlos M. Giuliani Fonrouge, *supra* nota 65, pág. 296.

ya que "[e]l Estado no puede desprenderse de este atributo esencial", y, d) es *indelegable* pues no puede ser transferido "a un tercero de manera transitoria".

Si el poder tributario se encuentra sometido a la Constitución es consecuencia necesaria que no es un poder ilimitado; es el texto supremo el que ha de establecer de forma directa cuáles son las entidades que posee un poder tributario en cuyo caso nos encontramos ante un poder tributario *originario*, en cambio, si una entidad recibe dicho atributo a través de una ley se trataría de un poder tributario *derivado*[93]. Nos referimos en este caso a las entidades que conforman al Estado, vale decir, la República, los estados federales y los municipios. Para determinar si se está en presencia de un poder tributario originario es necesario revisar el texto constitucional y precisar cuáles tributos corresponden al poder público nacional, estadal y municipal; desde luego, debe existir la posibilidad jurídica de transferir competencias entre estas entidades en orden descendente[94]. La importancia del texto constitucional es determinante en la configuración del poder tributario.

III.- EL DEBER DE CONTRIBUIR

El deber de contribuir con el gasto público es uno de los deberes típicos en cualquier país, y ello debido a la necesidad permanente de financiar las actividades propias de la organización social; en nuestro país este deber se consagra en el artículo 133 de la Constitución de la República, en los siguientes términos: "*Toda persona tiene el deber de coadyuvar a los gastos públicos mediante el pago de impuestos, tasas y contribuciones que establezca la ley*". Este artículo se ubica en el Título III titulado "*De los derechos humanos y garantías, y de los deberes*", Capítulo X llamado "*De los deberes*" junto a otra serie de deberes que *grosso modo* podemos señalar como el de honrar y defender la patria (artículo 130), cumplir y acatar la Constitución, las leyes y los actos dictados por los órganos que conforman en Poder Público en ejercicio de sus funciones (artículo 131), cumplimiento de responsabilidades sociales (artículo 132), servicio militar (artículo 134), servicio comunitario (135).

El deber de contribuir establecido en el citado artículo 133 constitucional no conlleva que se deba pagar, de forma inmediata, una determinada cantidad de dinero por concepto de tributos, para llegar a dicha situación es necesaria la intervención del legislador. Ya hemos expresado nuestra adhesión a lo señalado por VARELA DÍAZ cuando señalaba que

---

[93] *Vide ídem*, pág. 305.
[94] Menos frecuente es la modalidad ascendente sobre la cual no pretendemos ahondar.

los deberes constitucionales no poseen eficacia como generadores directos de deberes jurídicos, vale decir, conductas personales exigibles directamente en virtud de las mismas y por ello se hace necesario un acto legislativo de desarrollo previo a su efectividad[95]. Queda legitimado el legislador para emanar actos que graven de forma directa las manifestaciones de capacidad económica realizadas por los particulares, como se produce, por ejemplo, a través de las leyes especiales de tributos particulares. FRAGA PITTALUGA también coincide con este particular cuando afirma que el artículo 133 de la Constitución venezolana "no es suficiente para soportar la exigencia de obligación tributaria alguna si ésta no ha sido previamente establecida por la ley. Por esta razón es que la norma se refiere de manera expresa y clara al pago de impuestos, tasas y contribuciones «....*que establezca la ley*»"[96].

La imposición se va a establecer conforme los canales establecidos en el Estado de Derecho, específicamente, en lo relativo a las fuentes normativas. Esta intervención del legislador se encuentra en correspondencia con el principio de legalidad tributaria establecido en el artículo 317 de la Constitución de la República y sobre el cual nos referiremos *infra*. Conforme hemos señalado al caracterizar el tributo, se trata de prestaciones pecuniarias que se imponen a los particulares, excluyendo que el deber pueda comprender prestaciones no patrimoniales, así, el deber de contribuir se encuentra inexorablemente vinculado con el principio de capacidad económica.

IV.- RELACIÓN DE LOS PRECEPTOS CONSTITUCIONALES TRIBUTARIOS CON OTRAS NORMAS DE RANGO CONSTITUCIONAL

Las normas tributarias de rango constitucional deben ser aplicadas en correspondencia con las demás normas constitucionales con las cuales tienen íntima conexión, si bien ello no significa que dichas normas tengan carácter tributario. Vamos a resaltar algunas de ellas:

A.- El Estado Social de Derecho: el artículo 2 de la Constitución establece que "*Venezuela se constituye en un Estado democrático y social de Derecho y de Justicia*". Entre otros aspectos, este precepto busca lograr que los ciudadanos posean una igualdad real y efectiva,

---

[95] Santiago Varela Díaz, *La idea del deber constitucional*, 4 *Revista Española de Derecho Constitucional* 82, 69-96 (Centro de Estudios Constitucionales, Madrid, 1982); sobre estas consideraciones nos hemos pronunciado en Lenin José Andara Suárez, *De la liquidación a la autoliquidación en los ordenamientos tributarios de España y Venezuela* 358 (tesis doctoral, Universidad de Salamanca, España, 2017).
[96] Luis Fraga Pittaluga, *Principios constitucionales de la tributación* 22 (Editorial Jurídica Venezolana, Caracas, 2012).

promoviendo una activa participación del Estado y que los derechos humanos reconocidos en el texto constitucional tenga una realización plena[97].

B.- Los derechos humanos reconocidos en el texto constitucional, los cuales se vinculan directamente con el Estado Social de Derecho. Cabe destacar el derecho de propiedad consagrado en el artículo 115, conforme el cual: "*Se garantiza el derecho de propiedad. Toda persona tiene derecho al uso, goce, disfrute y disposición de sus bienes (…)*"; este derecho representa la fuente, como riqueza de los particulares, sometida al pago de los tributos pero que al mismo tiempo, el artículo 317 protege al señalar que: "*Ningún tributo puede tener efecto confiscatorio*".

Sobre un derecho humano fundamental tenemos el emblemático caso representado por la Sentencia de 5 de junio de 2003 en la que la Sala Constitucional del Tribunal Supremo de Justicia considera inaplicable el Impuesto al Valor Agregado (IVA) a los servicios médico-asistenciales, odontológicos, de cirugía y hospitalización prestados por particulares por considerar que el particular que hace uso de los mismos, lo hace debido a las fallas del sistema sanitario venezolano y por ende, ejerce "un derecho fundamental que corresponde a toda persona humana, orientado a restituir la normalidad de su estado físico-psicológico o a prevenir que sea alterado"[98].

El ejercicio de las competencias tributarias no debe lesionar los derechos humanos reconocidos en el texto constitucional (y aún los no reconocidos conforme el principio de progresividad del artículo 22 de la Constitución). Como bien lo señala MORENO MORENO "la Potestad tributaria corresponde a entes determinados del Estado que están facultados para ello, sin que esto signifique de ninguna manera relajar o menoscabar el respeto a los derechos humanos del contribuyente"[99].

---

[97] Una interpretación fundamental del Estado Social de Derecho fue la señalada en la Sentencia vinculante de la Sala Constitucional del Tribunal Supremo de Justicia de fecha 24 de enero de 2002 la cual se puede encontrar, entre otros, en Lenin José Andara Suárez, *supra* nota 1, págs. 64 y ss.; en esa obra hemos seleccionado la parte de la sentencia con mayor relevancia a los efectos del Derecho financiero venezolano.
[98] Hemos transcrito parte de la sentencia en nuestra obra Lenin José Andara Suárez, *supra* nota 1, págs. 75 y ss. Y sobre todo, hemos insistido en la relación ingreso-gasto público en el Estado Social en nuestra tesis titulada *De la liquidación a la autoliquidación…*, *supra* nota 95, págs. 300-301.
[99] Fredderi Jesús Moreno Moreno: *Incidencias de los Derechos Humanos sobre la aplicación de los principios constitucionales tributarios en la República Bolivariana de Venezuela. Análisis y reflexiones en atención a la clasificación constitucional de los Derechos Humanos*, 32 *Anuario de Derecho* 106, 79-108 (Facultad de Ciencias Jurídicas y Políticas de la Universidad de Los Andes, Mérida, 2015).

C.- El Estado Federal: conforme el artículo 4 de la Constitución, el Estado venezolano es "federal descentralizado", en los términos consagrados en la misma "y se rige por los principios de integridad territorial, cooperación, solidaridad, concurrencia y corresponsabilidad". En materia tributaria determina la existencia de diferentes niveles de Poder Público, cada uno con competencias tributarias propias y originando la distinción entre tributos nacionales, estadales y municipales. Asimismo, se hace necesario establecer una competencia de coordinación y armonización de competencias que corresponde al Poder Público Nacional conforme el artículo 156 numeral 13.

De esta manera, es de aplicación estricta lo dispuesto en el artículo 137 constitucional cuando establece que la *"Constitución y las leyes definen las atribuciones de los órganos que ejercen el Poder Público, a las cuales deben sujetarse las actividades que realicen"*. En materia tributaria también es de aplicación el apartado único del artículo 136 *eiusdem* cuando señala: *"Cada una de las ramas del Poder Público tiene sus funciones propias, pero los órganos a los que incumbe su ejercicio colaborarán entre sí en la realización de los fines del Estado"*, y ello debido a la necesidad que los órganos de las diversas ramas que conforman el Poder Público deban colaborar entre sí a los fines de la recaudación y control de los tributos.

D.- La jurisdicción contencioso administrativa. La materia tributaria se encuentra enmarcada en la jurisdicción contenciosoadministrativa[100] prevista en el artículo 259 de la Constitución y que corresponde al Tribunal Supremo de Justicia y a los demás tribunales que determine la ley. En virtud de ello, el Tribunal Contencioso Tributario puede anular el acto administrativo-tributario de efectos particulares y *"disponer lo necesario para el restablecimiento de las situaciones jurídicas subjetivas lesionadas por la actividad administrativa"*[101].

E.- La irretroactividad de la ley: sobre este particular *vide* el punto "D.- Vigencia temporal" en la Lección anterior.

Los anteriores comentarios corresponden a preceptos constitucionales que no son tributarios pero que se vinculan o sirven de marco para la aplicación de la normativa

---

[100] La palabra "contenciosoadministrativa" se encuentra redactada en idénticos términos conforme la Gaceta Oficial N° 5.908 Extraordinario del 19 de febrero de 2009, pág. 32.

[101] Conforme nos indica Fraga Pittaluga, se trata del régimen de "universalidad de control contencioso"; *vide* Luis Fraga Pittaluga, *La defensa del contribuyente frente a la Administración tributaria* 171 (FUNEDA, Caracas, 1998).

tributaria. A continuación pasaremos a los preceptos que sí se corresponden netamente con la materia tributaria.

V.- EL SISTEMA TRIBUTARIO

VILLEGAS considera que un *sistema tributario* "está constituido por el conjunto de tributos vigentes en un país en una determinada época"; por ende, debe ser estudiado "en relación a un país concreto" y en una "época circunscrita"[102]. A su vez, trae a colación la opinión de TARANTINO para quien puede llamarse sistema a "un conjunto racional y armónico de partes que forman un todo reunidas científicamente por unidad de un fin" y lo contrapone al *régimen tributario,* en el que se da una imposición de reglas de forma inorgánica, en desorden, sin investigación de causas y con un fin meramente recaudatorio[103]. Podemos hablar así del sistema tributario venezolano, en el que existe una serie de tributos y unos principios constitucionales que rigen la tributación así como una distribución de competencias claramente definidas entre el Poder Público nacional, el estadal y el municipal; desde luego que ello no excluye que puedan llegar a existir polémicas sobre la distribución de competencias, pero esta es una situación excepcional y la propia legislación establece mecanismos para que las mismas sean resueltas.

VI.- PRINCIPIOS CONSTITUCIONALES TRIBUTARIOS

Existen diversos principios que se vinculan con la materia tributaria y muchos de los cuales tienen su origen en estudios económicos, no obstante, los mismos adquieren importancia jurídica cuando pasan a formar parte del Derecho positivo, especialmente cuando se enuncian en el texto constitucional. La doctrina jurídico-tributaria admite una serie de principios que permiten una caracterización de los sistemas tributarios concebidos bajo el Estado de Derecho, estos principios son de tipo formal y de tipo material. En el plano formal tenemos al principio de legalidad tributaria mientras que en el plano material los

---

[102] Héctor Villegas, *supra* nota 5, págs. 513 y 514. Ossorio señala que el término *"sistema"* posee los siguientes significados: "Conjunto de principios, normas o reglas, enlazados entre sí, acerca de una ciencia o materia.|| Ordenado y armónico conjunto que contribuye a una finalidad.|| Método.|| Procedimiento.||Técnica.||Doctrina (Dic. Der. Usual.)"; Manuel Ossorio, *Diccionario de Ciencias Jurídicas Políticas y Sociales* 710 (Heliasta, Buenos Aires, s/f).
[103] Jacinto Tarantino, *Exposición en diálogo sobre tributación fiscal*, 322 *Veritas* 24 (1963) en Héctor Villegas, *supra* nota 5, págs. 514-515.

principios son los siguientes: capacidad económica, generalidad, igualdad, no confiscatoriedad y progresividad. La Constitución de la República Bolivariana de Venezuela establece una serie de principios adicionales, tales como el de protección de la economía nacional, la elevación del nivel de vida de la población y la recaudación eficiente. En general, todos estos principios son interdependientes y la interpretación de uno puede llevar a otro o bien servir de soporte en la búsqueda de sus alcances, su fin último es alcanzar la *justicia tributaria*.

A.- Principio de legalidad tributaria

1.- Alcances del principio de legalidad tributaria

Los antecedentes más remotos de este principio se ubican en Inglaterra en el año 1215 en el que el Rey Juan sin Tierras otorgó la Carta Magna y dejó plasmado que no podrían exigirse tributos sin el consentimiento del Consejo General (de manera que la figura del tributo va ligada a la propia formación y evolución histórica del Parlamento); con ello se limitó al monarca en su poder arbitrario para someter a los súbditos al pago de tributos. De allí en adelante, este principio se ha propagado por el mundo occidental hasta convertirse en un principio fundamental de los sistemas tributarios, consolidándose a través de la separación de poderes, fundamentalmente, entre el órgano ejecutivo y el legislativo.

El principio de legalidad tributaria es un principio fundamental en el Derecho tributario y conforme al cual los tributos deben ser establecidos a través de la ley. JARACH nos dice que el principio de legalidad [tributaria] "es el resultado del encuentro y combinación de dos principios: el primero expresado con el aforismo «*nullum tributum sine lege*» refleja la exigencia de una ley formal en materia tributaria; el segundo, se conoce habitualmente con el aforismo de origen anglo-estadounidense, inspirado en la representación del pueblo en las tareas legislativas, «*no taxation with out representation*»" y acota que con el primer principio se consagra "la primacía del Poder Legislativo para imponer tributos" mientras que el segundo se afirma "la razón política de la ley como expresión de la voluntad general"[104].

---

[104] Dino Jarach, *supra* nota 86, pág. 316.

No existe tributo sin ley que lo establezca, conforme el principio de legalidad tributaria. En nuestra Constitución, el artículo 317 lo consagra en los siguientes términos: *"No podrán cobrarse impuestos, tasas ni contribuciones que no estén establecidos en la ley"*; según dicho precepto, es evidente que para poder cobrar un tributo, debe estar establecido en ley. El artículo 133 *eiusdem*, parte de este supuesto cuando señala: *"Toda persona tiene el deber de coadyuvar a los gastos públicos mediante el pago de impuestos, tasas y contribuciones que establezca la ley"*. La ley aparece así como el instrumento fundamental para determinar en qué supuestos los particulares se ven sometidos al pago de un tributo y ello debido a que, históricamente, al órgano legislativo como representante de la voluntad popular le corresponde establecer sus tributo; y es por ello que la doctrina se refiere al *principio de autoimposición*.

Se concibe este principio como una limitación al Poder Ejecutivo el cual no puede establecer tributos en sus actos normativos ordinarios. Y hacemos esta salvedad porque nuestra Constitución prevé la posibilidad que el Presidente de la República pueda dictar Decretos con fuerza de ley previa una ley habilitante que lo autorice para ello (artículos 236.8). En este sentido, parece producirse un choque con los postulados fundamentales del principio de legalidad tributaria, no obstante, el propio texto constitucional venezolano prevé de forma expresa que la Asamblea Nacional pueda realizar esta habilitación mediante el voto de las tres quintas partes de sus integrantes, tal como lo prevé el artículo 203 *eiusdem* en su parte final. Este precepto prevé de forma amplísima los poderes que puede otorgar el órgano legislativo nacional al Presidente de la República, pues dispone que en la misma se establecerán *"las directrices, propósitos y marco de las materias que se delegan al Presidente o Presidenta de la República, con rango y valor de ley"*, también dispone que dicha ley habilitante deberá *"fijar el plazo de su ejercicio"*.

Obsérvese que la aprobación de esta ley requiere un amplio consenso del órgano legislativo nacional al requerir un quórum calificado para la concesión de un instrumento legal con estas características. De esta manera, se abre la puerta para que el Poder Ejecutivo Nacional pueda dictar Decretos que tienen el rango, valor y fuerza de ley en materia tributaria. Ahora bien, la ausencia de una ley habilitante aprobada por la Asamblea Nacional excluye la posibilidad que el Presidente de la República pueda crear tributos; el órgano ejecutivo no puede crear tributos a través de Reglamentos, ni por medio de Resoluciones ni Providencias, y como se deduce *contrario sensu,* la prohibición es extensiva a los decretos ordinarios.

Se debe acotar que el *principio de legalidad tributaria* no es equivalente al principio de legalidad; el uso indistinto de ambas expresiones puede inducir a errores. El principio de legalidad, señalaba LARES MARTÍNEZ, significa la subordinación de los actos del poder público, a las leyes, reglamentos, ordenanzas y demás actos normativos bajo el imperio de la Constitución. Y asimismo, señala que dicho principio "aplicado a la [A]dministración, impone a las autoridades administrativas la obligación de ceñir todas sus decisiones a lo que se ha llamado «bloque jurídico», esto es, el conjunto de las reglas jurídicas preestablecidas, contenidas en la Constitución, las leyes normativas, los decretos-leyes, los tratados, los reglamentos y las ordenanzas y demás fuentes escritas del derecho y los principios no escritos que informan el ordenamiento jurídico"[105]. Ambos principios se basan en el imperio de la ley, pero bajo perspectivas diferentes, el *principio de legalidad tributaria* se refiere a la creación de los tributos, en cambio el *principio de legalidad administrativa* se refiere a las actuaciones de la Administración pública en general; desde luego que ambos principios se encuentran conectados en la materia tributaria en cuanto a que la Administración tributaria no puede cobrar sino aquellos tributos que han sido creados conforme a la ley, asimismo, sólo puede realizar las actuaciones para las cuales posee facultades expresas.

La creación de un tributo a través de la ley requiere que la misma determine los elementos configuradores del mismo. Es por ello que el artículo 3 del Código Orgánico Tributario señala que "*[s]ólo a las leyes corresponde con sujeción a las normas generales de este Código las siguientes materias:*

1.- Crear, modificar o suprimir tributos; definir el hecho imponible; fijar la alícuota del tributo, la base de su cálculo e indicar los sujetos pasivos del mismo.

2.- Otorgar exenciones y rebajas de impuesto.

3.- Autorizar al Poder Ejecutivo para conceder exoneraciones y otros beneficios o incentivos fiscales.

4.- Las demás materias que les sean remitidas por este Código".

Ahora vamos a señalar que la *base imponible* ha sido definida por SAINZ DE BUJANDA como "*[e]l parámetro constituido por una suma de dinero o por un bien valorado en términos monetarios*"[106].

---

[105] Eloy Lares Martínez, *Manual de Derecho Administrativo* 174 (actualizado por Rodrigo Lares Bassa, Sucesión de Eloy Lares Martínez y la Facultad de Ciencias Jurídicas y Políticas de la Universidad Central de Venezuela, Caracas, 13ª ed., 2008).
[106] Fernando Sainz de Bujanda, *supra* nota 67, pág. 261.

La *alícuota* se aplica a la base imponible, "es decir, a un parámetro constituido por una suma de dinero, y consisten en un porcentaje de dicha base"[107]. Sobre la misma el Parágrafo Segundo del artículo 3 del Código Orgánico Tributario dispone que "*la ley creadora del tributo correspondiente, podrá autorizar al Ejecutivo Nacional para que proceda a modificar la alícuota del impuesto, en los límites que ella establezca*". En tales casos, la ley ha de establecer un límite mínimo y uno máximo en cuyo rango el Ejecutivo Nacional establecerá la alícuota a aplicar.

2.- Exenciones y exoneraciones. La legalidad de los beneficios fiscales

Los beneficios fiscales tradicionales son las exenciones, las exoneraciones y las rebajas. El artículo 73 del Código Orgánico Tributario define la exención como "*la dispensa total o parcial del pago de la obligación otorgada por la ley*", mientras que la exoneración "*es la dispensa total o parcial del pago de la obligación tributaria, concedida por el Poder Ejecutivo en los casos autorizados por la ley*". En ambos casos se establece una fuente legal pero mientras en la exención el beneficio es directamente otorgado por la ley, en la exoneración es necesario un pronunciamiento del Poder Ejecutivo; en todo caso, conforme el artículo 4 *eiusdem*, "[*e*]*n materia de exenciones, exoneraciones, desgravámenes, rebajas y demás beneficios fiscales, las leyes determinarán los requisitos o condiciones esenciales para su procedencia*. En este mismo sentido, conforme al artículo 74 *eiusdem*, "[*l*]*a ley que autorice al Poder Ejecutivo para conceder exoneraciones especificará los tributos que comprenda, los presupuestos necesarios para que proceda, y las condiciones a las cuales está sometido el beneficio. La ley podrá facultar al Poder Ejecutivo para someter la exoneración a determinadas condiciones y requisitos*". En cuanto a las rebajas, el 78 *eiusdem* prevé que "[*l*]*as rebajas de tributos se regirán por las normas de este Capítulo en cuanto le sean aplicables*".

Conforme al principio de generalidad e igualdad tributaria, el artículo 76 del Código Orgánico Tributario dispone que "[*l*]*as exoneraciones serán concedidas con carácter general, a favor de todos los que se encuentren en los presupuestos y condiciones establecidos en la ley o fijados por el Poder Ejecutivo*".

Tomando en consideración el impacto que puede tener en la recaudación así como en otros sectores de la vida nacional, estadal y municipal, según lo dispuesto en el Parágrafo Primero del artículo 3 del Código Orgánico Tributario, "[*l*]*os órganos legislativos nacional, estadales y municipales, al sancionar las leyes que establezcan exenciones, beneficios, rebajas y demás incentivos fiscales o autoricen al Poder Ejecutivo para conceder exoneraciones, requerirán la previa opinión*

---

[107] *Ídem*, pág. 263.

de la Administración Tributaria respectiva, la cual evaluará el impacto económico y señalará las medidas necesarias para su efectivo control fiscal. Asimismo, los órganos legislativos correspondientes requerirán las opiniones de las oficinas de asesoría con las que cuenten".

Sobre la duración de las exenciones, el Código Orgánico Tributario parece admitir su duración ilimitada, si bien *"pueden ser derogadas o modificadas por una ley posterior, aunque estuvieren fundadas en determinadas condiciones de hecho"*, tal como se prevé también para las exoneraciones en el artículo 77 *eiusdem*. Y acota el precepto: *"Sin embargo, cuando tuvieren plazo cierto de duración, los beneficios en curso se mantendrán por el resto del dicho término, pero en ningún caso por más de cinco (5) años a partir de la derogatoria o modificación"*. Por su parte y en cuanto a las exoneraciones, el artículo 75 *eiusdem*, dispone que *"[l]a ley que autorice al Poder Ejecutivo para conceder exoneraciones, establecerá el plazo máximo de duración del beneficio. Si no lo fijara, el término máximo de la exoneración será de cinco (5) años. Vencido el término de la exoneración, el Poder Ejecutivo podrá renovarla hasta por el plazo máximo fijado en la ley o, en su defecto, el de este artículo"*. Sólo en el caso de exoneraciones concedidas a instituciones sin fines de lucro las exoneraciones pueden ser concedidas por tiempo indefinido, según se desprende del Parágrafo único, del citado artículo.

Existen claros ejemplos de exenciones en el Decreto con Rango Valor y Fuerza de Ley de Reforma de la Ley que establece el Impuesto al Valor Agregado, y en su similar regulatorio del Impuesto sobre la Renta. Las exoneraciones son contempladas de forma amplísima en leyes especiales como la del Impuesto al Valor Agregado, lo cual resulta criticable ante una habilitación casi ilimitada otorgada al órgano ejecutivo.

3.- La Unidad Tributaria

La Unidad Tributaria (U.T.) es una medida de valor en materia tributaria que permite hacer una corrección anual sobre el valor de la moneda; este mecanismo adquiere gran importancia en un contexto de inflación permanente y elevada. En los términos del Tribunal Supremo de Justicia en Sala Políticoadministrativa, la unidad tributaria "fue prevista por el legislador como una medida de valor que delimita el instrumento de pago de la obligación tributaria (fija los valores en moneda de curso legal –Bolívar– que deben considerarse para el pago o cancelación de la obligación tributaria sustancial) en un momento determinado, y cuya finalidad persigue evitar las distorsiones que se generan por efecto de la inflación respecto de las expresiones nominales fijas que regulan la estructura del tributo; en otros términos, constituye una suerte de corrección monetaria por efectos inflacionarios"[108].

Fue creada con la reforma del Código Orgánico Tributario en 1994[109] y tuvo un valor inicial de Bs.1.000,oo; está sometida a permanente actualización conforme lo establece el artículo 3, Parágrafo Tercero del Código Orgánico Tributario, en los siguientes términos: *"Por su carácter de determinación objetiva y de simple aplicación aritmética, la Administración Tributaria Nacional reajustará el valor de la Unidad Tributaria de acuerdo con lo dispuesto en este Código"*. Y según el artículo 131, numeral 15 *eiusdem*, este reajuste se ha de producir *"dentro de los quince (15) primeros días del mes de febrero de cada año, previa opinión favorable de la Comisión Permanente de Finanzas de la Asamblea Nacional, sobre la base de la variación producida en el Índice Nacional de Precios al Consumidor fijado por la autoridad competente, del año inmediatamente anterior"*[110].

El objetivo técnico de la instauración de la Unidad Tributaria (U.T.) "consistió limitadamente –señala ROMERO-MUCI– en fijar una unidad de medida homogénea o módulo monetario, para la reexpresión automática de los valores nominales fijos utilizados por las normas tributarias para expresar referencias cuantitativas. Su uso fundamental estaba referido a la estructura de tramos y otros valores monetarios fijos en la integración de los umbrales de la tributación. Incluso se utilizó en la denominación de los tipos monetarios que dimensionan sanciones pecuniarias"[111]. GUEVARA ha destacado que este ajuste o corrección de la unidad "[n]o es consecuencia directa de una potestad tributaria, por cuanto no se está creando tributo alguno" de modo que a través de la misma no se viola el principio de legalidad tributaria[112]. La variación en el valor de la unidad tributaria (U.T.) puede plantear la disyuntiva sobre cual valor aplicar, por ello es necesario traer a colación el artículo 3, Parágrafo Tercero del Código Orgánico Tributario cuando señala que: *"En los casos de tributos que se liquiden por períodos anuales, la unidad tributaria aplicable será la que esté vigente durante por lo menos ciento ochenta y tres (183) días continuos del período respectivo. Para*

---

[108] Sala Políticoadministrativa del Tribunal Supremo de Justicia, Sentencia N° 00479 de 23 de abril de 2008, caso: Tenería Primero de Octubre, C. A. vs Fisco Nacional, 36 *Colección Doctrina Judicial del Tribunal Supremo de Justicia, Doctrina Contencioso Administrativa y Tributaria. Octubre 2007-Diciembre 2008*, 123 (Caracas, 2009).

[109] Eduardo Guevara C., *Incongruencias e inconsistencias de la Unidad Tributaria*, 1 *30 años Codificación del Derecho Tributario en Venezuela. Tomo I. Derecho Tributario Sustantivo* 182-183, 179-200 (Asociación Venezolana de Derecho Tributario, Caracas, 2012).

[110] Este precepto acota: *"La opinión de la Comisión Permanente de Finanzas de la Asamblea Nacional deberá ser emitida dentro de los quince (15) días continuos siguientes de solicitada"*.

[111] Humberto Romero-Muci, *Uso, abuso y perversión de la unidad tributaria. Una reflexión sobre tributación indigna* 7 (Editorial Jurídica Venezolana-Asociación Venezolana de Derecho Tributario –AVDT–, Caracas, 2016).

[112] Eduardo Guevara C., *supra* nota 109, págs. 183 y 184.

los tributos que se liquiden por períodos distintos al anual, la unidad tributaria aplicable será la que esté vigente para el inicio del período".

La Unidad Tributaria tiene una importante incidencia en materia de sanciones ya que una gran cantidad de multas son establecidas en el Código Orgánico Tributario utilizando esta medida, así por ejemplo, quien presente una declaración *"en forma incompleta o con un retraso inferior o igual a un (1) año"* será sancionado con una multa de cien unidades tributarias (100 U.T.), conforme el artículo 103 del citado Código. Asimismo, se señala en el artículo 91 *eiusdem*, que cuando las multas *"estén expresadas en unidades tributarias (U.T.), se utilizará el valor de la unidad tributaria que estuviere vigente para el momento del pago"*. Y por otro lado, el artículo 92 *eiusdem*, dispone que *"[l]as multas establecidas en este Código, expresadas en términos porcentuales, se convertirán al equivalente de unidades tributarias (U.T.) que correspondan al momento de la comisión del ilícito y se cancelarán utilizando el valor de la misma que estuviere vigente para el momento del pago"*. Obsérvese que en ambos casos se identifican dos valores distintos de la unidad tributaria aunque siempre ha de prevalecer aquel que esté vigente al momento de pago, para considerar que se ha dado cumplimiento a la misma; esto excluye otros métodos de corrección monetaria.

En materia procesal tributaria también se establecen efectos vinculados con el valor de la unidad tributaria. Así, el artículo 285 del Código Orgánico Tributario limita el recurso de apelación para las personas naturales cuando la cuantía de la causa exceda de cien unidades tributarias (100 U.T.) y para las personas jurídicas siempre que exceda de quinientas unidades tributarias (500 U.T.), en ambos casos se ha de tratar de determinación de tributos o aplicación de sanciones.

En otros preceptos del Código Orgánico Tributario se establecen supuestos que vinculan sus efectos al valor de la unidad tributaria, así por ejemplo, el artículo 316 en su Parágrafo Único, en cuanto a la exigencia de la opinión de la Procuraduría General de la República a los efectos de celebrar transacciones tributarias; también el artículo 54, numeral 1° y su Parágrafo Único *eiusdem*, sobre supuestos de incobrabilidad de deudas tributarias. La Unidad Tributaria es aplicada no sólo a la materia tributaria pues también ha sido empleada en otros instrumentos legales, tal como sucede en materia laboral.

Lamentablemente, los ajustes del valor de la Unidad Tributaria (U.T.) no se han realizado, últimamente, conforme los índices de inflación publicados por el Banco Central de Venezuela (B.C.V.), lo cual se evidencia de una simple comparación entre el índice de inflación anualizada y el ajuste realizado a la Unidad Tributaria. Se trata de lo que

ROMERO-MUCI ha denunciado como una subestimación "a conveniencia por el retraso y minimización de su ajuste con el propósito de (ii) subestimar la corrección de los umbrales de tributación y otras expresiones monetarias fijas utilizadas como créditos a la base imponible o a la cuota a pagar, fundamentalmente en el impuesto sobre la renta"[113].

En palabras de autor, se trata de una "praxis manipulativa" que tiene como objetivo "un obsceno (ilegítimo) aumento de la presión fiscal a las personas naturales, que no se corresponde con su capacidad contributiva efectiva" pues se "empuja a dichos contribuyentes a tramos superiores de imposición", fenómeno especialmente ocurrido en los años 2013 al 2015, índices de este último año publicados en 2016, año de publicación de la obra por el citado autor. En dicho trabajo se analiza el problema relativo "al alcance del ámbito de las magnitudes monetarias susceptibles de ajuste a través del mecanismo corrector de la UT", asimismo, "las manipulaciones en el momento de entrada en vigencia del cambio de valor de la UT y el consecuente diferimiento del efecto corrector"; también la regla del artículo 3, parágrafo tercero del Código Orgánico Tributario relativa a la aplicación de la unidad tributaria vigente durante por los 183 días, y, finalmente, un cuarto problema referido "a la inconsistente proporción de ajuste de la UT respecto de la variación del [Índice Nacional de Precios al Consumidor] INPC"[114]. La situación se ha visto empeorada con la ausencia de índices de inflación publicados por el Banco Central de Venezuela.

B.- Principio de capacidad económica

El deber de contribuir está inexorablemente vinculado con la existencia de riqueza en manos de los particulares. De allí que es inadmisible que la ley establezca el deber de pagar un tributo cuando no existe riqueza, cuando no existe nada que gravar, y lo cual se corresponde con el carácter patrimonial del tributo. El artículo 316 de la Constitución venezolana consagra expresamente este principio cuando señala: *"El sistema tributario procurará la justa distribución de las cargas públicas según la capacidad económica del o la contribuyente…"*.

---

[113] Humberto Romero-Muci, *supra* nota 111, pág. 3; Denuncia también la imposibilidad de realizar "la corrección monetaria durante los cierres financieros y fiscales que tuvieron lugar durante dicho periodo" debido a la demora en la publicación de los índices de inflación por parte del Banco Central de Venezuela durante 2015.

[114] No es posible realizar en esta obra un mayor bosquejo de la problemática por lo que referimos a la destacada obra *supra* citada.

Tradicionalmente se consideran como manifestaciones de la capacidad económica: el patrimonio, la percepción de rentas (índices directos) así como el consumo y la circulación económica, etc. (índices indirectos)[115]. Ahora bien, la manifestación de una capacidad económica no significa que deba someterse de forma inmediata a la tributación, ya que debe valorarse si la titularidad de la misma hace al sujeto apto para contribuir con el gasto público; imagínese el caso de un ciudadano que no recibe más ingresos que su pensión, es propietario de una pequeña casa y sus consumos se limitan a adquirir alimentos y medicamentos pues su ingreso no alcanza para nada más. En este supuesto habría pequeñas manifestaciones de capacidad económica, cierto, pero parecería totalmente irracional que se le establezca el deber de pagar un impuesto sobre la renta, ya que carece de capacidad contributiva.

De allí que consideremos válida la distinción entre capacidad económica y capacidad contributiva que se reconoce en la doctrina. La capacidad económica sería la existencia de riqueza en manos de los particulares, mientras que la capacidad contributiva, a decir de TARSITANO, es la "«aptitud» del contribuyente para ser sujeto pasivo de obligaciones tributarias, aptitud que viene establecida por la presencia de hechos reveladores de riqueza (capacidad económica) que, luego de ser sometidos a la valoración del legislador y conciliados con los fines de naturaleza política, social y económica, son elevados al rango de categoría imponible"[116]. Corresponde al legislador tributario apreciar cuáles manifestaciones de riqueza (capacidad económica) van a ser sometidas a tributación y cuáles no; ello ha dado origen a figuras como el *mínimo vital*, como un concepto que intenta proteger a los particulares con ingresos mínimos, de la injusticia que se cometería al someterlos a tributación.

TARSITANO ha señalado que el principio de capacidad contributiva "sirve a un doble propósito: de un lado, como presupuesto legitimador de la distribución del gasto público; de otro, como límite material al ejercicio de la potestad tributaria". Esta doble lectura se traduce: "1) como mandato moral de los habitantes a sostener los gastos del Estado, que se traduce en el deber jurídico y político-constitucional de contribuir; y 2) como garantía operativa del derecho del contribuyente a obtener el reconocimiento legal de la «causa fuente» de los tributos, que el poder impositivo debe respetar en tanto representa la

---

[115] Fernando Sainz de Bujanda, *supra* nota 67, pág. 108; Alberto Tarsitano, *El principio constitucional de capacidad contributiva* en Horacio A. García Belsunce (Coord.), *Estudios de Derecho Constitucional Tributario* 302, 301-342(Depalma, Buenos Aires, 1994); Luis Fraga Pittaluga, *supra* nota 96, pág. 89.
[116] Alberto Tarsitano, *supra* nota 115, pág. 307.

materialidad del hecho imponible"[117]. Ya hemos señalado que el deber de contribuir y el principio de capacidad económica se encuentran inexorablemente vinculados por lo que no cabe hablar de uno sin el otro, no obstante, como deber jurídico tiene su fuente en el deber constitucional de coadyuvar con el gasto público que en nuestra Constitución se recoge en el artículo 133.

La segunda lectura o propósito del citado principio es concordante con lo señalado por la doctrina y la jurisprudencia del Tribunal Constitucional español, conforme el cual el principio de capacidad económica aparece como *presupuesto* o *fundamento* de la tributación así como *medida* de la misma. El alto tribunal insiste en la consideración de este principio "como «fundamento» de la tributación («de acuerdo con») y la capacidad económica como «medida» del tributo («en función de»)" y ello debido a que el deber de contribuir debe llevarse a efecto "única y exclusivamente «de acuerdo con» la capacidad económica y, en el caso de los impuestos (…) también «en función de» su capacidad económica"[118].

Se debe señalar que la apreciación sobre la capacidad contributiva obedece a un criterio sometido a apreciaciones de tipo político "hecho por el legislador respecto a determinada riqueza y fundada en los propósitos o fines que quiere alcanzar dicho legislador" tal como señala LUQUI[119].

Las manifestaciones de capacidad económica son variadas y en muchos casos pueden ser difíciles de detectar tanto por el legislador como por la Administración tributaria; de allí que ésta sea una de las causas por las cuales se imponga el cumplimiento de deberes tributarios tales como facturar, llevar libros de contabilidad, practicar retenciones, etc. Asimismo, la norma tributaria se hace cada vez más compleja con la paradójica finalidad de someter a tributación algunas manifestaciones económicas difíciles de detectar. Todo ello con la finalidad de alcanzar una justicia tributaria en la que todos coadyuven al gasto público conforme su capacidad económica en los términos del artículo 316 de la Constitución.

---

[117] *Ídem*, págs. 303-304.

[118] Este criterio fue reafirmado en la Sentencia del Pleno del Tribunal Constitucional Español de 16 de febrero de 2017 en el que se analizó la vulneración del artículo 31.1 de la Constitución del Reino de España "al someterse a tributación inexistentes manifestaciones de riqueza en contra de la exigencia constitucional de contribuir al sostenimiento de los gastos públicos «de acuerdo con su capacidad económica» (FJ 1.f). Esta sentencia hace referencia a otros pronunciamiento del mismo tribunal como la 71/2014, de 6 de mayo FJ 3°; 96/2002, de 25 de abril FJ 7°; y, 60/2015 de 18 de marzo, FJ 4°. A esta sentencia nos hemos referido en nuestro trabajo *De la liquidación a la autoliquidación…*, cit., págs. 377-378.

[119] Juan Carlos Luqui, *La obligación tributaria* 92 (Depalma, Buenos Aires, 1989). Asimismo, *vide* Gabriel Ruan Santos, *Las garantías tributarias de fondo o principios substantivos de la tributación en la Constitución de 1999* en *La tributación en la Constitución de 1999* 89, 79-102 (Academia de Ciencias Políticas y Sociales, Caracas, 2001).

C.- Principio de generalidad

Es un principio constitucional que todos están obligados a contribuir con el gasto público, ello no obstante, no debe entenderse literalmente sino en correspondencia con el principio de capacidad económica. El artículo 133 de la Constitución venezolana establece que "*[t]oda persona tiene el deber de coadyuvar a los gastos públicos*" mediante el pago de tributos. De allí que se establece un deber general cuyos alcances particulares deben ser fijados por el legislador al crear cada supuesto de hecho (hecho imponible) sometido a tributación; toda persona que realice ese hecho debe pagar la obligación tributaria.

Cuando el precepto constitucional citado se refiere a "*toda persona*" no lo está haciendo en términos absolutos, en el sentido que todos los habitantes del país deben contribuir con el gasto público sino todos aquellos titulares de capacidad económica pues debemos recordar que ese hecho ha sido seleccionado por el legislador por considerar que el mismo es una manifestación de capacidad contributiva. Con ello se pone de manifiesto la interconexión que existe entre los diferentes principios constitucionales que rigen la tributación.

NEUMARK formuló el principio de generalidad de forma muy precisa, al señalar: "El principio de generalidad de la imposición exige que, por una parte, se someta a gravamen fiscal a todas las personas físicas (físicas y jurídicas) —en tanto tengan capacidad de pago y queden tipificadas por una de las razones legales que dan nacimiento a la obligación tributaria, sin que tengan en cuenta para ello criterios extraeconómicos, tales como nacionalidad (jurídica), estado civil, clase social, religión, etc.— y que, por otra parte, en el marco de un impuesto particular, no se admitan otras excepciones a la obligación tributaria subjetiva y objetiva que las que parezcan inexcusables por razones de política económica, social, cultural y sanitaria o por imperativos técnico-tributarios"[120]. En este sentido, coincidimos con VILLEGAS cuando señala que este principio se refiere más a un sentido negativo que positivo en el sentido que "[n]o se trata de que todos deban pagar tributo, según la generalidad, sino que nadie puede ser eximido por privilegios personales, de clase, linaje o casta"[121].

La doctrina destaca la *exención* como excepción al principio de generalidad siempre y cuando esté otorgada según criterios racionales que busquen alcanzar tanto la justicia

---

[120] Fritz Neumark, *Principios de la imposición* 89 (título original *Grundsätze gerechter und ökonomisch rationaler Steuerpolitik, 1970,* Instituto de Estudios Fiscales, Madrid, 2.ª ed., 1994).
[121] Héctor Villegas, *supra* nota 5, pág. 200.

tributaria como fines extrafiscales legítimamente reconocidos en el ordenamiento jurídico, por ejemplo, razones económicas, sociales, políticas, culturales, etc.[122]. En consecuencia, sería inconstitucional una exención basada en privilegios personales, de clase, linaje o casta. En palabras de MIRANDA PÉREZ, "[l]a generalidad no admite excepciones de sujetos y de pago [y].... Solo las razones de política económica, cultural, sanitaria o técnica tributaria podrán eximir su cumplimiento"[123].

D.- Principio de igualdad tributaria

Sobre el principio de igualdad, NEUMARK señalaba que de acuerdo al mismo "las personas, en tanto estén sujetas a cualquier impuesto y se encuentren en iguales o parecidas condiciones relevantes a efectos fiscales, han de recibir el mismo trato en lo que se refiere al impuesto respectivo; de esta definición se deriva como consecuencia lógica el principio de desigualdad en el trato fiscal de las personas que se hallen en condiciones desiguales"[124]. Nótese que inherente a la propia igualdad aparece la desigualdad entre los contribuyentes y ellos debido a su capacidad contributiva, que es la condición fundamental a efectos fiscales. Puede hablarse así de categorías de contribuyentes en virtud del criterio razonable representado por la capacidad contributiva.

En la doctrina patria, RUAN SANTOS señala que conforme a este principio debe haber "igualdad en el sacrificio económico, de acuerdo a la capacidad económica de cada contribuyente" y ello conforme se trata de alcanzar la igualdad real y efectiva proclamada en el artículo 21 de la Constitución. En virtud de esta concepción se hace admisible el trato desigual a quienes no son iguales, cuando sea razonable, esté destinado a alcanzar un fin constitucionalmente legítimo y configure una exigencia de la justicia. Pero inversamente, proscribe la igualdad que a supuestos de hecho iguales se apliquen consecuencias desiguales, artificiosas o no fundadas en criterios objetivos y no conformes a juicios de valor generalmente aceptados"[125].

---

[122] Fernando Sainz de Bujanda, *supra* nota 67, pág. 104; Héctor Villegas, *supra* nota 5, pág. 200; Carlos M. Giuliani Fonrouge, *supra* nota 65, pág. 341; Luis Fraga Pittaluga, *supra* nota 96, pág. 72.

[123] Armando Miranda Pérez, *El principio de generalidad en materia tributaria*, II *Tributum Revista Venezolana de Ciencias Tributarias* 160, 155-176. (Centro de Desarrollo Empresarial-Postgrados en Gerencia Tributaria y Derecho Tributario, San Cristóbal, 1996).

[124] Fritz Neumark, *supra* nota 120, pág. 135. Ya Adam Smith había señalado: "Los súbditos de un Estado deben contribuir al sostenimiento del gobierno, en la cantidad más aproximada posible a la proporción de sus respectivas capacidades. En la observancia u omisión de esta máxima consiste lo que se llama la igualdad o desigualdad de la imposición".

[125] Gabriel Ruan Santos, *supra* nota 119, págs. 85-86.

El principio de igualdad tributaria puede aparecer como una derivación del principio de capacidad contributiva; incluso JARACH se refiriere a una *identificación*[126] entre ambos principios, en la misma óptica que fue apreciado por NEUMARK. La igualdad "aparece con el advenimiento del sistema republicano que la consagra como derecho natural al abolir toda diferencia de nacimiento, raza, sangre y religión –señala LUQUI–. En las pasadas monarquías existieron grupos sociales que estaban exentos de obligaciones tributarias, como la nobleza y el clero"[127].

En nuestra Constitución no se establece explícitamente el principio de igualdad tributaria, pero el mismo surge del artículo 21 *eiusdem* cuando señala que "*Todas las personas son iguales ante la ley*", insistiendo el numeral 2° del citado precepto en una igualdad "*real y efectiva*". Asimismo, como ya se indicó el principio puede considerarse contenido en el principio de capacidad económica del artículo 316 *eiusdem*. FRAGA PITTALUGA lo vincula con el principio de justicia pues se "supone que la ley tributaria, como toda ley, debe aplicarse por igual a todos y nadie puede excusarse de su cumplimiento"; y agrega el autor: "Nada de particular ofrece la dogmática general del Derecho Tributario en este aspecto, pues se trata del mismo principio de igualdad ante la ley que se proclama de manera general en la Constitución (art. 21). Le ley tributaria debe ser igual para todos y todos son iguales ante ella"[128]. De modo que el principio de igualdad tributaria tiene sobrado fundamento desde el punto de vista constitucional.

Puede hablarse así de igualdad en el plano horizontal e igualdad en el plano vertical. CORTI señala que en el caso de la igualdad en "el plano horizontal el principio se identifica con el de generalidad, esto es, que a igualdad de capacidad contributiva el impuesto debe ser igual, o, lo que es similar, a paridad de riqueza debe generalizarse el impuesto a todos por igual, sin excepciones ni privilegios. En otros términos, dada una determinada manifestación de riqueza (v. gr., ingresos,, patrimonios, o consumos), todos aquellos que ostentan un mismo nivel de ella, deben pagar una misma cantidad de impuesto". En el plano vertical, el autor identificaba la igualdad tributaria con la proporcionalidad (y ésta con la capacidad contributiva) con lo que se plantea una diferenciación entre los niveles de riqueza; la progresividad viene a informar y perfeccionar a la proporcionalidad, a través de

---

[126] Dino Jarach, *supra* nota 86, pág. 319.
[127] Juan Carlos Luqui, *supra* nota 119, pág. 89.
[128] Luis Fraga Pittaluga, *supra* nota 96, pág. 132.

"alícuotas crecientes aplicadas sobre dicha base"[129]. Así, tenemos que conforme este principio se produce una igualdad entre sujetos con la misma capacidad económica y, por ende, una diferenciación entre sujetos con distinta capacidad.

Las exenciones no rompen el principio de igualdad tributaria siempre y cuando se establezcan bajo criterios razonables. GIANNINI señaló que las mismas "encuentran su justificación en elementos de naturaleza política, económica o social" y no representan por tanto un privilegio que rompa la igualdad[130] pero tampoco la generalidad del tributo.

Para ejemplificar este principio, traemos a colación la primera tarifa del Impuesto sobre la Renta, establecida en el artículo 50 de la ley, a la cual hemos incluido el paréntesis al final de cada escalón a los fines de la explicación posterior, en los siguientes términos:

1.- Por la fracción comprendida hasta 1.000 (U.T.).	6%.	(A)
2.- Por la fracción que exceda de 1.000 hasta 1.500	9%.	(B)
3.- Por la fracción que exceda de 1.500 hasta 2.000	12%.	(C)
4.- Por la fracción que exceda de 2.000 hasta 2.500	16%.	(D)
5.- Por la fracción que exceda de 2.500 hasta 3.000	20%.	(E)
6.- Por la fracción que exceda de 3.000 hasta 4.000	24%.	(F)
7.- Por la fracción que exceda de 4.000 hasta 6.000	29%.	(G)
8.- Por la fracción que exceda de 6.000	34%	(H)

Los sujetos del tramo A deben ser diferenciados de los del tramo H, ya que su capacidad económica es diferente; por ende, los del tramo A pagan 6% mientras que los del tramo H pagan 34%.

Un sujeto del tramo G podría decir que se siente discriminado respecto a los sujetos de los tramos A y B, pero ello no es así, ya que se encuentran en condiciones diferentes. Todos los sujetos ubicados en un mismo tramo se encuentran en igualdad de condiciones y deben recibir un mismo trato y si alguno recibe un trato más favorable se produciría una situación de privilegio sobre los demás.

E.- Principio de progresividad

Para referirnos al principio de progresividad es necesario diferenciar los distintos tipos de alícuotas, vale decir: proporcional, progresiva y regresiva. BERLIRI señalaba que la alícuota proporcional es aquella que "no varía con el cambio de la base imponible de manera que el

---

[129] Arístides Horacio Corti, *De los principios de justicia que gobiernan la tributación (igualdad y equidad)* en Horacio García Belsunce (Coord.), *Estudios de Derecho Constitucional Tributario* 278 y ss., 271-300 (Depalma, Buenos Aires, 1994).
[130] Achille Donato Giannini, *supra* nota 24, pág. 111.

importe del tributo crece en proporción constante con el incremento de la base". En cambio, la alícuota progresiva "aumenta con el incremento de la base, de forma que a los sucesivos aumentos iguales de la misma base corresponden incrementos crecientes del impuesto". En contraposición se encuentra la alícuota regresiva que como señala el autor, "al contrario de lo que sucede en la progresiva, con el aumento de la base imponible aquélla disminuye"[131]. Ya hemos señalado en el principio de igualdad tributaria que la progresividad constituye un perfeccionamiento de la proporcionalidad en la medida que incorpora alícuotas crecientes.

En el texto constitucional, el artículo 316 dispone que el *sistema tributario* ha de procurar *"la justa distribución de las cargas públicas según la capacidad económica del o la contribuyente, atendiendo al principio de progresividad"*. Con ello el mandato muestra su predilección por la progresividad, vale decir, que en la configuración del tributo realizada por el legislador tributario se debe procurar el establecimiento de alícuotas progresivas. No obstante, se debe advertir que ello no significa que las alícuotas proporcionales estén prohibidas pero las mismas no pueden ser preponderantes en el sistema tributario ya que iría en contra del citado precepto; las alícuotas regresivas sí son manifiestamente contrarias al artículo 316 constitucional.

El caso paradigmático de las alícuotas progresivas se encuentra en el Decreto con Valor, Rango y Fuerza de Ley del Impuesto sobre la Renta, en el cual se establecen tres tipos de tarifas, la primera para las personas naturales, la segunda tarifa para las personas jurídicas y la tercera para las personas que se dedican a las actividades mineras y de hidrocarburos.

Como bien lo señala, RUAN SANTOS, la regla de progresividad adoptada de forma general en la imposición sobre la renta se origina con la teoría económica de la utilidad marginal aplicada al mayor ingreso, la cual presupone que a medida que se incrementa el ingreso de cada sujeto, en la misma proporción decrece la utilidad de su aplicación a la satisfacción de necesidades vitales, y aparece entonces el margen o excedente como objeto de una imposición inversamente creciente, según una escala gradual ascendente"[132]. Con ello se pone de evidencia el carácter multidisciplinario de las Finanzas Públicas.

---

[131] 2 Antonio Berliri, *Principios de Derecho Tributario* 359 (título original: *Principii di Diritto Tributario*, trad. Narciso Amorós Rica y Eusebio González García, Editorial de Derecho Financiero, Madrid, 1971). Sobre los tipos de progresividad se distingue entre la continua y la escalonada.
[132] Gabriel Ruan Santos, *supra* nota 119, pág. 91.

F.- Principio de no confiscatoriedad

El término "confiscación" aparece definido por OSSORIO como la "[a]cción y efecto de confiscar, de privar a uno de sus bienes y aplicarlos al fisco", destacando además que la misma "se efectúa sin reparación ninguna"; diferenciándose claramente de la expropiación en la que se produce una "tasación e indemnización del valor de lo expropiado"[133]. La confiscación es una figura totalmente excepcional, el artículo 116 de la Constitución la prevé sólo en los casos de bienes de personas responsables de delitos contra el patrimonio público, de quienes se hayan enriquecido ilícitamente al amparo del Poder Público y bienes provenientes de actividades vinculadas al tráfico ilícito de sustancias psicotrópicas y estupefacientes. Esto se corresponde con la protección que la Constitución reconoce al derecho de propiedad en su artículo 115: "*Se garantiza el derecho de propiedad. Toda persona tiene derecho al uso, goce, disfrute y disposición de sus bienes*".

Pero como hemos señalado, la tributación se establece sobre la riqueza real y efectiva, por lo que el derecho de propiedad se ve sometido a obligaciones de carácter tributario que no pueden llegar hasta materializar, de hecho, una privación de dicho derecho de forma indirecta. En nuestra Constitución, el artículo 317 dispone: "*Ningún tributo puede tener efecto confiscatorio*" con lo que se produce una consagración explícita del principio de no confiscatoriedad. El precepto se refiere a una situación de resultado, esto es, que como producto de la tributación el derecho de propiedad fenezca. Coincidimos plenamente con RUAN SANTOS cuando señala que los tributos pueden tener el efecto práctico de una confiscación "cuando exceden los límites de la razonabilidad de la exacción"[134]. Si un tributo excede los límites de la razonabilidad en la exacción, sería inconstitucional a la luz del artículo 317 de la Constitución.

G.- Otros principios constitucionales

La Constitución establece una serie de principios tributarios que representan una novedad por haber adquirido este rango normativo, más sin embargo, la doctrina extranjera ya ha

---

[133] Manuel Ossorio, *supra* nota 102, pág. 152.

[134] Gabriel Ruan Santos, *supra* nota 119, pág. 92. La razonabilidad se excede cuando se produce una "desproporción entre las cargas impuestas y la capacidad económica del contribuyente, por no haber correspondencia entre el fin perseguido por la norma y el medio elegido para concretarlo, por sustraer una parte substancial del valor del capital o de la renta o de su utilidad, por ocasionar el aniquilamiento del derecho de propiedad en su esencia o en cualquiera de sus atributos. Criterios todos postulados por la doctrina tributaria para tratar de captar en la realidad el efecto confiscatorio abstractamente prohibido".

tenido la oportunidad de expresarse al respecto o, al menos, en aproximaciones bien cercanas a su contenido. Estos principios se encuentran establecidos en el artículo 316 constitucional y son los siguientes: la *protección de la economía nacional*, la *elevación del nivel de vida de la población* y el *sistema eficiente en la recaudación de los tributos*.

Debemos resaltar lo expresado por ZAMBRANO cuando señalaba que si bien la tributación tiene por objeto recaudar fondos para que el Estado cumpla sus funciones "también puede ser un instrumento de política económica"[135], por lo que la vinculación con los citados principios es indudable pues una errada configuración en el sistema tributario puede producir el deterioro de la economía nacional, la disminución del nivel de vida de la población y una ineficiente recaudación.

La *protección de la economía nacional* se debe vincular con el fortalecimiento de las empresas establecidas en el territorio nacional las cuales generan riqueza, pagan tributos generan empleos y fortalecen la balanza de pagos, pero también se podría incorporar la expansión de las mismas en la medida que ello constituye una necesidad ante el crecimiento poblacional y las mayores demandas de recursos por parte del Estado; todo ello es posible debido a que, como señala LUQUI, "por medio de la aplicación de los tributos el Estado está en condiciones de alentar o desalentar determinadas actividades económicas, presionando de distinta forma la riqueza"[136]. Es de entender que la aplicación del principio puede conllevar incentivos sectoriales o regionales conforme visiones de desarrollo económico y a la propia naturaleza de la actividad financiera del Estado[137].

El sistema tributario también debe procurar la *elevación del nivel de vida de la población*, lo cual presupone la satisfacción de las necesidades básicas; implica la realización plena de los derechos establecidos en el texto constitucional y por ende, una efectiva prestación de los servicios públicos. Los avances en sectores económicos, sanitarios, educativos, entretenimiento, etc., no pueden ser impedidos por la tributación debido a que los mismos contribuyen con la elevación del nivel de la población. Hay que reconocer las dificultades que plantea la aplicación de los anteriores principios en la medida que llevan a una convergencia con las opciones políticas presentadas ante el electorado como manifestación de la soberanía popular.

---

[135] 2 Freddy Zambrano, *Constitución de la República Bolivariana de Venezuela 1999. Comentada* 492 (Atenea, Caracas, 2004).

[136] Juan Carlos Luqui, *supra* nota 119, pág. 91.

[137] Sobre la naturaleza de la actividad financiera *vide* Lenin José Andara Suárez, *supra* nota 1, pág. 24 y ss.

Finalmente, el sistema tributario se ha de sustentar en un *sistema eficiente para la recaudación de los tributos*. Este principio se vincula inexorablemente con la labor cumplida por las distintas Administraciones tributarias que deben llevar a cabo la recaudación[138]. RUAN SANTOS señala que la eficiencia tributaria "exige una relación razonable entre el costo individual y colectivo de la recaudación y el rendimiento económico y social de los tributos"[139]. La eficiencia tributaria no se debe confundir con una recaudación extrema o en exceso pues la misma se debe realizar conforme la legalidad tributaria; las metas de recaudación fijadas por Administraciones tributarios no pueden soslayar los derechos de los contribuyentes pues el alcance de la obligación tributaria viene determinada por la ley especial de cada tributo y a estos límites deben atenerse la Administración cuando realiza la recaudación.

En consonancia con el principio de capacidad económica y conforme a un sistema eficiente en la recaudación es posible establecer regímenes simplificados de tributación que vayan dirigidos a sujetos de menor entidad económica y a los cuales, si bien la Administración Tributaria debe controlar, no se justifica someterlos al régimen general de tributación. En este sentido, el artículo 344 del Código Orgánico Tributario dispone: *"Mediante ley podrá establecerse un régimen simplificado de tributación, el cual será autónomo e integrado, que sustituirá el pago de tributos que ella determine. Dicha ley deberá consagrar normas relativas a los sujetos pasivos, determinación de la obligación, facultades de la Administración Tributaria, y en general todas aquellas disposiciones que permitan la aplicación y cumplimiento del régimen. Igualmente, la ley establecerá las sanciones pertinentes de manera excepcional y exclusiva para los supuestos en ella previstos".*

Un régimen de esta naturaleza sólo puede ser establecido por ley de modo de resguardar el principio de legalidad tributaria dispuesto en el texto constitucional. Los regímenes simplificados de tributación no deben constituir ninguna excepcionalidad en el Derecho Tributario en la medida que son medidas necesarias para el buen funcionamiento del sistema tributario. Con los mismos se hace aplicación también del principio de igualdad

---

[138] Fraga Pittaluga reflexiona sobre medidas necesarias para lograr una recaudación eficiente; *vide* del autor Luis Fraga Pittaluga, *supra* nota 96, pág. 192 y ss.

[139] Gabriel Ruan Santos, *supra* nota 119, pág. 83. Entiende el autor que "[e]ste valor de naturaleza técnica conduce entonces a que el legislador debe dotar a la Administración Tributaria de instrumentos adecuados para el logro de sus objetivos; que se le garantice un estatuto autónomo (técnico, funcional y administrativo); que se forme profesionalmente a su personal; que existan políticas objetivas de fiscalización; que se destierre la partidización civil o militar de los cuadros administrativos; que se reduzcan las ineficiencias en los procedimientos, las cuales sólo aumentan la presión indirecta y las molestias en el contribuyente, pero no incrementan la recaudación; y sobre todo, que se respeten los principios técnicos aportados por las ciencias tributarias" (págs. 83-84).

tributaria pues la diferenciación de este tipo de contribuyentes se justifica por su capacidad económica diferenciada de aquellos sujetos sometidos a un régimen general de tributación.

VII.- EL PROBLEMA DE LA DOBLE IMPOSICIÓN

La doble o múltiple imposición, señala VILLEGAS, se produce "cuando el mismo destinatario legal tributario es gravado dos (o más) veces, por el mismo hecho imponible, en el mismo período de tiempo, y por parte de dos (o más) sujetos con poder tributario"; en consecuencia los requisitos para que se configure este fenómeno serían:

"**1)** identidad del sujeto gravado: el destinatario legal del tributo debe ser el mismo;

2) identidad de hecho imponible: el gravamen debe derivar del mismo hecho generador, siendo ello lo esencial, y no el nombre que se asigna a los respectivos tributos cobrados en distintas jurisdicciones;

3) identidad temporal: la imposición doble o múltiple debe ser simultánea, ya que si se grava el mismo hecho imponible pero con respecto a diferentes períodos de tiempo, habrá imposición sucesiva, y no doble o múltiple imposición;

4) diversidad de sujetos fiscales: la doble imposición (en general) puede provenir de la coexistencia de dos o más autoridades fiscales en el orden nacional en países con régimen federal de gobierno (…) o de más autoridades en el orden internacional"[140].

El problema se produce por la diversidad de criterios de sujeción establecidos por los sujetos activos (nacionalidad, domicilio, residencia, establecimiento permanente, fuente) para someter a tributación a determinadas manifestaciones de riqueza. Esta interacción de criterios de sujeción da origen al problema de la doble imposición que puede ser externa o interna.

SAINZ DE BUJANDA se refiere a la "doble o pluriimposición" a nivel internacional, la cual se produce "cuando el mismo presupuesto de hecho da lugar a obligaciones tributarias en varios Estados, por el mismo o análogo título y por el mismo período o evento", este autor emplea el término "unidad" para referirse a los requisitos que deben darse, así habla de "unidad del sujeto pasivo, la unidad del objeto, la unidad de tiempo y la unidad de título". Acota muy acertadamente: "Resulta claro que la causa fundamental de la existencia

---

[140] Héctor Villegas, *supra* nota 5, pág. 484.

de doble imposición internacional deriva del hecho de que los Estados empleen iguales o análogos criterios para sujetar a las personas a su poder impositivo"[141]. En el entorno de la globalización, el problema de la doble tributación internacional representa una amenaza y una injusticia para los inversionistas que pueden ver gravada una misma manifestación de riqueza por parte de dos o más Estados, por ello la importancia que tienen en la actualidad los tratados para evitar la doble tributación suscritos por diversos países.

A nivel interno, el problema de la doble o múltiple imposición puede surgir debido a la estructura federal de un país en la que tanto la República, como los Estados (o Provincias) y los Municipios tiene atribuidas competencias tributarias, según explica VILLEGAS[142]. Este riesgo se puede producir en un país como Venezuela en el que las entidades político territoriales tienen esta característica, aunque se debe reconocer que el riesgo mayor se presenta entre las entidades municipales.

En este sentido, cobra importancia la competencia de coordinación y armonización de las distintas potestades tributarias atribuida al Poder Público Nacional, conforme el artículo 156, numeral 13 de la Constitución. En virtud de la misma se pueden *definir principios, parámetros y limitaciones, especialmente para la determinación de los tipos impositivos o alícuotas de los tributos estadales y municipales*"; con ello se evita el fenómeno de la doble imposición interna que perjudica seriamente los derechos y garantías de los contribuyentes. La Ley Orgánica del Poder Público Municipal, en su artículo 161, se refiere a la misma como "*múltiple imposición interjurisdiccional*" la cual no podrá ser permitida por los tributos municipales; el apartado único del precepto señala: "*los municipios ejercerán su poder tributario de conformidad con los principios parámetros y limitaciones que se prevean en esta Ley, sin perjuicio de otras normas de armonización que con esos fines, dicte la Asamblea Nacional*". El artículo 162 *eiusdem* también prevé la posibilidad que los municipios celebren "*acuerdos entre ellos y con otras entidades político territoriales con el fin de propiciar la coordinación y armonización tributaria y evitar la doble o múltiple tributación interjurisdiccional*".

Lo incipiente de las competencias tributarias atribuidas a los Estados federales venezolanos dificulta que pueda surgir entre ellos, o respecto a otras entidades político territoriales, el problema de la doble o múltiple imposición interna.

---

[141] Fernando Sainz de Bujanda, *supra* nota 67, pág. 57.
[142] Héctor Villegas, *supra* nota 5, pág. 214.

LECCIÓN III
LA RELACIÓN JURÍDICO TRIBUTARIA

La relación jurídico tributaria se encuentra regulada por el Derecho, en ella se establece el deber de cumplir una serie de prestaciones a cargo de los particulares que surgen con motivo de la aplicación de la normativa tributaria. Su regulación se establece en el Código Orgánico Tributario, leyes especiales de cada tributo y en los demás instrumentos normativos de efectos generales.

I.- CARÁCTER AMPLIO DE LA RELACIÓN JURÍDICO TRIBUTARIA

La relación jurídica tributaria es una relación de derecho, sus límites se encuentran establecidos en el derecho positivo conforme el principio de legalidad tributaria. Está conformada por una pluralidad de vínculos que nacen con motivo de la aplicación de la normativa tributaria y que conllevan la imposición a los particulares del deber de cumplir prestaciones de dar, hacer y no hacer; estas prestaciones se originan por la realización de supuestos de hecho de diversa naturaleza y comprenden tanto obligaciones como deberes tributarios.

La tributación tiene como razón de ser la de proveer recursos para que el Estado cumpla con sus funciones, y a ello se ha adicionado la realización de otros fines constitucionalmente legítimos; por ello se habló durante mucho tiempo de *relación jurídica tributaria principal* para referirse a lo que VILLEGAS definió como "el vínculo jurídico obligacional que se entabla entre el fisco como sujeto activo, que tiene la pretensión de una prestación pecuniaria a título de tributo, y un sujeto pasivo, que está obligado a la prestación"[143]. Este vínculo es hoy día, el más importante de la relación tributaria pero se debe advertir que no es el único, pues el ordenamiento jurídico impone a los sujetos una serie de deberes (hacer, no hacer) que no se subordinan necesariamente a la existencia de una prestación de tipo pecuniario; en muchos casos se imponen estos deberes aún cuando el sujeto no se encuentra sometido al pago de una obligación tributaria y evidentemente no podría hablarse de accesoriedad, ni de prestación principal cuando la misma no existe. Son sobrados los ejemplos en nuestro ordenamiento jurídico, tal como el deber de inscribirse

---

[143] *Ídem*, pág. 246.

en registros o el deber de comparecer ante la Administración tributaria, en tales casos la existencia de una obligación tributaria no es relevante en cuanto al nacimiento y extinción de dichos deberes.

En la doctrina italiana, GIANNINI[144] y posteriormente BERLIRI plantean el concepto de relación jurídico impositiva (*rapporto giuridico d'imposta*) con un contenido complejo, pero desde un punto de vista dogmático con graves contradicciones y carencias[145]. Si bien reconocen la existencia de diversos tipos de prestaciones a cargo de los particulares no logran alcanzar una sistematización del fenómeno tributario, en especial porque mantienen la obligación tributaria como eje indispensable de la relación jurídico tributaria y excluyen del análisis las potestades administrativas y los deberes de los administrados. BERLIRI también incorpora un *derecho potestativo* que debe ser ejercido por la Administración tributaria para que surja la obligación tributaria; esta última vendría a ser el "núcleo central e insustituible de la relación impositiva"[146].

Efectivamente, el concepto de relación jurídico tributaria compleja vino a convertirse en un concepto vago e indeterminado, según PÉREZ DE AYALA y GONZÁLEZ GARCÍA, y se convirtió en un "cuerpo híbrido lleno de contradicciones"[147]. La aceptación de esta teoría en la actualidad conduce a sostener, de forma errada, que la prestación pecuniaria u obligación material es el núcleo o posee un carácter principal mientras que el resto de prestaciones (deberes tributarios o formales) son accesorias o secundarias, lo cual, como ya afirmamos, no es cierto pues tales prestaciones no se encuentren forzosamente vinculadas de forma accesoria a la obligación material. Es posible que la expresión sea usada sin ningún rigor técnico; como diría SAINZ DE BUJANDA, que sea empleada "convencionalmente para aludir, en forma abreviada, a todos los vínculos surgidos en el ámbito de la imposición, [y] no a la aceptación del concepto estricto"[148].

Se hace necesario enriquecer el estudio de la relación jurídico tributaria más allá de la relación obligacional; la prestación pecuniaria y la condición de acreedor-deudor del tributo no son suficientes para abarcar el conjunto de relaciones que se producen con motivo de la

---

[144] Achille Donato Giannini, *supra* nota 24, págs. 68-69.
[145] Este análisis lo hemos realizado en nuestro trabajo Lenin José Andara Suárez, *supra* nota 95, pág. 47 y ss. Entre otras obras críticas a la teoría de la relación jurídico tributaria compleja resaltan Jorge Carreras Llansana, *En torno a la relación jurídico tributaria*, 3 *Revista de Derecho Financiero y de Hacienda Pública* 403, 408 y 413, 399-418 (Editorial de Derecho Financiero, Madrid, 1951); José Juan Ferreiro Lapatza, *Los esquemas dogmáticos fundamentales del Derecho Tributario*, 104 *Civitas Revista Española de Derecho Financiero* 677, 669-686 (Madrid, 1999).
[146] Antonio Berliri, *supra* nota 131, págs. 76-77, 80, 81, 82, 118,119, 122 y 129.
[147] 1 José Luis Pérez de Ayala y Eusebio González García, *Curso de Derecho Tributario* 112 (Edersa, Madrid, 6.ª ed., 1991).
[148] Fernando Sainz de Bujanda, *supra* nota 12, pág. 148.

aplicación de la normativa tributaria. Se debe admitir que existe una pluralidad de hechos o situaciones que dan origen al deber de realizar prestaciones tributarias de diversa naturaleza, algunas de ellas poseen total autonomía respecto de la prestación tributaria de tipo pecuniario (obligación tributaria) mientras que otras si están ligadas en forma de accesoriedad. La ampliación del enfoque obedece a la necesidad de dar explicación a las relaciones derivadas de la aplicación de la normativa tributaria y no sólo las de tipo material[149].

II.- LA OBLIGACIÓN TRIBUTARIA

Se debe analizar la obligación tributaria, como una parte, quizás la más importante, de la relación jurídico tributaria; su objeto es una prestación de tipo pecuniario. Pero insistimos, no es la única relación que se origina con motivo de la aplicación de la normativa tributaria.

JARACH señala los elementos de la relación jurídica tributaria sustancial (que corresponde a la relación obligacional), a saber: el sujeto activo, el sujeto pasivo, el objeto y el hecho jurídico tributario (hecho imponible)[150]; el Código Orgánico Tributario la regula en su Título II, Capítulo I, titulado: *De la obligación tributaria*; en especial el artículo 13 dispone: *"La obligación tributaria surge entre el Estado, en las distintas expresiones del Poder Público, y los sujetos pasivos, en cuanto ocurra el presupuesto de hecho previsto en la ley. La obligación tributaria constituye un vínculo de carácter personal, aunque su cumplimiento se asegure mediante garantía real o con privilegios especiales"*. El precepto se corresponde con el desarrollo doctrinario producido en Latinoamérica y reflejado en el Modelo de Código Tributario para América Latina.

En primer lugar nos debemos referir al carácter personal del vínculo, a que hace referencia el citado artículo 13, pues se trata de una relación entre sujetos (activo y pasivo) y no entre una persona y una cosa. El precepto constituye un rechazo expreso a "la posible pretensión de que exista un derecho real sobre el objeto gravado" conforme lo señalado por VALDÉS COSTA[151]. No es cierto que en los tributos aduaneros, sobre el consumo o en los impuestos sobre la propiedad exista una relación de naturaleza real, pues en estos

---

[149] Las corrientes dinámicas se originan en Italia (Alessi, Micheli, Fantozzi, Mafezzoni, Allorio) y propugnaron un cambio de paradigma en el análisis de la relación jurídico tributaria hacia sus aspectos procedimentales. Nosotros asumimos la postura formulada por Sainz de Bujanda quien propuso una *visión integradora* entre las corrientes estáticas y dinámicas, al respecto *vide* su obra Fernando Sainz de Bujanda, *supra* nota 12, págs. 74, 76, 116, 141 y 142.

[150] Dino Jarach, *supra* nota 4, pág. 65.

[151] Ramón Valdés Costa, *supra* nota 34, págs. 304-305. El precepto es tomado del Modelo de Código tributario para América Latina y al mismo se refiere el autor.

casos la relación también es de carácter personal, ya que como señala JARACH, "el sujeto pasivo se determina en base a una relación determinada en la ley positiva con el hecho jurídico que da nacimiento a la relación misma"; el autor explica que en materia aduanera "el hecho jurídico que da nacimiento al tributo no es la existencia de una mercadería, sino un acto de la vida económica, el de la introducción de una mercadería dentro de la frontera aduanera para destinarla al mercado interno o de la introducción en el mercado libre de una mercadería de consumo"[152].

A.- Los sujetos

En la obligación tributaria se van a distinguir dos sujetos: el activo y el pasivo. Se puede afirmar que el sujeto activo es el Estado, pero como señala el artículo 13 del Código: "*en las distintas expresiones del Poder Público*". Por otro lado, el sujeto pasivo, que es el obligado al pago de la prestación pecuniaria. A ellos nos vamos a referir más adelante.

B.- El objeto

La obligación tributaria tiene por objeto una prestación pecuniaria, "la obligación tributaria es obligación de dar una suma de dinero. Ese es su objeto –señala LUQUI–. El contribuyente, o en términos generales el sujeto pasivo debe efectuar esa entrega al fisco, al cual, por virtud del vínculo de derecho, ha adquirido contra el deudor (contribuyente) un crédito"[153]. El derecho de crédito es una figura propia del Derecho Civil que se acoge en el Derecho tributario.

---

[152] Dino Jarach, *supra* nota 4, págs. 58-59.
[153] Juan Carlos Luqui, *supra* nota 119, pág. 241. En correspondencia, Jarach define la obligación tributaria general como "un relación jurídica *ex lege*, en virtud de la cual una persona (sujeto pasivo principal, contribuyente o responsable), está obligada hacia el Estado u otra entidad pública, al pago de una suma de dinero, en cuanto se verifique el presupuesto de hecho determinado por la ley", Dino Jarach, *supra* nota 4, pág. 73; en este tipo de definiciones el objeto se identifica con la propia relación obligacional.

C.- El hecho imponible

1.- Definición

El hecho imponible es definido en el artículo 36 del Código Orgánico Tributario en los siguientes términos: *"es el presupuesto establecido por la ley para tipificar el tributo, y cuya realización origina el nacimiento de la obligación tributaria"*.

El hecho imponible describe hechos conforme se trate de tributos *vinculados o no vinculados*[154]. Si se trata de impuestos, señala VILLEGAS, los hechos o situaciones serían "ajenos a toda actividad o gasto estatal"; en cambio si se trata de tasas ha de establecer no solo una actividad administrativa, como señala el autor, sino también, la utilización de un bien público. Finalmente, si establece el hecho imponible de una contribución especial, la ley ha de establecer "un beneficio derivado de una actividad o gasto del Estado". El autor señala los cuatro elementos que debe contener un hecho imponible o hipótesis condicionante[155], a saber:

a.- Aspecto material: "la descripción objetiva de un hecho o situación".

b.- Aspecto personal: se trata de "los datos necesarios para individualizar a la persona que debe «realizar» el hecho o «encuadrarse» en la situación en que objetivamente fueron descritos".

c.- Aspecto temporal: es "el momento en que debe configurarse o tenerse configurada la «realización» del hecho imponible".

d.- Aspecto espacial: vale decir, "el lugar donde debe acaecer o tenerse por acaecida la «realización» del hecho imponible".

Desde el punto de vista temporal, el artículo 37 del Código Orgánico Tributario a los efectos de considerar ocurrido el hecho imponible y existentes sus resultados, distingue entre las situaciones de hecho y las situaciones jurídicas en los siguientes términos: *"1. En las situaciones de hecho, desde el momento que se hayan realizado las circunstancias materiales necesarias para que produzcan los efectos que normalmente les corresponden. 2. En las situaciones jurídicas, desde el momento en que estén definitivamente constituidas de conformidad con el derecho aplicable"*.

Por su parte, el artículo 38 *eiusdem* se refiere al *hecho imponible "condicionado por la ley o fuere un acto jurídico condicionado"* el cual se le considerará realizado: *"1. En el momento de su*

---

[154] *Vide* la distinción entre tributos vinculados y no vinculados en la Lección I de la presente obra.
[155] Héctor Villegas, *supra* nota 5, pág. 272.

acaecimiento o celebración, si la condición fuere resolutoria.2. Al producirse la condición, si ésta fuere suspensiva". El parágrafo único de dicho precepto concluye señalando: *"En caso de duda se entenderá que la condición es resolutoria"*. En cuanto a la condición y sus clases, así como los actos jurídicos condicionados, se debe acudir a la doctrina civilista en cuanto fuere aplicable.

Veamos algunos ejemplos de hechos imponibles en nuestro sistema tributario, atendiendo nuestro Derecho positivo:

Hecho imponible	Tributo
1.- Venta de bienes muebles	I.V.A.
2.- Prestación de servicios	I.V.A.
3.- Importación de mercancías	I.V.A.
4.- Obtención de enriquecimientos anuales, netos y disponibles, obtenidos en dinero o en especie	I.S.L.R.
5.- Transmisión de bienes a título gratuito por causa de muerte	Imp. sobre Sucesiones
6.- Propiedad sobre un vehículo	Imp. vehículos
7.- Actividades económicas	Imp. act. económicas, de industria, comercio, servicios o de índole similar
8.- Propaganda y publicidad	Imp. propaganda y Publicidad comercial
9.- Propiedad sobre inmuebles urbanos	Imp. sobre inmuebles urbanos
10.- Utilización de terminales terrestres	Tasa por uso de un bien público.
11.- Tramitación de un permiso	Tasas administrativas

2.- Su realización

La ley establece, de forma general y abstracta, un hecho de contenido económico cuya realización origina el nacimiento de la obligación tributaria. Este hecho es manifestación de capacidad contributiva [156] y su realización o materialización por un sujeto en particular origina el vínculo obligacional que tiene por objeto una prestación pecuniaria; de allí la expresión en el citado artículo *"en cuanto ocurra el presupuesto de hecho previsto en la ley"*. En esta relación los sujetos asumen las posiciones de acreedor del tributo (sujeto activo) y deudor del tributo (contribuyentes y responsables).

Una vez que se ha realizado el hecho imponible se origina la obligación tributaria, pero se hace necesaria una actividad de determinación a los fines de su exacta cuantificación, bien sea por el particular, la Administración tributaria o de forma conjunta. La fase de particularización o aplicación singular de la norma nos ubica en el ámbito del Derecho tributario adjetivo o procedimental.

III.- SUJETOS

A.- Sujeto activo

El sujeto activo de la obligación tributaria se encuentra definido en el artículo 18 del Código Orgánico Tributario, conforme el cual *"[e]s sujeto activo de la obligación tributaria el ente público acreedor del tributo"*.

La titularidad de una acreencia viene dada por la entidad que posee la potestad tributaria respectiva; si se trata de tributos nacionales la titularidad corresponde a la República. En cambio, si se trata de tributos estadales la titularidad corresponderá a los Estados federales; y finalmente, si son tributos municipales, la misma ha de corresponder a los Municipios. Excepcionalmente, existe la posibilidad que la titularidad sea atribuida a entidades específicas con lo cual se produce una destinación específica al producto de lo recaudado, tal como sucede con las contribuciones especiales cuyo titularidad activa puede recaer, por

---

[156] La característica sustancial y fundamental del hecho imponible, señala Jarach, es "la de ser una situación económica reveladora de capacidad contributiva"; Dino Jarach, *supra* nota 4, pág. 89.

ejemplo, en el Instituto Venezolano de los Seguros Sociales (IVSS) por las cotizaciones establecidas en la ley de la materia.

Tanto la República, como los estados y municipios actúan a través de diversas entidades; esto se establece conforme la división de poderes y se definen específicamente conforme la ley. La recaudación corresponde a la Administración tributaria, como rama especializada de la Administración pública; en el caso de tributos nacionales se ejerce a través del Servicio Nacional Integrado de Administración Aduanera y Tributaria (SENIAT), aunque es de advertir que en los casos excepcionales de contribuciones especiales, dicha función la cumplen las propias entidades beneficiarias de lo recaudado, como la Comisión Nacional de Telecomunicaciones (CONATEL) o el citado Instituto Venezolano de los Seguros Sociales (IVSS), entre otros.

El Código Orgánico Tributario en su artículo 131 dispone diversas facultades, atribuciones y funciones de la Administración tributaria y entre otras podemos destacar, la de liquidar y recaudar los tributos, intereses, sanciones y otros accesorios; ejecutar los procedimientos de verificación y de fiscalización; adoptar las medidas administrativas de conformidad con el propio Código.

La Administración tributaria es el órgano recaudador pero existen otros órganos que cumplen funciones en nombre de la República (personería jurídica del Poder Público Nacional); por ejemplo, las competencias legislativas corresponden a la Asamblea Nacional, mientras que la representación en juicio de la República corresponde a la Procuraduría General de la República. Por ende, no se debe confundir la titularidad de la acreencia tributaria con la función recaudadora llevada a cabo por la Administración tributaria nacional, estadal o municipal.

B.- Sujetos Pasivos

Los sujetos obligados al cumplimiento de prestaciones tributarias se encuentran definidos en el Código Orgánico Tributario, en su Título II, Capítulo III. Su artículo 19 define al sujeto pasivo como *"el obligado al cumplimiento de las prestaciones tributarias, sea en calidad de contribuyente o de responsable"*. Así, se hace necesario definir tanto al contribuyente como al responsable para dilucidar los alcances de dichas figuras.

1.- Contribuyentes

a.- Definición

Los contribuyentes son definidos en el artículo 22 del Código Orgánico Tributario y según el mismo, *"[s]on contribuyentes los sujetos pasivos respecto de los cuales se verifica el hecho imponible"*. Se trata de los sujetos que realizan el hecho imponible, esto es, el hecho general y abstracto previsto por el legislador para dar origen a la obligación tributaria.

La condición de contribuyente puede recaer prácticamente sobre cualquier particular si así lo han dispuesto las leyes especiales de cada tributo. Conforme el citado precepto esta cualidad puede recaer:

"1. En las personas naturales, prescindiendo de su capacidad según el derecho privado.

2. En las personas jurídicas y en los demás entes colectivos a los cuales otras ramas jurídicas atribuyen calidad de sujeto de derecho.

3. En las entidades o colectividades que constituyan una unidad económica, dispongan de patrimonio y tengan autonomía funcional".

Los contribuyentes están obligados al cumplimiento de las prestaciones tributarias impuestas por el ordenamiento jurídico. El artículo 23 *eiusdem* dispone que los mismos *"están obligados al pago de los tributos y al cumplimiento de los deberes formales impuestos por este Código o por normas tributarias".*

Se debe advertir que algunas leyes especiales realizan una subclasificación de los sujetos pasivos. Así sucede en materias como el Impuesto al Valor Agregado en el que su ley especial distingue entre contribuyentes *ordinarios, formales* y *ocasionales.*

b.- Los sucesores

* Sucesiones hereditarias

El artículo 24 del Código Orgánico Tributario prevé el caso de la sucesión *mortis causa* en los siguientes términos:*"Los derechos y obligaciones del contribuyente fallecido serán ejercidos o, en su caso, cumplidos por el sucesor a título universal, sin perjuicio del beneficio de inventario. Los derechos del contribuyente fallecido transmitido al legatario*[157] *serán ejercidos por éste"*. De la sucesión universal se derivan una serie de consecuencias que SOJO BIANCO ilustra de forma muy precisa y de las cuales vamos a resaltar sólo aquellas con trascendencia en el tema que nos ocupa[158]. Primera, el o los herederos continúan la personalidad del causante; segunda, "[l]a unidad del patrimonio no se disgrega", esto es, "[e]l patrimonio hereditario, como universalidad, no se disgrega; aunque dos o más personas sean llamadas a la herencia". Una tercera consecuencia, es que "[p]ueden coexistir sucesores a título universal y a título particular".

La cuarta consecuencia, de vital importancia en nuestra materia tributaria es la "[c]ontinuación en el heredero de las relaciones jurídicas del *de cujus*". En este particular, el autor civilista antes citado señala: "Todos los derechos y obligaciones se transmiten sin experimentar modificación alguna"; entre éstas se encuentran las obligaciones tributarias nacidas con motivo de las relaciones jurídicas del *de cujus* con el ente público, bien sea, nacional, estadal o municipal. Imagínese un sujeto que adeuda tributos por concepto de Impuesto sobre la Renta (ISLR) y fallece sin haberla pagado, esta deuda pasa a formar parte de la sucesión y se transmite a los herederos produciéndose la última de las consecuencias señaladas por SOJO BIANCO y es la "[c]onfusión del patrimonio del *de cujus* con el del heredero".

La confusión de patrimonios puede resultar perjudicial para el heredero pues el pasivo heredado puede ser mayor que el activo, incluyendo deudas tributarias. Para que el patrimonio del *de cujus* no se confunda con el del heredero, la legislación civil prevé la figura del *beneficio de inventario*. Este beneficio, señala el autor citado, "aprovecha al heredero, puesto que sólo a él beneficia mantener separados ambos patrimonios evitando así el peligro de pagar con sus propios bienes a los acreedores del difunto"[159].

Las deudas tributarias del *de cujus* se deben diferenciar de la nueva obligación nacida a cargo de los herederos o legatarios con motivo de la transferencia del patrimonio. En este último caso, se aplica el Impuestos sobre Sucesiones previsto en la *Ley del Impuesto sobre Sucesiones, Donaciones y demás ramos conexos* que prevé como hecho imponible las transmisiones gratuitas de derechos por causa de muerte y que tiene como sujetos obligados al pago "los beneficiarios de herencias y legados que comprendan bienes muebles

---

[157] El legatario, señala Sojo Bianco, es un "sucesor a título particular, recibe del causante los derechos y obligaciones que se refieran exclusivamente a un bien o a un conjunto de bienes determinados, que hayan sido expresamente señalados por el causante"; Raúl Sojo Bianco, *Apuntes de Derecho de Familia y Sucesiones* 310, (Mobil-Libros, Caracas, 14.ª ed., 2007).

[158] *Ídem*, págs. 310-313.

[159] *Ídem*, pág. 341.

o inmuebles, derechos o acciones situados en el territorio nacional", conforme los artículos 1 y 2 de la citada ley.

* Fusión mercantil

"En los casos de fusión, la sociedad que subsista o resulte de la misma asumirá cualquier beneficio o responsabilidad de carácter tributario que corresponda a las sociedades fusionadas". El precepto recoge los dos tipos de *fusión* señalados en Derecho Mercantil: la fusión por incorporación y la fusión en una nueva sociedad.

En la fusión por absorción se va a distinguir, por una parte, la sociedad absorbente y, por el otro, la sociedad absorbida; los derechos y obligaciones de la sociedad absorbida se transmiten en bloque a la sociedad absorbente, y dentro de las cuales se encuentran las obligaciones tributarias, la *"sociedad que subsista"* es la titular de tales obligaciones tributarias. También las sociedades se pueden fusionar para dar origen a una nueva sociedad mercantil, a ella se refiere el artículo 24 del Código Orgánico Tributario cuando se refiere a la sociedad que *"resulte de la misma"*, esto es, a la sociedad resultante de la fusión. Esta nueva sociedad es titular de todos los derechos y obligaciones tributarias de las sociedades fusionadas.

El Derecho Tributario hace una previsión expresa de una situación que por naturaleza ya era reconocida en el Derecho Mercantil y es que "la sociedad que se extingue transfiere su patrimonio –en bloque– a la nueva sociedad o a la sociedad absorbente", este efecto de la fusión ha sido destacado por MORLES HERNÁNDEZ, quien destaca que "[l]a doctrina le ha asignado a esta transmisión carácter de sucesión universal en el activo y en el pasivo de la sociedad disuelta"[160]. ATENCIO VALLADARES ubica la responsabilidad por fusión como un supuesto específico de responsabilidad solidaria, cuyo supuesto normativo obedece a una necesidad que podemos considerar común y es "evitar que por vía de reestructuraciones empresariales, se pueda evitar el cumplimiento de las obligaciones tributarias"[161].

---

[160] Alfredo Morles Hernández, 2 *Curso de Derecho Mercantil. Las sociedades mercantiles* 1650 (Universidad Católica Andrés Bello, Caracas, 2004). El autor acota: "El principio de la sucesión universal permite considerar que el traspaso de los bienes se realiza *uno actu*, sin que se descomponga en los negocios singulares que normalmente serían necesario para la transmisión de cada elemento".

[161] Gilberto Atencio Valladares, *Los responsables tributarios en Venezuela: Algunos supuestos*, 145 *Revista de Derecho Tributario* 155, 143-166 (Asociación Venezolana de Derecho Tributario-Legis, Caracas, 2015).

El *acuerdo de fusión* que deben suscribir las sociedades intervinientes en el acto no puede llegar a modificar las condiciones de las obligaciones tributarias ya que éstas son de origen legal y la voluntad de los particulares no es oponible al fisco, conforme el artículo 14 del Código Orgánico Tributario. El carácter consensual del acuerdo de fusión no puede menoscabar el carácter *ex lege* de las obligaciones tributarias.

c.- La solidaridad pasiva

El artículo 20 del Código Orgánico Tributario admite expresamente la solidaridad cuando dispone: *"Están solidariamente obligadas aquellas personas respecto de las cuales se verifique el mismo hecho imponible. En los demás casos, la solidaridad debe estar expresamente establecida en este Código o en la ley"*. Conforme el Código Civil en su artículo 1221, una *"obligación es solidaria cuando varios deudores están obligados a una misma cosa, de modo que cada uno pueda ser constreñido al pago por la totalidad, y que el pago hecho por uno solo de ellos liberte a los otros, o cuando varios acreedores tienen el derecho de exigir cada uno de ellos el pago total de la acreencia y que el pago hecho a uno solo de ellos liberte al deudor para con todos"*.

Se admiten los efectos de la solidaridad establecidos en el Código Civil, conforme dispone el artículo 21 *eiusdem*, con las excepciones establecidas en los tres numerales de dicho artículo, a saber: *"1.- El cumplimiento de un deber formal por parte de uno de los obligados no libera a los demás, en los casos en que la ley o el reglamento exigiere el cumplimiento a cada uno de los obligados". 2.- "La remisión o exoneración de la obligación libera a todos los deudores, salvo que el beneficio haya sido concedido a determinada persona. En este último caso, el sujeto activo podrá exigir el cumplimiento de los demás, con deducción de la parte proporcional del beneficiado", y 3.- "No es válida la renuncia a la solidaridad"*.

La imposición de la responsabilidad solidaridad en materia tributaria a través de la ley se corresponde con lo dispuesto en el Código Civil, en su artículo 1223 cuando dispone: *"No hay solidaridad entre acreedores ni deudores sino en virtud de pacto expreso o disposición de la Ley"*; pues como señaló MADURO LUYANDO la "solidaridad implícita, deducida de la voluntad de las partes, conocida en algunos ordenamientos extranjeros, no existe en nuestro Derecho" [162] . La responsabilidad solidaria tiene especiales consecuencias para los *"responsables"*, como se verá en el apartado siguiente.

---

[162] Eloy Maduro Luyando, *Curso de Obligaciones. Derecho Civil III* 260 (Universidad Católica Andrés Bello, Caracas, 9ª ed., 1995).

2.- Responsables

La figura de los *responsables* es definida en el artículo 25 del Código Orgánico Tributario, de la siguiente manera: *"son los sujetos pasivos que, sin tener el carácter de contribuyentes, deben por disposición expresa de la ley, cumplir las obligaciones atribuidas a los contribuyentes"*[163].

VALDÉS COSTA señala el elemento diferenciador entre la figura del contribuyente y el responsable: "[e]l único elemento diferenciador de ambas especies es la naturaleza de la responsabilidad, el contribuyente es responsable por una deuda propia, el responsable por una deuda ajena"[164]. En correspondencia con ello, ATENCIO VALLADARES señala que "el responsable no realiza el hecho imponible preceptuado en la Ley sino que por disposición expresa de ésta, debe cumplir con la obligación tributaria"[165].

Y si el responsable debe soportar la carga que corresponde al contribuyente, es justo que tenga derecho a reclamarle a este último los montos que haya pagado a su favor; de allí que el artículo 26 *eiusdem*, establezca que *"[e]l responsable tendrá derecho a reclamar del contribuyente el reintegro de las cantidades que hubiere pagado por él"*.

MORENO DE RIVAS es clara al señalar que la obligación del responsable tributario, "proviene de una causa distinta a la que ha originado la deuda tributaria, lo que implica la obligación del responsable es su relación (contractual o legal) con ese contribuyente pues en virtud de esa relación que la ley le asigna la obligación de responder del daño que se cause al sujeto activo del tributo por el incumplimiento del obligado principal"[166]. Según lo dispuesto en el Código Orgánico Tributario, existen dos tipos de responsables:

---

[163] En atención a que el lector puede acudir a la lectura de autores europeos sobre la figura del "responsable" se debe advertir una diferencia sustancial que no puede pasar inadvertida, y es que en muchos casos, el "responsable" no se considera sujeto pasivo de la obligación tributaria. Sol Gil lo destacaba al traer a colación autores españoles como Martín Cortés y Pérez Royo. El autor venezolano Sol Gil destacaba que estas diferencias entre Latinoamérica y Europa fueron puestas de relieve en las XVII Jornadas Latinoamericanas de Derecho Tributario en 1995; se señalaba que "en ciertos ámbitos de la doctrina europea suele referirse esa denominación al contribuyente y al sustituto del contribuyente, que actúa «en lugar» de este, en tanto que los responsables solidarios y subsidiarios, cuy obligación es de naturaleza distinta, se sitúan «junto a» o «después de» el sujeto". Y acota tajantemente: "En el ordenamiento jurídico venezolano, al igual que otros en Latinoamérica, esta discusión doctrinaria no es factible, pues aquellos países que seguimos el Modelo de Código Tributario OEA/BID, se acogió de manera a los responsables tributarios como sujetos pasivos de la relación jurídico-tributaria" y en este sentido se formula el artículo 25 del Código Orgánico Tributario; Jesús Sol Gil, *El agente de retención o percepción tributario*, 145 *Revista de Derecho Tributario* 175, 167-184 (Asociación Venezolana de Derecho Tributario-Legis, Caracas, 2015).

[164] Ramón Valdés Costa, *supra* nota 34, pág. 313.

[165] Gilberto Atencio Valladares, *supra* nota 161, pág. 146.

[166] Aurora Moreno de Rivas, *Responsabilidad personal de los representantes, gerentes, administradores y asesores tributarios de empresas* en Jesús Sol Gil (Coord.), *Estudios sobre el Código Orgánico Tributario* 271, 261-286 (LIVROSCA, Caracas, 2002). Señala: "lo que causa la ubicación del responsable dentro del supuesto legal no es una vinculación inmediata con el sujeto activo, es una relación con el contribuyente de naturaleza no tributaria, es así que el pagador de una obligación comercial o civil quedará sujeto a retener de este pago el anticipo de

a.- Responsables directos.

b.- Responsables solidarios.

Veamos cuál es el régimen jurídico de cada uno ellos.

a.- Responsables directos

Los responsables directos son los agentes de retención y los agentes de percepción, conforme el artículo 27 del Código Orgánico Tributario. Sobre esta modalidad de responsables tributarios, SOL GIL señala que son "siempre designados por ley en cumplimiento del principio de reserva legal, que quedan obligados a realizar retenciones impositivas o percepción de tributos que podrán tener carácter definitivo, en cuyo caso retendrán la totalidad del importe a pagar como tributo (retención total en la fuente), o bien, con carácter a cuenta de un tributo que resultará mayor (retención parcial), y cuyo saldo restante tendrá que ser pagado por el sujeto pasivo en calidad de contribuyente"[167]. En virtud del artículo 25 del Código los responsables directos *"deben por disposición expresa de la ley, cumplir las obligaciones atribuidas a los contribuyentes"*, bajo el régimen que se indica en el citado instrumento legal y la normativa especial de cada tributo.

El *agente de retención* ha sido definido por VILLEGAS como "un deudor del contribuyente o alguien que por su función pública, actividad, oficio o profesión, se halla en contacto directo con un importe dinerario de propiedad del contribuyente o que éste debe recibir, ante lo cual tiene la posibilidad de amputar la parte que corresponde al fisco en concepto de tributo"[168]. Con ello se abre paso a la *"retención en la fuente"* definida por SOL GIL como "aquella actividad que realizan personas naturales o jurídicas de carácter pública o privada, obligadas por ley, con la finalidad de recaudar tributos o anticipos de estos a un contribuyente, por cuenta del sujeto activo"[169]. Valga la redundancia, el agente de retención realiza la retención en la fuente por mandato expreso de la ley. Los casos más resaltantes de retenciones en nuestro ordenamiento jurídico ya han sido señalados por SOL GIL[170], estos son: las retenciones previstas en el Decreto con Rango, Valor y Fuerza de Ley del Impuesto sobre la Renta y desarrollada en el Decreto 1808 mediante el cual se dicta el Reglamento

---

impuesto que corresponda, si la ley o la reglamentación califican la actividad que causa la obligación comercial o civil, como sujeta a tal anticipo y en el momento en que el pago se produce efectivamente".

[167] Jesús Sol Gil, *supra* nota 163, págs. 176-177.

[168] Héctor Villegas, *supra* nota 5, pág. 263.

[169] Jesús Sol Gil, *supra* nota 163, pág. 177.

[170] *Ídem*, pág. 183.

Parcial de la Ley de Impuesto sobre la Renta en materia de retenciones[171] y las retenciones de Impuesto al Valor Agregado (IVA) previstas en el Decreto con Rango, Valor y Fuerza de Ley del Impuesto al Valor Agregado y reguladas en providencias administrativas que obligan a los denominados *"contribuyentes especiales"*.

El *agente de percepción*, es definido por VILLEGAS como "aquel que por su profesión, oficio, actividad o función, está en una situación tal que le permite recibir del contribuyente un monto tributario que posteriormente debe depositar a la orden del fisco" y acota el autor: "En las hipótesis más habituales, el agente de percepción recibe del contribuyente un monto dinerario al cual adiciona el monto tributario que luego debe ingresar el fisco. Tal situación se da porque el agente de percepción proporciona al contribuyente un servicio o le transfiere o suministra un bien (p. ej., un espectáculo cinematográfico, un billete de lotería, una reunión turfística (sic), gas, energía eléctrica, etc.)"[172].

En nuestra legislación son pocos los ejemplos de agentes de percepción, en la Ley Orgánica del Poder Público Municipal podemos encontrar uno de ellos, específicamente, en materia de Impuesto sobre Espectáculos Públicos. En este impuesto se grava *"la adquisición de cualquier boleto, billete o instrumento similar que origine el derecho a presenciar un espectáculo en sitios públicos o en salas abiertas al público"*, conforme el artículo 197 de la citada Ley, por ende, el contribuyente es el adquirente del referido boleto, billete o instrumento similar. Según dispone el artículo 198 *eiusdem*, el impuesto *"será pagado por el adquirente (…) en el momento de la adquisición"* y para ello *"[l]a empresa o empresario a cargo de quien esté el espectáculo podrá ser nombrada agente de percepción del impuesto en la ordenanza respectiva"*. Así, cuando se desglosa el monto pagado por el particular se podrá distinguir el valor de la entrada, más el monto de Impuesto al Valor Agregado (IVA) si fuere procedente, más el monto correspondiente al Impuesto sobre Espectáculos Públicos; pero es de advertir que sólo el último monto es el que corresponde a la percepción del ejemplo *in commento*[173]. El otro ejemplo sobre agente de percepción se prevé en la misma Ley Orgánica del Poder Público Municipal en el Impuesto sobre Juegos y Apuestas Lícitas y en el que el apostador posee la condición de contribuyente *"sin perjuicio de la facultad del Municipio de nombrar agentes de percepción a quienes sean los organizadores del juego, los selladores de formularios o los expendedores de los*

---

[171] Publicado en la Gaceta Oficial N° 36.203 de 12 de mayo de 1997.
[172] Héctor Villegas, *supra* nota 5, pág. 263.
[173] El monto cobrado por IVA se corresponde con la traslación del impuesto prevista en el Decreto con Rango, Valor y Fuerza de Ley del Impuesto al Valor Agregado.

billetes o boletos correspondientes, en la respectiva jurisdicción", conforme el artículo 200 de la citada Ley.

Retomando el Código Orgánico Tributario, el encabezado del artículo 27, dispone: "*Son responsables directos, en calidad de agentes de retención o de percepción, las personas designadas por la ley o por la Administración previa autorización legal, que por sus funciones públicas o por razón de sus actividades privadas, intervengan en actos u operaciones en los cuales deban efectuar la retención o percepción del tributo correspondiente*". Como ya se señaló, las obligaciones de los agentes de retención y percepción son de tipo legal y se establecen tomando en consideración su relación, contractual o legal con un contribuyente específico. Debido a esta relación es claro que el agente no puede ser considerado funcionario público, tal como lo señala el artículo 27 *eiusdem*, en su apartado primero: "*Los agentes de retención o de percepción que lo sean por razón de sus actividades privadas, no tendrán el carácter de funcionarios públicos*"[174].

Tanto la retención como la percepción implican el cumplimiento de una serie de prestaciones de diversa naturaleza a cargo de los agentes, por ello puede resultar controvertido precisar la naturaleza de estas figuras. Por una parte, conlleva la realización de una prestación de hacer que presupone el cálculo del monto a retener o percibir, y posteriormente, hacer efectiva la retención o percepción; para ello el agente ha de emplear diversos mecanismos administrativos que constituyen a su vez costos indirectos no reconocidos por el sujeto activo de la relación obligacional. Posteriormente, el agente debe ingresar tales montos a la Hacienda Pública, por lo cual ya nos situamos frente a una prestación pecuniaria u obligación tributaria.

La retención o percepción da origen a diversos tipos de responsabilidad. El artículo 27, apartado segundo *eiusdem* dispone: "*Efectuada la retención o percepción, el agente es el único responsable ante el Fisco por el importe retenido o percibido. De no realizar la retención o percepción, responderá solidariamente con el contribuyente*". Se produce así lo que muy elocuentemente señala MORENO DE RIVAS "el agente pasa a ser deudor directo cuando ha efectuado la retención o la percepción, en estos casos el contribuyente queda liberado frente al Fisco acreedor en virtud de que ha pagado a la persona designada por éste. El artículo 42 establece: «*Existe pago por parte del contribuyente en los casos de percepción o retención en la fuente prevista en el artículo 27 de este Código*». Cuando el agente no efectúa la retención o percepción, se produce el supuesto de solidaridad, el Fisco acreedor puede constreñir tanto al

---

[174] Valdés Costa advertía que la denominación de "*agente*" empleada en el Modelo de Código Tributario para América Latina de donde surge nuestro Código Orgánico Tributario, no era la más apropiada "pues sugiere la idea de que actúan en representación o en nombre del fisco"; Ramón Valdés Costa, *supra* nota 34, pág. 339.

contribuyente como al agente por el pago de la cantidad que ha debido ser retenida o percibida". La autora cuestiona –y con toda razón– la calificación de responsables directos a que hace referencia el precepto, "pues se entiende del segundo aparte de la misma norma que la responsabilidad del agente será la de un sustituto cuando efectúa la retención o percepción y será solidaria con el contribuyente cuando omite el cumplimiento de su deber de retener o percibir"[175].

El artículo 27 del Código establece el supuesto de *"retenciones efectuadas sin normas legales o reglamentarias que las autoricen"*, en cuyo caso *"[s]i el agente enteró a la Administración lo retenido, el contribuyente podrá solicitar de la Administración Tributaria el reintegro o la compensación correspondiente"*.

El parágrafo primero del precepto señala que *"[s]e considerarán como no efectuados los egresos y gastos objeto de retención, cuando el pagador de los mismos no haya retenido y enterado el impuesto correspondiente conforme a los plazos que establezca la ley o su reglamento, salvo que demuestre haber efectuado efectivamente dicho egreso o gasto"*, en dicha norma, en palabras de MORENO DE RIVAS, se "consagra el reconocimiento del gasto cuando se comprueba su realización, independientemente de que se haya o no efectuado la retención de anticipos"[176].

Finalmente, el parágrafo segundo del precepto *in commento* señala que *"[l]as entidades de carácter público que revistan forma pública o privada, serán responsables de los tributos dejados de retener, percibir o enterar, sin perjuicio de la responsabilidad penal o administrativa que recaiga sobre la persona natural encargada de efectuar la retención, percepción o enteramiento respectivo"*; con ello se hace una distinción entre la responsabilidad que pueda tener una entidad y la responsabilidad de la persona natural a cargo de realizar la retención, percepción o enteramiento.

b.- Responsables solidarios

Los responsables solidarios son los señalados en los artículos 28 y 29 del Código Orgánico Tributario. El artículo 28 señala como *"responsables solidarios por los tributos, multas y accesorios derivados de los bienes que administren, reciban o dispongan"*, los siguientes casos:

1. *Los padres, los tutores y los curadores de los incapaces y de herencias yacentes.*

---

[175] Aurora Moreno de Rivas, *supra* nota 166, pág. 275. Sol Gil considera "apropiada la calificación de sujetos pasivos en calidad de responsables tributarios a los agentes de retención o percepción, pues por una parte se convierte en el deudor y sustituto del pago del impuesto retenido por el contribuyente y se convierte en un responsable solidario (…) por imperio de la ley, cuando omite el cumplimiento de practicar la retención o percepción obligada"; Jesús Sol Gil, *supra* nota 163, pág. 178.
[176] Aurora Moreno de Rivas, *supra* nota 166, pág. 277.

2. Los directores, gerentes, administradores o representantes de las personas jurídicas y demás entes colectivos con personalidad reconocida.

3. Los que dirijan, administren o tengan la disponibilidad de los bienes de entes colectivos o unidades económicas que carezcan de personalidad jurídica.

4. Los mandatarios, respecto de los bienes que administren o dispongan.

5. Los síndicos y liquidadores de las quiebras; los liquidadores de sociedades, y los administradores judiciales o particulares de las sucesiones, los interventores de sociedades y asociaciones.

6. Los socios o accionistas de las sociedades liquidadas.

7. Los demás que conforme a las leyes así sean calificados.

En estos supuestos se trata de "una responsabilidad asignada por ley en atención a unas funciones o facultades que colocan al sujeto responsable frente a decisiones que inciden en la obligación tributaria del sujeto administrado o representado, –señala MORENO DE RIVAS–, por tanto debe considerarse su participación efectiva en las decisiones sobre los hechos que generan la obligación tributaria, y la asignación de la responsabilidad debe ser consecuencia de la falta de diligencia en el ejercicio de esas facultades"; por ello la autora llama a estos supuestos como "responsables por administración"[177]. Según el parágrafo primero del precepto, esta responsabilidad *se limitará al valor de los bienes que se reciban, administren o dispongan*.

En este caso, la responsabilidad de los *directores, gerentes, administradores o representantes* de entes con personalidad jurídica reconocida o, de entes colectivos o unidades económicas sin personalidad jurídica, es de tipo personal. El Código Orgánico Tributario no puede regular la responsabilidad de estos sujetos frente a la propia entidad o frente a los propios accionistas o integrantes de una sociedad irregular o de hecho; corresponde a otras ramas del Derecho la regulación sobre esas otras responsabilidades. Aquí no tiene cabida el principio según el cual la responsabilidad de las obligaciones adquiridas corresponde exclusivamente a una compañía anónima, pues del precepto se desprende la responsabilidad solidaria de un administrador o gerente. En atención a este tipo de disposición, el Tribunal Supremo de Justicia en Sala Político-Administrativa ha señalado que "aun cuando un acto administrativo tenga como destinatario una persona jurídica, se entiende obliga a sus directores, gerentes, administradores o representantes"[178].

---

[177] *Ídem*, pág. 279.
[178] Sala Político-Administrativa, *supra* nota 39, págs. 844.

La quiebra, señala PISANI RICCI tiene su definición legal en el artículo 914 del Código de Comercio conforme el cual: *"El comerciante que no estando en estado de atraso, cese en el pago de sus obligaciones mercantiles, se halla en estado de quiebra"*. Desde el punto de vista del lenguaje común, la autora la describe como "reunión de acreedores convocada por la justicia, en cuyas manos hace el deudor cesión de sus bienes para pagar conforme a su entidad y grados los créditos que se presentan contra él". Y valga la acotación desde el punto de vista económico la cual se caracteriza por "la función anormal del crédito. Es la situación en que se encuentra el deudor que no dispone de valores realizables suficientes para satisfacer oportunamente la contraprestación a que se obligó. Dicho de otro modo, es la cuestión relativa al déficit patrimonial del comerciante, que le imposibilita a pagar íntegramente a todos sus acreedores"[179]. Los síndicos de las quiebras son nombrados por el Juez Mercantil en la sentencia declaratoria de quiebra, la labor de los mismos es administrar los bienes del comerciante fallido, conforme los artículos 937, 939 y 940 del Código de Comercio.

Por otro lado, es principio general en Derecho Mercantil que en las sociedades anónimas la responsabilidad de los accionistas se limita al importe de sus respectivos aportes[180], como se dispone en el artículo 201, numeral 3° del Código de Comercio, *"los socios no están obligados sino por el monto de su acción"*. De modo que el artículo 28 del Código Orgánico Tributario viene a modificar sustancialmente este principio en lo que corresponde a las obligaciones tributarias, pues se ha de establecer una obligación solidaria de los accionistas de las sociedades liquidadas. Pero se debe advertir que la liquidación, según MORLES HERNÁNDEZ, "es el conjunto de operaciones «que tiende a fijar el haber divisible entre los socios» (Garrigues) a cuyo efecto se debe proceder (artículo 347): a) cobrar los créditos de la sociedad; b) extinguir las obligaciones contraídas; y c) realizar las operaciones que se hallen pendientes". La liquidación se desenvuelve dentro del marco delimitado por el artículo 347 del Código de Comercio"[181].

Así entendido la liquidación de una sociedad mercantil se debe efectuar siguiendo un procedimiento claramente delimitado en el Código de Comercio. Es por ello que, sólo en el caso de la realización de tal supuesto, se considera nacida la obligación solidaria. Este

---

[179] María Auxiliadora Pisani Ricci, *La quiebra. Derecho venezolano* 7-8 (Facultad de Ciencias Jurídicas Políticas de la Universidad Central de Venezuela, Caracas, 2009).
[180] *Vide* Alfredo Morles Hernández, *supra* nota 160, pág. 1065.
[181] *Ídem*, pág. 1705. Señala asimismo: "Ese proceso se resumen en hacer efectivos los créditos de la compañía (liquidación del activo) y en extinguir las obligaciones contraídas (liquidación del pasivo), a fin de llegar a establecer un saldo que permita efectuar la división de los haberes sociales" (págs. 1705-1706).

supuesto no se debe confundir con la cesación o paralización de actividades de una compañía anónima en la que no surge la responsabilidad solidaria. Otro supuesto que es necesario aclarar es el del comerciante individual que posee registrada una firma personal pues en dicho caso la responsabilidad tributaria lo es a título de contribuyente.

La responsabilidad tributaria subsiste aunque haya cesado la representación en virtud de la cual se realizaron las actuaciones tributarias, en este sentido, el parágrafo segundo del precepto *in commento* señala: "*Subsistirá la responsabilidad a que se refiere este artículo respecto de los actos que se hubieren ejecutado durante la vigencia de la representación, o del poder de administración o disposición, aun cuando haya cesado la representación o se haya extinguido el poder de administración o disposición*".

Otro supuesto de responsabilidad solidaria es el establecido en el artículo 29 del Código Orgánico Tributaria, relativo a "*los adquirentes de fondos de comercio, así como los adquirentes del activo y del pasivo de empresas o entes colectivos con personalidad jurídica o sin ella*"; para ATENCIO VALLADARES, "esta disposición busca precisamente evitar que por las distintas operaciones de reestructuraciones empresariales que puedan realizarse entre personas jurídicas, se burle a la Administración Tributaria en su pretensión de exigir el pago de los tributos"[182].

En este supuesto, "*[l]a responsabilidad establecida en este artículo estará limitada al valor de los bienes que se adquieran, a menos que el adquirente hubiere actuado con dolo o culpa grave. Durante el lapso de un (1) año contado a partir de comunicada la operación a la Administración Tributaria respectiva, ésta podrá requerir el pago de las cantidades por concepto de tributos, multas y accesorios determinados, o solicitar la constitución de garantías respecto de las cantidades en proceso de fiscalización y determinación*". Así, el propio precepto establece una serie de limitaciones a la responsabilidad del adquirente del fondo de comercio.

C.- El domicilio fiscal

El domicilio fiscal es uno de los datos más importantes en materia tributaria y según se desprende del artículo 30 parágrafo primero del Código Orgánico Tributario, "*[c]uando las leyes tributarias establezcan disposiciones relativas a la residencia del contribuyente o responsable, se entenderá como tal el domicilio, según lo dispuesto en este artículo*". Se debe entender así que los términos domicilio y residencia son equiparables desde el punto de vista tributario al

---

[182] Gilberto Atencio Valladares, *supra* nota 161, pág. 151.

régimen del domicilio dispuesto en el citado Código en su Título II, Capítulo II, Sección Cuarta. El domicilio fiscal no es el lugar donde vive el sujeto con su familia, como señalaba GIULIANI, pues la legislación ha dado preferencia "al lugar de presencia efectiva y prolongada del contribuyente, antes que al de su habitación permanente"; no se aplica aquí el elemento intencional del derecho civil, sino que viene determinado por "situaciones de fácil apreciación objetiva, según signos externos, que permitan conocer con certeza la situación de las personas"[183], tal como sucede en nuestra legislación.

Ahora bien, para precisar si un sujeto se encuentra domiciliado en el territorio nacional es necesario determinar, primero, si debe considerarse domiciliado en el país y, segundo, dónde se encuentra establecido el domicilio fiscal. El Código dispone la posibilidad de establecer un domicilio fiscal electrónico como se verá *infra*.

1.- Quiénes están domiciliados en el territorio nacional

Para la primera cuestión relativa a quién debe considerarse domiciliado (o no) en el territorio nacional se debe distinguir entre personas naturales y personas jurídicas conforme los criterios del artículo 30 del Código Orgánico Tributario, el cual dispone:

"Se consideran domiciliados en la República Bolivariana de Venezuela para los efectos tributarios:

1. Las personas naturales que hayan permanecido en el país por un período continuo o discontinuo, de más de ciento ochenta y tres (183) días en un año calendario, o en el año inmediatamente anterior al del ejercicio al cual corresponda determinar el tributo".

"2. Las personas naturales que hayan establecido su residencia o lugar de habitación en el país, salvo que en el año calendario permanezcan en otro país por un período continuo o discontinuo de más de ciento ochenta y tres (183) días, y acrediten haber adquirido la residencia para efectos fiscales en ese otro país". La prueba es indispensable para determinar si la persona ha adquirido un domicilio fiscal en otro país, por ello, el parágrafo segundo del mismo artículo dispone que *"la residencia en el extranjero se acreditará ante la Administración Tributaria, mediante constancia expedida por las autoridades competentes del Estado del cual son residentes".* Con especial énfasis se debe producir este medio probatorio debido a que *"[s]alvo prueba en contrario, se presume que las personas naturales de nacionalidad venezolana, son residentes en territorio nacional"* conforme el parágrafo segundo del citado precepto.

---

[183] Carlos M. Giuliani Fonrouge, *supra* nota 65, págs. 452 y 453. Apoya su afirmación inicial en Clara Campoamor, *El domicilio a los efectos fiscales* 7 (J. A., 1946-II, sec. jur. extr.).

"3. Los venezolanos que desempeñen en el exterior funciones de representación o cargos oficiales de la República Bolivariana de Venezuela, de los estados, de los municipios o de las entidades funcionalmente descentralizadas, y que perciban remuneración de cualquiera de estos entes públicos". Esto determina que los mismos están sometidos a la declaración-liquidación (autoliquidación) anual de tributos como el Impuesto sobre la Renta (ISLR).

4. Las personas jurídicas constituidas en el país, o que se hayan domiciliado en él, conforme a la ley". En el caso de las compañías anónimas el documento constitutivo registrado por ante el Registro de Comercio establece de forma expresa cuál es el domicilio de la empresa, asimismo, su posterior modificación debe hacerse constar ante el correspondiente registro y se debe informar a la Administración tributaria en el plazo de un mes de haberse producido conforme el artículo 35 *eiusdem*.

2.- Dónde se encuentra establecido un domicilio fiscal

Una vez que se ha determinado que una persona está domiciliada en el territorio nacional se hace necesario especificar dónde se encuentra dicho domicilio. Para ello el artículo 31 del Código Orgánico Tributario establece los criterios a aplicar para las personas naturales, mientras que el artículo 32 hace lo mismo respecto de las personas jurídicas y demás entes colectivos. El domicilio cobra especial importante en la práctica de las *notificaciones* por parte de la Administración tributaria ya que las mismas constituyen "requisito necesario para la eficacia de los actos emanados de la Administración Tributaria, cuando éstos produzcan efectos individuales" según dispone el artículo 171 *eiusdem*.

El artículo 31 *eiusdem* dispone que *"[a] los efectos tributarios y de la práctica de las actuaciones de la Administración Tributaria, se tendrá como domicilio de las personas naturales en Venezuela:*

"1. El lugar donde desarrollen sus actividades civiles o comerciales. En los casos que tenga actividades civiles o comerciales en más de un sitio, se tendrá como domicilio el lugar donde desarrolle su actividad principal.

2. El lugar de su residencia, para quienes desarrollen tareas exclusivamente bajo relación de dependencia, no tengan actividad comercial o civil como independientes, o, de tenerla, no fuere conocido el lugar donde ésta se desarrolla.

3. El lugar donde ocurra el hecho imponible, en caso de no poder aplicarse las reglas precedentes.

4. El que elija la Administración Tributaria, en caso de existir más de un domicilio según lo dispuesto en este artículo, o sea imposible determinarlo conforme a las reglas precedentes".

En cuanto a las personas jurídicas y demás entes colectivos en el territorio nacional, conforme el artículo 32 *eiusdem*, a los efectos *"tributarios y de la práctica de las actuaciones de la Administración Tributaria"* se tendrá como domicilio:

> *"1. El lugar donde esté situada su dirección o administración efectiva.*
>
> *2. El lugar donde se halle el centro principal de su actividad, en caso de que no se conozca el de su dirección o administración.*
>
> *3. El lugar donde ocurra el hecho imponible, en caso de no poder aplicarse las reglas precedentes.*
>
> *4. El que elija la Administración Tributaria, en caso de existir más de un domicilio según lo dispuesto en este artículo, o sea imposible determinarlo conforme a las reglas precedentes".*

Normalmente el domicilio señalado en el registro mercantil de una compañía anónima debe coincidir con el lugar de su administración efectiva. Y ello debe ser así pues es el lugar donde se desarrollan habitualmente tanto el "procedimientos de verificación" como el "procedimiento de fiscalización y determinación" por parte de la Administración tributaria.

3.- Personas domiciliadas en el exterior

El hecho que una persona se encuentre domiciliada en el extranjero no excluye que la misma pueda ser considerada como contribuyente en el territorio nacional y por ende, se haga necesario un lugar para la práctica de actuaciones administrativas. De esto se ocupa el artículo 33 del Código Orgánico Tributario, al disponer:

> *"En cuanto a las personas domiciliadas en el extranjero, las actuaciones de la Administración Tributaria se practicarán:*
>
> *1. En el domicilio de su representante en el país, el cual se determinará conforme a lo establecido en los artículos precedentes.*
>
> *2. En los casos en que no tuvieren representante en el país, en el lugar situado en Venezuela en el que desarrolle su actividad, negocio o explotación, o en el lugar donde se encuentre ubicado su establecimiento permanente o base fija.*
>
> *3. El lugar donde ocurra el hecho imponible, en caso de no poder aplicarse las reglas precedentes".*

En todo caso, es interés de los inversionistas extranjeros formalizar un lugar para la práctica de notificaciones realizadas por la Administración tributaria y ejercer los derechos que le asisten como interesados en un eventual procedimiento.

4.- Domicilio electrónico

La implementación de las tecnologías de la información y la comunicación tiene su expresión en el Código Orgánico Tributario a través de la posibilidad que se otorga a la Administración tributaria para establecer un *domicilio fiscal electrónico*; así, conforme el artículo 34 *eiusdem*, en su encabezado, se establece: *"La Administración Tributaria podrá establecer un domicilio fiscal electrónico obligatorio para la notificación de comunicaciones o actos administrativos, que requiera hacerle a los sujetos pasivos. Dicho domicilio electrónico tendrá preferencia respecto de los previstos en los artículos 31, 32 y 33 de este Código"*. Como ya hemos señalado, los artículos señalados en este apartado se refieren al domicilio de las personas naturales, de las personas jurídicas y demás entes colectivos, y, las personas domiciliadas en el extranjero.

Para cerrar, el apartado único del artículo citado señala: *"Sin perjuicio de lo previsto en los artículos 31, 32 y 33 de este Código, la Administración Tributaria Nacional, a los únicos efectos de los tributos nacionales, podrá establecer un domicilio especial para determinados grupos de contribuyentes o responsables de similares características, cuando razones de eficiencia y costo operativo así lo justifiquen"*.

IV.- PRESTACIONES TRIBUTARIAS

La aplicación de la normativa tributaria lleva consigo el nacimiento de diversos vínculos jurídicos en virtud de los cuales puede surgir para los particulares el deber de realizar, a favor del ente público, una serie de prestaciones tanto pecuniarias como no pecuniarias. Ya hemos señalado que la obligación tributaria, como prestación pecuniaria es la más importante en la relación tributaria pues la tributación cobra sentido en la medida que busca proveer de fondos al Estado para que financie el gasto público. En este sentido, el fenómeno tributario gira en torno a hacer efectivo el deber de contribuir, esa es su finalidad y por eso es preferible hablar de vinculación teleológica.

A.- Intereses moratorios

La realización del hecho imponible previsto por el legislador genera el nacimiento de la obligación tributaria, de la misma pueden derivarse otras prestaciones accesorias, como por ejemplo, los intereses moratorios previstos en el Código Orgánico Tributario, Título II *De la obligación* tributaria, Capítulo VII *De los intereses moratorios*.

Los intereses moratorios son auténticas prestaciones accesorias a la obligación tributaria, pues, como señaló ROMERO-MUCI, "[e]xisten como consecuencia de una obligación tributaria principal", con ello, señala el autor se "determina no sólo la naturaleza del expediente en cuestión, sino el tratamiento jurídico que le resulta aplicable"[184]. Asimismo, sobre el carácter accesorio se ha pronunciado el Tribunal Supremo de Justicia en Sala Políticoadministrativa, al señalar: "La obligación de pagar intereses moratorios adquiere carácter accesorio con respecto a la obligación principal, ya que nace sobre la base de una deuda existente, y se origina en el retardo en el cumplimiento de ésta, siendo indispensable para su nacimiento la preexistencia de una obligación principal"[185].

De forma expresa, señala el artículo 66 del Código Orgánico Tributario: "*La falta de pago de la obligación tributaria dentro del plazo establecido hace surgir, de pleno derecho y sin necesidad de requerimiento previo de la Administración Tributaria, la obligación de pagar intereses moratorios desde el vencimiento del plazo establecido para la autoliquidación y pago del tributo hasta la extinción total de la deuda*". De la literalidad de la norma, –señala ROMERO-MUCI– queda confirmada la naturaleza indemnizatoria de los intereses, vale decir, "su función resarcitoria del daño causado al Fisco por el retraso cualificado en el cumplimiento tempestivo de la obligación tributaria"[186]. Carácter indemnizatorio que ha sido expresamente reconocido por el Tribunal Supremo de Justicia en Sala Políticoadministrativa al señalar: "La finalidad de dichos intereses es indemnizatoria, debido a que no se pretende castigar un retraso culpable, sino de compensar financieramente por el retraso en el pago de la deuda tributaria. En este orden de cosas, lo que se busca es indemnizar la falta de satisfacción del acreedor por no haber obtenido el pago tempestivo de la deuda". Asimismo, señala el Alto Tribunal que "se puede apreciar que la vinculación de la causa de la obligación de pagar intereses de mora atiende a la «falta de pago dentro del término establecido», independientemente de que hubiese habido actuación de la propia Administración Tributaria para hacer líquida la deuda o para requerir el pago, según se trate"[187].

---

[184] Humberto Romero-Muci, *Lo racional y lo irracional de los intereses moratorios en el Código Orgánico Tributario* 57 (Asociación Venezolana de Derecho Tributario, Caracas, 2004).

[185] Sala Político-Administrativa del Tribunal Supremo de Justicia, Sentencia de 28 de septiembre de 2005, caso: Lerma C. A., 31 *Colección Doctrina Judicial del Tribunal Supremo de Justicia*, 2 *Compilación de la Doctrina de la Sala Políticoadministrativa: Contencioso Administrativo Tributario* 828 (Caracas, 2009).

[186] Humberto Romero-Muci, *supra* nota 184, pág. 59. Más adelante señala: "En ningún caso el interés de mora debe ser entendido como consecuencia del incumplimiento de la obligación de pago del tributo, pues eso desvirtuaría su naturaleza denotando una finalidad sancionatoria y no resarcitoria" (pág. 63).

[187] Sala Político-Administrativa, *supra* nota 185, pág. 828.

ATENCIO VALLADARES resalta que los supuestos de los artículos 66 y 67 del Código Orgánico Tributario se tratan de intereses moratorios "ya que los mismos se exigen como consecuencia de un retraso culpable"; con vista a los oscilantes criterios jurisprudenciales señala que lo intereses moratorios "procederán como consecuencia del vencimiento de la obligación principal, es decir, del vencimiento del plazo establecido para la autoliquidación y pago del tributo y por otro lado, el retraso culpable (extemporaneidad en el pago por culpa del deudor), según se desprende del artículo 66 del [Código Orgánico Tributario] COT y el nuevo criterio jurisprudencial en la materia"[188].

La Sala Políticoadministrativa del Tribunal Supremo de Justicia señala que la mora se "deriva de la no ejecución de una obligación de pagar una cantidad de dinero dentro de un plazo fijado por la Ley, en cuyo caso el solo vencimiento de ese plazo produce la mora generadora de intereses; por lo tanto, se producen automáticamente al verificarse la situación de hecho prevista en su dispositivo, sin que se requiera ninguna otra condición o actuación para el nacimiento de la obligación de pagarlos". Es de acotar que también se señala que "la determinación del tributo no tiene naturaleza constitutiva sino declarativa y la obligación tributaria principal nace al producirse el hecho generador y no al liquidarse la exacción".

La exigibilidad de una obligación tributaria puede estar sometida a un plazo en cuyo caso, aún cuando la obligación haya nacido "el acreedor (Administración Tributaria) encuentra suspendido su derecho a cobrar el tributo causado y el deudor su obligación de pagarlo; pero, una vez cumplido el término, la obligación se hace exigible por el sólo vencimiento del mismo", así, el vencimiento del plazo hace exigible la deuda. Según se desprende de este criterio jurisprudencial se trata de dos momentos diferentes, el primero es el del nacimiento de la obligación tributaria que se produce con la realización del hecho imponible, y el segundo, la exigibilidad de la misma. De allí que mientras el citado plazo no se haya vencido no "podrá ocurrir el retardo o tardanza que originaría el nacimiento de los intereses moratorios". En consecuencia, "cuando el contribuyente es deudor frente a la Administración Tributaria, el cómputo de los intereses moratorios comienza luego del vencimiento establecido para el pago de la deuda tributaria, sin que se haya efectuado, es decir, las cantidades adeudadas al Fisco generan interés de mora desde el día siguiente al de

---

[188] Gilberto Atencio Valladares, *Los Intereses Tributarios en Venezuela*, 130 *Revista de Derecho Tributario* 18 y 20, 9-33 (Asociación Venezolana de Derecho Tributario, Caracas, 2011). Algunos autores han considerado que el recargo de 1.2 veces en el porcentaje del interés moratorio desnaturaliza esta figura y la lleva a poseer un carácter sancionatorio.

su vencimiento"[189]. ABACHE CARVAJAL lo señala muy acertadamente, en relación con la existencia de un acto administrativo de liquidación, "[n]o debe involucrarse ni confundirse el momento del nacimiento de la obligación tributaria por medio de la realización del hecho imponible, como criterio concluyente de la naturaleza *ex lege* de la obligación y declarativa del procedimiento de determinación, con el momento en que aquélla se hace exigible. Son dos cosas e instantes diferentes"[190].

En otro pronunciamiento del Tribunal Supremo de Justicia en Sala Políticoadministrativa se puede leer el criterio, acorde con su jurisprudencia anterior, que "para el agente de retención surgen los intereses moratorios, desde el momento en que se venció el plazo legal para enterar el monto del impuesto retenido hasta el momento del ingreso efectivo", es decir, el "interés moratorio se causa desde el momento en que se hace exigible el cumplimiento de la obligación de hacer, es decir, desde el momento en que venció el plazo legal para enterar el monto del impuesto retenido, hasta su efectivo ingreso al Tesoro, indistintamente de que el incumplimiento haya sido meramente omisivo o fraudulento. Estos intereses se devengan sin perjuicio de la concurrencia de multas o de cualquier otro tipo de penalidad"[191].

En caso de generarse el interés moratorio, la tasa a aplicar es la *equivalente "a 1.2 veces de la tasa activa bancaria aplicable, respectivamente, por cada uno de los períodos en que dichas tasas estuvieron vigentes"*. El propio artículo 66 precisa que *"A los efectos indicados, la tasa será la activa promedio de los seis (06) principales bancos comerciales y universales del país con mayor volumen de depósitos, excluidas las carteras con intereses preferenciales, calculada por el Banco Central de Venezuela para el mes calendario inmediato anterior. La Administración Tributaria Nacional deberá publicar dicha tasa dentro los primeros diez (10) días continuos del mes. De no efectuar la publicación en el lapso aquí previsto, se aplicará la última tasa activa bancaria que hubiera publicado la Administración Tributaria Nacional"*.

El parágrafo único del artículo 66 *eiusdem* dispone que "[l]os intereses moratorios se causarán aún en el caso que se hubieren suspendido los efectos del acto en vía administrativa o judicial". Esto ha sido considerado por ROMERO-MUCI, como un "impedimento al ejercicio del derecho de defensa del ciudadano afectado por tal decisión", debido a que se trata de "un bloqueo ilegítimo al acceso a la justicia por la mayor onerosidad que puede significar el ejercicio de

---

[189] Sala Político-Administrativa, *supra* nota 185, págs. 829-830.

[190] Serviliano Abache Carvajal, *La atipicidad de la "presunción" de legitimidad del acto administrativo y la carga de la prueba en el proceso tributario* 216 (Fundación Estudios de Derecho Administrativo "Funeda"-Editorial Jurídica Venezolana, Caracas, 2012).

[191] Sala Político-Administrativa del Tribunal Supremo de Justicia, Sentencia de 25 de junio de 2002, caso: Mecánica Venezolana, C. A. (MECAVENCA), 31 *Colección Doctrina Judicial*, 2 *Compilación de la Doctrina de la Sala Políticoadministrativa: Contencioso Administrativo Tributario* 831 y 832 (Caracas, 2009).

su derecho de impugnación frente al reclamo administrativo y la pendencia del proceso y el efecto inhibitorio que semejante amenaza económica implica (por el tipo agravado) frente a la incerteza de las resultas y la prolongación del lance judicial"[192].

Esta crítica también ha sido compartida por FRAGA PITTALUGA, quien adicionalmente ha hecho una importante acotación sobre la jurisprudencia y es que dicha "regulación queda neutralizada por efecto del criterio vinculante de la Sala Constitucional del Tribunal Supremo de Justicia" en su sentencia del 13 de julio de 2007, caso: TELCEL C.A., y "de acuerdo con el cual, para que se causen los intereses de mora en las obligaciones tributarias, es preciso que éstas sean exigibles y la exigibilidad sólo se produce una vez que el reparo formulado por la Administración Tributaria adquiere firmeza, bien por no haber sido impugnado o por haberse decidido y quedado definitivamente formes las decisiones dictadas con ocasión de los recursos interpretativos"[193].

El artículo 67 *eiusdem* establece que "*[e]n los casos de deudas del Fisco resultantes del pago indebido o de recuperación de tributos, accesorios y sanciones, los intereses moratorios se calcularán a la tasa activa bancaria, incrementada en 1.2 veces, aplicable, respectivamente, por cada uno de los períodos en que dichas tasas estuvieron vigentes. A los efectos indicados, la tasa activa bancaria será la señalada en el artículo 66 de este Código*".

Prosigue el precepto en su apartado único al disponer: "*En tal caso, los intereses se causarán de pleno derecho a partir de los sesenta (60) días de la reclamación del contribuyente, o, en su caso, de la notificación de la demanda, hasta la devolución definitiva de lo pagado*"; con esta disposición, en palabras de ROMERO-MUCI se consagra un tratamiento diferencial que "no tiene justificación alguna y es discriminatorio. Constituye un privilegio indebido a favor del Fisco y una desventaja para el ciudadano contribuyente"[194].

Para concluir el régimen jurídico de los intereses moratorios el parágrafo único del artículo 67 *eiusdem* señala: "*[e]n los casos en que el contribuyente o responsable hubieren pagado deudas tributarias en virtud de la no suspensión de los efectos del acto recurrido, y con posterioridad el Fisco hubiere resultado perdidoso en vía judicial, los Intereses moratorios a los que se refiere este artículo se calcularán desde la fecha en que el pago se produjo hasta su devolución definitiva*".

---

[192] Humberto Romero-Muci, *supra* nota 184, pág. 70. Atencio Valladares propone la declaración de inconstitucionalidad de esta disposición "al exigirse intereses moratorios, en caso de suspensión de efectos del acto administrativo, trastocándose el derecho a la tutela judicial efectiva y derecho a la defensa"; Gilberto Atencio Valladares, *supra* nota 188, pág. 29.

[193] Luis Fraga Pittaluga, *Los intereses moratorios en las obligaciones tributarias. Estudio y Jurisprudencia* 77 (Fundación Estudios de Derecho Administrativo, Caracas, 2008).

[194] Humberto Romero-Muci, *supra* nota 184, págs. 78-79; esta posición es compartida por Luis Fraga Pittaluga, *supra* nota 193, págs. 84-85.

El artículo 216, parágrafo segundo del Código Orgánico Tributario, precepto enmarcado en el procedimiento de recuperación de tributos, establece que "*[e]n el caso que la Administración Tributaria determinase con posterioridad la improcedencia total o parcial de la recuperación acordada, solicitará de inmediato la restitución de las cantidades indebidamente pagadas con inclusión de los intereses que se hubieren generado desde su indebido otorgamiento hasta su restitución definitiva*". Se trata de lo que ATENCIO VALLADARES califica como "un tratamiento más gravoso para los contribuyentes"[195] debido a la alícuota a aplicar, pues en los términos del precepto: "*serán equivalentes a 1.3 veces la tasa activa promedio de los seis (06) principales bancos comerciales y universales del país con mayor volumen de depósitos, excluidas las carteras con intereses preferenciales, aplicable, respectivamente, por cada uno de los períodos en que dichas tasas estuvieron vigentes, y sin perjuicio de la aplicación de las sanciones previstas en este Código*".

B.- Deberes formales

No obstante, no puede hablarse de una forzosa accesoriedad del resto de prestaciones tributarias respecto a la obligación tributaria, no al menos desde una perspectiva jurídica, pues el nacimiento, efectos jurídicos y extinción del deber de realizar otras prestaciones no dependen forzosamente de la existencia de una obligación tributaria. Evidentemente algunas de estas prestaciones si son accesorias a la obligación tributaria, pero, insistimos, son solo algunas. PALACIOS MÁRQUEZ se ha referido a este conjunto de deberes formales como "[a]jena a la obligación principal del pago del tributo mediante dinero"[196].

El artículo 19 del Código Orgánico Tributario señala que el sujeto pasivo (contribuyente o responsable) está obligado al "*cumplimiento de las prestaciones tributarias*" sin señalar específicamente a cuáles prestaciones se está refiriendo. El artículo 23 sí especifica que los contribuyentes están obligados "*al pago de los tributos y al cumplimiento de los deberes formales impuestos por este Código o por normas tributarias*", y los responsables deben cumplir las obligaciones atribuidas a los contribuyentes. En cuanto a los deberes formales, el artículo 155 dispone que están obligados a su cumplimiento los "*contribuyentes, responsables y terceros*" y los vincula "*a las tareas de fiscalización e investigación que realice la Administración Tributaria*". Se trata de deberes tributarios que son denominados deberes formales en nuestro Código

---

[195] Gilberto Atencio Valladares, *supra* nota 188, pág. 17.
[196] Leonardo Palacios Márquez, *La obligación tributaria* en *Comentarios al Código Orgánico Tributario 1994* 31, 31-72 (Asociación Venezolana de Derecho Tributario, Caracas, 1995).

Orgánico Tributario. Los terceros están obligados al cumplimiento de los deberes tributarios pero no a cumplir obligaciones tributarias.

El artículo 156 del Código Orgánico Tributario señala quiénes deben dar cumplimiento a los deberes formales, en el entendido que nos situamos ya en el plano de los contribuyentes, responsables y terceros:

> *"1. En el caso de personas naturales, por sí mismas o por representantes legales o mandatarios.*
>
> *2. En el caso de personas jurídicas, por sus representantes legales o convencionales.*
>
> *3. En el caso de las entidades previstas en el numeral 3 del artículo 22 de este Código, por la persona que administre los bienes, y en su defecto por cualquiera de los integrantes de la entidad.*
>
> *4. En el caso de sociedades conyugales, uniones estables de hecho entre un hombre y una mujer, sucesiones y fideicomisos, por sus representantes, administradores, albaceas, fiduciarios o personas que designen los componentes del grupo, y en su defecto por cualquiera de los interesados".*

Los deberes tributarios han sido denominados *deberes formales* en nuestro Código Orgánico Tributario aunque también han recibido otras denominaciones en el derecho y la doctrina comparada, tales como prestaciones formales y hasta obligaciones formales[197]. No existe una definición de los mismos en nuestro Código sino una enumeración meramente enunciativa en el artículo 145 *eiusdem*, como veremos *infra*. Por ello hemos de acudir a la definición que sobre los mismos realiza el autor, de la Universidad de Salamanca, LAGO MONTERO quien señala que "[s]on éstas el objeto de los deberes de hacer, no hacer o soportar que la leyes tributarias establecen como instrumento necesario para la aplicación de los tributos y que presentan como característica común el no consistir en prestaciones de dar dinero"[198]. Existen otras definiciones como la de JARACH[199] que incorpora la noción de *colaboración* que es ajena a nuestra tradición jurídica. Es de destacar la definición que de las mismas realiza la Ley 58/2003, General Tributaria española, en su artículo 29, como aquellas *"que, sin tener carácter pecuniario, son impuestas por la normativa tributaria o aduanera a los obligados tributarios, deudores o no del tributo, y cuyo cumplimiento está relacionado con el desarrollo de actuaciones o procedimientos tributarios o aduaneros"* su contenido son prestaciones de hacer y no hacer.

El artículo 155 del Código Orgánico Tributario enumera los siguientes deberes formales:

---

[197] Así los denomina la Ley 58/2003, General Tributaria, aunque dicha expresión es contraria a la tradición de nuestro país.

[198] José María Lago Montero, *La sujeción a los diversos deberes y obligaciones tributarios* 47(Marcial Pons, Madrid, 1998).

[199] Dino Jarach, *supra* nota 86, pág. 430.

"1. Cuando lo requieran las leyes o reglamentos:

a. Llevar en forma debida y oportuna los libros y registros especiales, conforme a las normas legales y los principios de contabilidad generalmente aceptados, referentes a actividades y operaciones que se vinculen a la tributación y mantenerlos en el domicilio o establecimiento del contribuyente y responsable.

Este deber implica la intervención de los profesionales de la contabilidad quienes tienen la responsabilidad de realizarlo correctamente, aunque siempre bajo la responsabilidad de los sujetos pasivos.

b. Inscribirse en los registros pertinentes, aportando los datos necesarios y comunicando oportunamente sus modificaciones.

En cuanto a este deber formal es fundamental el Registro Único de Información Fiscal (RIF) regulado mediante la Providencia 0048 cuyo nombre completo es "Providencia Administrativa que regula el Registro Único de Información Fiscal (RIF)" publicada en la Gaceta Oficial N° 40.214 de fecha 25 de julio de 2013. El artículo 1 de la misma señala: *"Las personas naturales, las personas jurídicas y las entidades sin personalidad jurídica que sean sujetos pasivos de tributos administrados por el Servicio Nacional Integrado de Administración Aduanera y Tributaria (SENIAT) o que deban efectuar trámites ante cualquier Ente u Órgano de la Administración Pública, deberán inscribirse en el Registro Único de Información Fiscal (RIF), conforme a lo establecido en esta Providencia Administrativa".* Prosigue el artículo 1 *eiusdem* al señalar: *"Igualmente deberán inscribirse en el Registro Único de Información Fiscal (RIF), los sujetos o entidades no residentes o no domiciliadas en la República Bolivariana de Venezuela, que no posean establecimiento permanente o base fija cuando realicen actividades económicas en el país o posean bienes susceptibles de ser gravados en el mismo".*

Se debe aclarar que la abreviatura de este registro es (RIF) aunque no coincida explícitamente con la denominación completa del mismo. Las tecnologías de la información y las comunicaciones han permitido la implementación del *Comprobante Digital de Registro Único de Información Fiscal* que puede ser verificado a través del portal fiscal www.seniat.gob.ve o la página que sea creada por el Servicio Nacional Integrado de Administración Aduanera y Tributaria (SENIAT) para su sustitución.

c. Colocar el número de inscripción en los documentos, declaraciones y en las actuaciones ante la Administración Tributaria, o en los demás casos en que se exija hacerlo.

Este deber formal está vinculado con el anterior pues el número a que se hace referencia se deriva de la inscripción en el registro pertinente, esto es, el Registro Único de Información Fiscal (RIF) cuya Providencia 0048 dispone en su artículo 4: "*El número de Registro de Información Fiscal (RIF) que se asigne, será único, exclusivo y excluyente, de carácter permanente, personal y de uso obligatorio en cualquier documento, solicitud, trámite, petición o actuación que se presente o realice ante cualquier Ente u Órgano de la Administración Pública, así como en las declaraciones, facturas u otros documentos que presente o emita el sujeto pasivo*".

d. Solicitar a la autoridad que corresponda permisos previos o de habilitación de locales.

Este deber constituye un requisito indispensable para la realización de determinadas actividades económicas.

e. Presentar, dentro del plazo fijado, las declaraciones que correspondan.

En correspondencia con este supuesto, el artículo 157 *eiusdem* dispone que "*[l]as declaraciones o manifestaciones que se formulen se presumen fiel reflejo de la verdad y comprometen la responsabilidad de quienes las suscriban, sin perjuicio de lo dispuesto en el artículo 86 del este Código*". El artículo 86 citado se refiere a los mandatarios, representantes, administradores, síndicos, encargados o dependientes, contra quienes los representados tienen acción de reembolso por las sanciones pecuniarias que le hayan sido impuestas.

2. Emitir los documentos exigidos por las leyes tributarias especiales, cumpliendo con los requisitos y formalidades en ellas requeridos.

Dentro de los documentos exigidos por leyes tributarias especiales se debe destacar la *factura*, por su múltiple función tanto en el Impuesto al Valor Agregado (IVA) con lo relativo a la determinación de los débitos fiscales, como en el Impuesto sobre la Renta (ISLR).

3. Exhibir y conservar en forma ordenada, mientras el tributo no esté prescrito, los libros de comercio, los libros y registros especiales, los documentos y antecedentes de las operaciones o situaciones que constituyan hechos imponibles.

La conservación de los libros de contabilidad y más modernamente la información contable con soporte electrónico va dirigido a permitir los controles por parte de la Administración tributaria, a través de alguno de los procedimientos establecidos en el propio Código Orgánico Tributario o que se haya dispuesto en una ley especial.

4. Contribuir con los funcionarios autorizados en la realización de las inspecciones y fiscalizaciones, en cualquier lugar, establecimientos comerciales o industriales, oficinas, depósitos, buques, aeronaves y otros medios de transporte.

El término *"contribuir"* puede ser interpretado de las más diversas formas. Puede comprender tanto acciones como omisiones por parte de los sujetos pasivos en el curso de un procedimiento; esto se deriva de la amplitud de lugares en la que se puede desarrollar y en atención a la especial alusión que hace el precepto sobre los *"funcionarios"*.

5. Exhibir en las oficinas o ante los funcionarios autorizados, las declaraciones, informes, documentos, comprobantes de legítima procedencia de mercancías, relacionadas con hechos imponibles, y realizar las aclaraciones que les fueren solicitadas.

En concatenación con el numeral 3° ya señalado, el sujeto pasivo debe exhibir la documentación requerida por la Administración tributaria que ha de actuar conforme el principio de legalidad administrativa.

6. Comunicar cualquier cambio en la situación que pueda dar lugar a la alteración de su responsabilidad tributaria, especialmente cuando se trate del inicio o término de las actividades del contribuyente.

En este particular, el legislador ha prestado especial atención a la modificación de aspectos que puedan incidir en el control realizado por la Administración tributaria y en este sentido, el artículo 35 ha dispuesto: *"Los sujetos pasivos tienen la obligación de informar a la*

Administración Tributaria, en un plazo máximo de un (1) mes de producido, los siguientes hechos: 1. Cambio de directores, administradores, razón o denominación social de la entidad; 2. Cambio del domicilio fiscal; 3. Cambio de la actividad principal y 4. Cesación, suspensión o paralización de la actividad económica habitual del contribuyente". El parágrafo único del citado precepto dispone que "*[l]a omisión de comunicar los datos citados en los numerales 1 y 2 de este artículo, hará que se consideren subsistentes y válidos los datos que se informaron con anterioridad, a los efectos jurídicos tributarios, sin perjuicio de las sanciones a que hubiere lugar".* Estos aspectos son de gran relevancia a los efectos de determinar el régimen fiscal a aplicar, representantes de la empresa y la práctica de actuaciones administrativas.

7. Comparecer ante las oficinas de la Administración Tributaria cuando su presencia sea requerida.

Este deber formal implica un requerimiento previo por parte de la Administración tributaria y puede recaer tanto sobre los sujetos pasivos como sobre terceros.

8. Dar cumplimiento a las resoluciones, órdenes, providencias y demás decisiones dictadas por los órganos y autoridades tributarias".

No obstante, existen prestaciones de naturaleza tributaria cuyo tratamiento ha sido omitido en el Código Orgánico Tributario; así sucede con las prestaciones entre particulares, como por ejemplo, la emisión de comprobantes de retención.

En la doctrina extranjera, LAGO MONTERO hace una importante sistemática de las prestaciones tributarias y se refiere a las "prestaciones tributarias e inherentes a la aplicación de los tributos" definidas como el "conjunto de prestaciones, objeto de deberes y obligaciones, consistentes en un dar, hacer, no hacer o soportar, que el administrado ha de satisfacer a la Administración Tributaria o a otros administrados con motivo de la aplicación de los tributos"[200]. Esta es una categoría comprensiva de todas las prestaciones originadas en la normativa tributaria, tanto la obligación tributaria como de los deberes tributarios. Las especies de este género son las siguientes:

"a) La prestación tributaria material o principal.

b) Las prestaciones cautelares:

---

[200] José María Lago Montero, *supra* nota 198, págs. 28, 29 y 47.

1.- La anticipación de ingresos a cuenta de la futura obligación tributaria material (retenciones, ingresos a cuenta sobre retribuciones en especie, pagos fraccionados).

2.- Las garantías personales del crédito tributario (responsables, avalistas, fiadores).

3.- Las garantías reales del crédito tributario (hipotecas por ejemplo).

c) Las prestaciones accesorias:

1.- Intereses de demora.

2.- Recargos por aplazamiento o prórroga. Recargos especiales.

3.- Recargo de apremio.

4.- Sanciones.

d) Las prestaciones formales.

e) Las prestaciones entre administrados".

La evolución del Derecho tributario en la que se han diversificado las prestaciones tributarias obliga inexorablemente a una revisión de nuestro Código Orgánico Tributario a los fines de su actualización y sistematización, tal como ha sucedido en otras legislaciones[201]. Asimismo, es evidente que las figuras de acreedor y deudor no son suficiente para comprender el entramado de relaciones con motivo de la aplicación de la norma tributaria, sólo en el artículo 155 *eiusdem* se hace referencia a los *terceros*; este es otro motivo que refuerza la necesidad de reforma del Código a los fines de dar un carácter más amplio a los sujetos obligados al cumplimiento de las prestaciones tributarias.

---

[201] La Ley 58/2003, General Tributaria española en su Título II, Sección 2.ª hace una sistematización de las prestaciones tributarias, aunque es de criticar la utilización de la expresión "*obligaciones tributarias*" que no se corresponde con la terminología tradicional de Derecho tributario. Señala las siguientes:
1.- La obligación tributaria principal, que tiene por objeto el pago de la cuota tributaria.
2.-La obligación tributaria de realizar pagos a cuenta, vale decir, pagos fraccionados, por el retenedor o por el obligado a realizar ingresos a cuenta.
3.- Las obligaciones entre particulares resultantes del tributo "que tienen por objeto una prestación de naturaleza tributaria exigible entre obligados tributarios".
4.- Las obligaciones tributarias accesorias que tienen carácter pecuniario pero que se imponen en relación con otra obligación tributaria, comprende: interés de demora, recargos por declaración extemporánea sin requerimiento previo, recargos del período ejecutivo.
5.- Las obligaciones tributarias formales.

132

LECCIÓN IV
MEDIOS DE EXTINCIÓN DE LAS OBLIGACIONES TRIBUTARIAS

La extinción de la obligación tributaria se produce a través de lo que el Código Orgánico Tributario en su artículo 39 denomina *"medios comunes"*[202] y se desarrolla en el Título II *"De la obligación tributaria"*, Capítulo V *"De los medios de extinción"* en la que se regulan los siguientes medios:

> 1. *Pago.*

> 2. *Compensación.*

> 3. *Confusión.*

> 4. *Remisión.*

> 5. *Declaratoria de incobrabilidad.*

> 6. *La prescripción*, la cual no se me menciona en esta enumeración sino en su Parágrafo Primero; su regulación se realiza en el Capítulo VI del mismo Código.

El Parágrafo Segundo del precepto hace la salvedad que *"las leyes pueden establecer otros medios de extinción de la obligación tributaria que ellas regulen"*.

I.- EL PAGO

A.- Aspectos generales

La obligación tributaria tiene como principal modo de extinción el pago de la prestación, esto es, el cumplimiento de la prestación pecuniaria impuesta por la normativa tributaria; la misma incluye la cuota tributaria nacida de la realización del hecho imponible así como las demás prestaciones pecuniarias, tales como los intereses moratorios, recargos y multas. Pero se debe advertir lo señalado por JARACH, para quien "[l]a eficacia extintiva del pago

---

[202] La doctrina civilista se refiere a *modos de extinción de la obligación*. También la doctrina tributaria se refiere a los mismos como *modos de extinción*, al respecto *vide* Carlos M. Giuliani Fonrouge, *supra* nota 65, pág. 531; Héctor Villegas, *supra* nota 5, pág. 293.

depende exclusivamente de su correspondencia con la obligación, independientemente de las manifestaciones de voluntad del sujeto pasivo"[203].

El pago debe ser efectuado por el contribuyente conforme el artículo 23 del Código Orgánico Tributario, pero también por los responsables según dispone el artículo 25 *eiusdem*; de allí que el artículo 40 establezca que el *"[e]l pago debe ser efectuado por los sujetos pasivos"*. Así mismo, el pago *"puede ser efectuado por un tercero, quien se subrogará en los derechos, garantías y privilegios del sujeto activo, pero no en las prerrogativas reconocidas al sujeto activo por su condición de ente público"*. Se entiende que los terceros no están obligados al pago, por eso tienen esta condición, no obstante, el Código prevé esta excepcional situación; en tal caso se produciría una *subrogación*[204] tal como señala expresamente el precepto. Conforme el artículo 42 *eiusdem*, se entiende realizado el pago en caso de los ingresos realizados por los agentes de retención y agentes de percepción según el régimen previsto en el artículo 27 *eiusdem*.

Se ha hecho común la utilización del término "enterar" como sinónimo de pagar. El *Diccionario de Ciencias Jurídicas, Políticas y Sociales* de OSSORIO se refiere al término "entero" como "pago o entrega de dinero, sobre todo si se trata de oficinas públicas". Asimismo, en el *Glosario aduanero tributario* del Servicio Nacional Integrado de Administración Aduanera y Tributaria (SENIAT) el término "enterar" tiene como significado "pagar o abonar dinero. Acción de pagar los tributos ante las oficinas receptoras de fondos nacionales"; y asimismo señala: "En el sistema tributario venezolano, se asimila a la obligación de los agentes de retención y percepción, de pagar al sujeto activo las cantidades de gravamen retenidas o percibidas"[205]. Así, el término "enterar" puede encontrarse referido en diversos instrumentos normativos como equivalente a "pagar".

El lugar en el que se debe realizar el pago es el establecido en la normativa tributaria, conforme el artículo 41 del Código. En la actualidad ha perdido vigencia la recepción directa de fondos en las oficinas administrativas (aunque puede ocurrir excepcionalmente) y ahora se realiza directamente a través de los bancos; en el caso de tributos nacionales, los

---

[203] Dino Jarach, *supra* nota 2, pág.188.

[204] Maduro Luyando señala que el pago con subrogación "[c]onstituye una figura jurídica de caracteres muy difíciles de precisar, en virtud de la cual el tercero (*solvens*) que paga a un acreedor asume la titularidad tanto de los derechos de crédito que éste poseía contra el deudor como sobre las garantías que aseguraban dicho crédito". Asimismo, que este tipo de pago "es una especie de una figura jurídica mucho más amplia denominada subrogación, que se define como la «sustitución en una relación de derecho, de una cosa en lugar de otra (subrogación real), o de una persona en vez de otra (subrogación personal)»"; Eloy Maduro Luyando, *supra* nota 162, págs. 313-314.

[205] Manuel Ossorio, *supra* nota 102, pág. 287; Servicio Nacional Integrado de Administración Aduanera y Tributaria (SENIAT), *supra* nota 62, voces ESP.

tributos se recaudan a una cuenta de la Tesorería Nacional y para las contribuciones parafiscales los pagos se realizan a cuentas de las entidades que prestan el servicio o beneficio. Asimismo, la forma para realizar el pago puede variar, como principio general, directamente mediante dinero en efectivo, pero también mediante la inutilización de efectos timbrados; la normativa tributaria ha de establecer lo pertinente en cada caso.

El período para realizar el pago es fundamental en la producción de efectos jurídicos vinculados con la generación de intereses y la ejecución de medidas ejecutivas de cobro. El artículo 41 dispone que *"[e]l pago deberá efectuarse en la misma fecha en que deba presentarse la correspondiente declaración, salvo que la Ley o su reglamentación establezcan lo contrario. Los pagos realizados fuera de esta fecha, incluso los provenientes de ajustes o reparos, se considerarán extemporáneos y generarán los intereses moratorios previstos en el artículo 66 de este Código".*

Pero también *"[l]a Administración Tributaria podrá establecer plazos para la presentación de declaraciones juradas y pagos de los tributos, con carácter general para determinados grupos de contribuyentes o responsables de similares características, cuando razones de eficiencia y costo operativo así lo justifiquen. A tales efectos, los días de diferencia entre los distintos plazos no podrán exceder de quince (15) días hábiles".* Esto cobra especial relevancia en materia de *contribuyentes especiales* para los que se disponen plazos diferenciados al resto de sujetos.

"Los pagos a cuenta deben ser expresamente dispuestos o autorizados por la ley" conforme el artículo 43 del Código Orgánico Tributario. Si se realizan sobre la base de declaraciones juradas (declaración-liquidación o autoliquidación), *"la cuantía del pago a cuenta se fijará considerando la norma que establezca la ley del respectivo tributo".*

Cuando un sujeto realiza un pago pero tiene diversas obligaciones tributarias por cumplir pueden surgir "problemas de imputación", como señala GIULIANI, dicho pago "puede referirse a un solo período fiscal o a varios períodos, a un gravamen determinado o a varios conceptos"[206]. En este sentido, la imputación del pago no queda al arbitrio del deudor, sino que el Código Orgánico Tributario establece cómo debe realizarse. En este sentido, su artículo 44 dispone:*"La Administración Tributaria y los sujetos pasivos o terceros, al pagar las obligaciones tributarias, deberán imputar el pago, en todos los casos, al concepto de lo adeudado según sus componentes, en el orden siguiente:*

1. Sanciones.

2. Intereses moratorios.

3. Tributo del período correspondiente".

---

[206] Carlos M. Giuliani Fonrouge, *supra* nota 65 pág. 552.

El parágrafo primero del precepto señala que *"La Administración Tributaria podrá imputar cualquier pago a la deuda más antigua, contenida en un acto definitivamente firme, sobre la que se haya agotado el cobro extrajudicial previsto en este Código"*. El Código Civil establece una imputación diferente a nuestra materia tributaria.

El parágrafo segundo del precepto excluye este régimen de imputación de pagos a aquellos pagos realizados por los agentes de retención y de percepción, *"en su carácter de tales"*. Una empresa debe pagar sus tributos propios y tributos a cuenta de terceros (retenidos o percibidos), en este último caso no se aplica el orden de prelación del artículo 44 del Código Orgánico Tributario.

Sobre el efecto liberatorio del pago se debe diferenciar si la Administración tributaria ha realizado la liquidación pues también habrá de emitir las correspondientes planillas de pago, en cuyo caso el sujeto pasivo ha de tener la certeza que la Administración se encuentra conforme con el pago realizado. Ahora bien, en el caso que el sujeto pasivo es el que realiza la autoliquidación (declaración-liquidación) habrá certeza de haber pagado el monto indicado por el propio sujeto y consiguientemente su efecto liberatorio, pero no habrá certeza que la Administración esté conforme con el monto pagado hasta que la misma realice un procedimiento de fiscalización y determinación. Este último procedimiento es totalmente eventual y se podrá realizar durante el período de 6 o 10 años señalado en los artículos 55 y 56 del Código Orgánico Tributario.

B.- Facilidades de pago

Existe una serie de facilidades de pago previstas en el Código Orgánico Tributario cuyo otorgamiento corresponde al órgano ejecutivo. Las mismas están previstas en los artículos 45, 46 y 47 y no son aplicables a los agentes de retención ni de percepción, actuando como tales. Las mismas son las siguientes:

1.- Prórrogas y demás facilidades con carácter general para el pago de obligaciones no vencidas.

2.- Prórrogas y demás facilidades con carácter particular para el pago de obligaciones no vencidas.

3.- Fraccionamientos y plazos para el pago de deudas atrasadas con carácter particular.

La *Providencia que establece el procedimiento de otorgamiento de prórrogas, fraccionamientos y plazos para la declaración o pago de obligaciones tributarias*, en su artículo 2, define la prórroga, el plazo y el fraccionamiento de pago, en los siguientes términos:

"***Prórroga****: Facilidad otorgada para presentar las declaraciones o pagar los tributos correspondientes en un plazo distinto al previsto en las leyes, siempre que no hubiere transcurrido el lapso legal para efectuar el pago o presentar la declaración.*

Plazo*: Facilidad en la que se concede al deudor de una obligación dineraria vencida, un nuevo lapso para efectuar el pago.*

Fraccionamiento de pago*: Facilidad en la que se divide una obligación dineraria, en dos o más partes, pagaderas en momentos diferentes, generalmente posteriores al término previsto por la ley para pagar la obligación dividida".*

Las prórrogas y demás facilidades con carácter general para el pago de obligaciones no vencidas, se encuentran establecidas en el artículo 45 del Código Orgánico Tributario. Según el precepto, "*[e]l Ejecutivo Nacional podrá conceder, con carácter general, prórrogas y demás facilidades para el pago de obligaciones no vencidas, así como fraccionamientos y plazos para el pago de deudas atrasadas, cuando el normal cumplimiento de la obligación tributaria se vea impedido por caso fortuito o fuerza mayor, o en virtud de circunstancias excepcionales que afecten la economía del país*".

A diferencia de los siguientes supuestos, aquí se toman en cuenta situaciones que afectan de modo general el cumplimiento de la obligación tributaria; tales circunstancias son concebidas de forma bastante amplia y pueden ser de diversa naturaleza según la apreciación del Ejecutivo Nacional. Los beneficios otorgados en virtud del precepto "*no causarán los intereses previstos en el artículo 66 de este Código*", se trata de los intereses moratorios a que nos referimos *supra*.

El supuesto relativo a prórrogas y demás facilidades con carácter particular para el pago de obligaciones no vencidas, se establece en el artículo 46, vale decir, "*prórrogas y demás facilidades para el pago de obligaciones no vencidas (…) acordadas con carácter excepcional en casos particulares*"; como en el primer supuesto, no se establece el tipo de causas específicas para su procedencia.

En este caso tenemos la figura de "interesado" quien pretende beneficiarse de esta medida y que no podrá estar incurso en alguno de los supuestos de exclusión del beneficio establecido en el parágrafo único del artículo 46, vale decir, "*casos de obligaciones provenientes de tributos retenidos o percibidos, así como de impuestos indirectos cuya estructura y traslación prevea la figura de los denominados créditos y débitos fiscales"*. El interesado deberá presentar la solicitud con *"al menos quince (15) días hábiles antes del vencimiento del plazo para el pago"*.

La Administración tributaria habrá de analizar la solicitud y concederá el beneficio cuando a su juicio *"se justifiquen las causas que impiden el cumplimiento normal de la obligación"*. En todo caso *"deberá responder dentro de los diez (10) días hábiles siguientes a la presentación de la solicitud"*. En caso de concederse el beneficio, y a diferencia del caso anterior, se *"causarán intereses sobre los montos financiados, los cuales serán equivalentes a la tasa activa bancaria vigente al momento de la suscripción del convenio"*. El precepto establece que *"[s]i durante la vigencia del convenio, se produce una variación de diez por ciento (10%) o más entre la tasa utilizada en el convenio y la tasa bancaria vigente, se procederá al ajuste de las cuotas restantes utilizando la nueva tasa"*.

El artículo 47 *eiusdem* establece el tercero de los supuestos de facilidades de pago, estos son, y de forma excepcional, fraccionamientos y plazos para el pago de deudas atrasadas con carácter particular. El precepto no establece nada respecto de las causas que pueden motivar este tipo de solicitud sólo excluye de la misma a solicitantes *"en situación de quiebra"* también excluye a *"los casos de obligaciones provenientes de tributos retenidos o percibidos. No obstante, en estos casos, la Administración Tributaria podrá conceder fraccionamientos o plazos para el pago de los intereses moratorios y las sanciones pecuniarias generados con ocasión de los mismos"*.

En el caso de solicitantes en *"situación de quiebra"* se debe hacer referencia al Código de Comercio que regula al comerciante que no estando en *estado de atraso* cesa *"en el pago de sus obligaciones mercantiles"*, conforme el artículo 914 del citado Código; según dicho instrumento normativo en su artículo 925: *"Todo comerciante que se halle en estado de quiebra debe hacer por escrito la manifestación ante el Juez de Comercio de su domicilio mercantil, dentro de los tres días siguientes a la cesación de sus pagos"*, y conforme al artículo 928 *eiusdem*, la declaración formal de quiebra será realizada por el Juez de Comercio.

En todo caso, los derechos del Fisco deben quedar *"suficientemente garantizados"* mediante las garantías que establece el propio Código Orgánico Tributario en sus artículos 70 y 72. El Código sustrae de todo recurso la decisión de la Administración tributaria al respecto, pues conforme el parágrafo primero del artículo 47 *eiusdem* *"[l]a negativa de la Administración Tributaria de conceder fraccionamientos y plazos para el pago no tendrá recurso alguno"*. Los montos financiados causarán intereses *"los cuales serán equivalentes a la tasa activa bancaria vigente al momento de la suscripción del convenio. Si durante la vigencia del convenio, se produce una variación de diez por ciento (10%) o más entre la tasa utilizada en el convenio y la tasa bancaria vigente, se procederá al ajuste de las cuotas restantes utilizando la nueva tasa"*.

Una vez que se ha otorgado el beneficio, el artículo 47 del Código Orgánico Tributario establece algunas situaciones excepcionales que pueden modificarlo. En primer lugar, *"en caso de incumplimiento de las condiciones y plazos concedidos, de desaparición o insuficiencia sobrevenida de las garantías otorgadas o de quiebra del contribuyente, la Administración Tributaria dejará sin efecto las condiciones o plazos concedidos, y exigirá el pago inmediato de la totalidad de la obligación a la cual ellos se refieren"* y, en segundo lugar, *"[s]i el contribuyente sustituye la garantía o cubre la insuficiencia sobrevenida de esa garantía, se mantendrán las condiciones y plazos que se hubieren concedido"*.

En todo caso, los procedimientos a aplicar en los tres supuestos anteriores deben ser establecidos por la máxima autoridad de la Administración tributaria, sin que en ningún caso se pueda exceder de 36 meses, conforme el encabezado del artículo 48 del Código Orgánico Tributario. La vigente regulación al respecto fue establecida mediante la Providencia 0116 publicada en la Gaceta Oficial N° 38.213 de fecha 21 de junio de 2005 titulada: *"Providencia que establece el procedimiento de otorgamiento de prórrogas, fraccionamientos y plazos para la declaración o pago de obligaciones tributarias"*.

Más adelante el propio precepto señala que para el otorgamiento de los beneficios antes señalados *"no se requerirá el dictamen previo de la Contraloría General de la República. No obstante, la Administración Tributaria Nacional deberá remitir periódicamente a la Contraloría General de la República, una relación detallada de las prórrogas, fraccionamientos y plazos para el pago que hubiere otorgado conforme a lo establecido en los artículos anteriores"*.

Finalmente, el parágrafo único del artículo 48 *eiusdem*, define la tasa activa bancaria vigente, señalada por los artículos 46 y 47 *eiusdem*, como *"la tasa activa promedio de los seis (6) principales bancos comerciales y universales del país con mayor volumen de depósitos, excluidas las carteras con intereses preferenciales, calculada por el Banco Central de Venezuela para el mes calendario inmediato anterior. La Administración Tributaria Nacional deberá publicar dicha tasa dentro de los primeros diez (10) días continuos del mes. De no efectuar la publicación en el lapso aquí previsto, se aplicará la última tasa activa bancaria que hubiere publicado la Administración Tributaria Nacional.*

II.- LA COMPENSACIÓN

La compensación es un modo de extinción de la obligación tributaria que es admitida en nuestro Derecho tributario[207]; en la jurisprudencia del Tribunal Supremo de Justicia aparece

---

[207] Nos referimos al estado actual del Derecho tributario pues no siempre se ha admitido en nuestro ordenamiento jurídico; al respecto *vide* Juan Antonio Golia Amodio, *La compensación como medio de extinción de las*

definido como "aquel medio de extinción de la obligación tributaria en que el contribuyente y el Fisco son recíprocamente deudores y titulares de deudas líquidas, homogéneas, exigibles y no prescritas"[208].

Las circunstancias para la procedencia de la compensación, fueron señalados por la extinta Corte Suprema de Justicia, en los siguientes términos:

> "1.- La existencia de créditos líquidos y exigibles a favor del contribuyente, por concepto de tributos o sus accesorios.
>
> 2.- La existencia de deudas tributarias, igualmente líquidas y exigibles.
>
> 3.- Que tanto los créditos fiscales como las deudas, de igual naturaleza, provengan de períodos no prescritos.
>
> 4.- Que el sujeto activo, de la relación Jurídico Tributaria, sea el mismo, aun cuando las cantidades a compensar correspondan a distintos tributos"[209].

Para su procedencia no es necesario un pronunciamiento administrativo previo sino que puede ser opuesto en cualquier momento que se deba cumplir una obligación tributaria. Conforme el artículo 49 del Código Orgánico Tributario, la misma *"extingue, de pleno derecho y hasta su concurrencia, los créditos no prescritos, líquidos y exigibles del contribuyente, por concepto de tributos, intereses, multas y costas procesales, con las deudas tributarias por los mismos conceptos, igualmente líquidas, exigibles y no prescritas, comenzando por las más antiguas, aunque provengan de distintos tributos y accesorios, siempre que se trate del mismo sujeto activo"*.

Los sujetos entre los cuales se puede producir la compensación deben ser los mismos; en consecuencia, no se puede compensar un monto a favor del contribuyente con motivo de un tributo municipal por una deuda que corresponde a un tributo nacional, por ejemplo. Existiendo varias deudas tributarias, no se puede compensar aquéllas a elección del deudor, sino que se debe aplicar *"el orden de imputación establecido en los numerales 1, 2 y 3 del artículo 44 de este Código"*. Sobre el momento en que se pueda oponer la compensación, se establece que *"[e]l contribuyente o su cesionario podrán oponer la compensación en cualquier momento en que deban cumplir con la obligación de pagar tributos, intereses, multas y costas procesales o frente a cualquier*

---

obligaciones tributarias en Jesús Sol Gil (Coord.) en *Estudios sobre el Código Orgánico Tributario de 2001* 287 y ss., 287-330 (Livrosca, Caracas, 2002).

[208] Tribunal Supremo de Justicia, Sala Políticoadministrativa, Sentencia del 8 de septiembre de 2004, caso: H.L. Boulton & Co, S. A. C. A., 31 *Colección Doctrina Judicial del Tribunal Supremo de Justicia*,2 *Compilación de la Doctrina de la Sala Políticoadministrativa: Contencioso Administrativo Tributario* 854 (Caracas, 2009).

[209] Sala Político-Administrativa Especial Tributaria de la Corte Suprema de Justicia, Sentencia de 17 de enero de 1996, caso: Banco Hipotecario Unido, S. A., 31 *Colección Doctrina Judicial del Tribunal Supremo de Justicia*,2 *Compilación de la Doctrina de la Sala Políticoadministrativa: Contencioso Administrativo Tributario* 856 (Caracas, 2009).

reclamación administrativa o judicial de los mismos, sin necesidad de un pronunciamiento administrativo previo que reconozca su derecho".

Posteriormente, el contribuyente o cesionario deben notificar *"de la compensación a la oficina de la Administración Tributaria de su domicilio fiscal, dentro de los cinco (5) días hábiles siguientes de haber sido opuesta, sin que ello constituya un requisito para la procedencia de la compensación, y sin perjuicio de las facultades de fiscalización y determinación que pueda ejercer la Administración posteriormente. La falta de notificación dentro del lapso previsto, generará la sanción correspondiente en los términos establecidos en este Código"*. De igual manera, *"la Administración podrá oponer la compensación frente al contribuyente, responsable o cesionario, a fin de extinguir, bajo las mismas condiciones, cualesquiera créditos invocados por ellos"*.

Pero la compensación no es procedente para todo tipo de obligación tributaria pues la misma *"no será oponible en los impuestos indirectos cuya estructura y traslación prevea las figuras de los denominados débito y crédito fiscales, salvo expresa disposición legal en contrario"* conforme el parágrafo único del artículo 49 *eiusdem*, el cual acota: "*[l]a imposibilidad de oponer la compensación establecida en este Parágrafo, será extensible tanto al débito y crédito fiscales previstos en la estructura y traslación del impuesto indirecto, como a la cuota tributaria resultante de su proceso de determinación"*. Ya el Tribunal Supremo de Justicia se ha pronunciado sobre la imposibilidad de oponer la "compensación de impuestos directos con indirectos cuya estructura y traslación prevea la figura del crédito fiscal", afirmaba asimismo, que en la norma no se distinguía "entre un crédito fiscal como elemento técnico necesario para la determinación del impuesto o como un crédito a favor del contribuyente, sino por el contrario sujeta la imposibilidad de la compensación, en tanto y en cuanto, el impuesto indirecto prevea en su estructura y traslación la figura del denominado crédito fiscal"[210].

La figura de la cesión de los créditos líquidos y exigibles del contribuyente o responsable es prevista en el artículo 50 del Código Orgánico Tributario con la finalidad de *"ser compensados con deudas tributarias del cesionario con el mismo sujeto activo"*. En estos casos el contribuyente o responsable titular de tales créditos asume la figura de cedente, frente a la figura del cesionario a quien va a corresponder oponerlos en compensación. Según el precepto citado, *"[e]l contribuyente o responsable deberá notificar a la Administración Tributaria de la cesión dentro de los tres (3) días hábiles siguientes de efectuada. El incumplimiento de la notificación acarreará la sanción correspondiente en los términos establecidos en este Código"*.

---

[210] Sala Político-Administrativa, *supra* nota 208, págs. 854 y 860.

Es evidente que *"[l]as compensaciones efectuadas por el cesionario conforme a lo establecido en el artículo anterior sólo surtirán efectos de pago en la medida de la existencia o legitimidad de los créditos cedidos"* conforme el artículo 51 *eiusdem*. Quien a modo de aclaratoria señala que *"[l]a Administración Tributaria no asumirá responsabilidad alguna por la cesión efectuada, la cual en todo caso corresponderá exclusivamente al cedente y cesionario respectivo. El rechazo o impugnación de la compensación por causa de la inexistencia o ilegitimidad del crédito cedido hará surgir la responsabilidad personal del cedente. Asimismo, el cedente será solidariamente responsable junto con el cesionario por el crédito cedido"*. Podemos destacar lo señalado por DUGARTE LOBO, para quien la cesión del crédito fiscal a terceros "es una posibilidad que tiene el contribuyente de poder negociar con terceros, el monto del [c]rédito existente a su favor"[211].

Es común que la compensación sea opuesta en las declaraciones-liquidaciones (autoliquidaciones) definitivas del Impuesto sobre la Renta.

III.- LA CONFUSIÓN

La confusión es un modo de extinción de la obligación, verdaderamente excepcional en nuestra materia tributaria, JARACH señala que la misma "es una circunstancia rara, pero no imposible". Nos dice el autor que una obligación se extingue por confusión "cuando la persona del deudor coincide con la del acreedor, porque la deuda hacia sí mismo no es concebible"; y, en nuestra materia tributaria "la persona del deudor puede coincidir con la del acreedor cuando el hecho imponible en determinado momento llega a ser atribuido al sujeto activo"[212].

La *confusión* se encuentra prevista en el artículo 52 del Código Orgánico Tributario. Según este precepto: *"La obligación tributaria se extingue por confusión, cuando el sujeto activo quedare colocado en la situación del deudor, como consecuencia de la transmisión de los bienes o derechos objeto del tributo. La decisión será tomada mediante acto emanado de la máxima autoridad de la Administración Tributaria"*.

Este inusual supuesto se produce con la herencia *vacante*. El insigne jurista SOJO BIANCO explica que "[c]uando se ignora quién es el heredero o cuando han renunciado

---

[211] Antonio Dugarte Lobo, *Compensación de créditos provenientes de impuesto indirectos & impuestos directos (Caso: Impuesto al Valor Agregado & Impuesto sobre la Renta venezolanos)*, en 1 *30 años de codificación del Derecho tributario en Venezuela. Tomo I. Derecho Tributario Sustantivo* 346,337-366 (Asociación Venezolana de Derecho Tributario, Caracas, 2012).
[212] Dino Jarach, *supra* nota 2, pág. 194.

los herederos *ab intestato* y los testamentarios, la herencia se reputa yacente y se proveerá a la conservación y administración de los bienes por medio de un curador" conforme el artículo 1060 del Código Civil. Este curador "está obligado a formar un inventario de la herencia y hacer valer los derechos de ésta, a seguir los juicios que se promuevan, a administrarla, a depositar en un instituto bancario el dinero que se encuentre en ella y el que se perciba por venta de muebles e inmuebles, y por último, a rendir cuenta de su administración; todo de conformidad con lo establecido en el C. C. sobre inventario, manera de administrar la herencia y rendición de cuentas"[213].

"El curador de la herencia yacente –señala SOJO BIANCO– deberá dar caución por la suma que fije el tribunal para garantizar su gestión. (...). Pasado un año después de fijados los edictos, si no se hubiere presentado nadie a reclamar fundadamente sus derechos en la herencia reputada yacente, el Juez procederá a declararla *vacante* y pondrá en posesión en ella al empleado fiscal respectivo, previo inventario y avalúo que se hará de acuerdo con el curador (Art. 1065 C.C.). Es decir, que los bienes relictos pasan en tal caso al Fisco Nacional".

Conforme el Decreto con Rango, Valor y Fuerza de Ley Orgánica de Bienes Públicos en su artículo 5, numeral 3, se consideran *bienes públicos*, "*[l]os bienes muebles e inmuebles, títulos valores, acciones, cuotas o participaciones en sociedades y demás derechos provenientes de herencias yacentes*". La misma entra en la categoría de *bienes nacionales*, prevista en el literal a) del citado artículo que califica como tales "*los bienes públicos, de dominio público o privado propiedad de la República*" o de otras entidades prevista en dicho precepto.

IV.- LA REMISIÓN

La remisión ha sido definida por MADURO LUYANDO como "el acto por el cual el acreedor renuncia gratuitamente al derecho de crédito que tiene contra el deudor", hace referencia a las otras denominaciones que suele recibir, tales como condonación, perdón o quita. En materia tributaria el acreedor condona de forma expresa la obligación tributaria y se extingue de pleno derecho.

Conforme el *artículo 53 del Código Orgánico Tributario* "*[l]a obligación de pago de los tributos sólo puede ser condonada o remitida por ley especial. Las demás obligaciones, así como los intereses y las multas, sólo pueden ser condonados por dicha ley o por resolución administrativa en la forma y condiciones que esa*

---

[213] Raúl Sojo Bianco, *supra* nota 157, págs. 374-375.

ley establezca". Se entiende así que la remisión exige la forma de ley, entendiendo que se trata de una actuación de la República a través del órgano legislativo directamente o mediante actos derivado de una ley habilitante; la misma puede comprender la totalidad o parte de las deudas tributarias.

Las leyes de remisión tributaria son excepcionales, y ello efectivamente debe ser así, pues la sola posibilidad que se apruebe una ley de esta naturaleza puede llevar a que los sujetos pasivos realicen omisiones en el pago de tributos con la expectativa de beneficiarse de una condonación de deudas. De allí que no se pueda hablar de amplios antecedentes en la materia, la última vez que se aprobó una ley de esta naturaleza fue en 2001, la denominada *"Ley Sobre el Régimen de Remisión y Facilidades Para el Pago de Obligaciones Tributarias Nacionales"*. PULIDO GONZÁLEZ y LEGUIZAMÓN CORDERO señalaban que dicha ley constituyó "una oportunidad de «ponerse al día» para muchos deudores tributarios, quienes durante un período de ciento ochenta (180) días continuos ...[tenían] la [p]osibilidad de acceder a los beneficios y facilidades que ella consagra[ba]". En esta Ley, señalaban los autores, se adoptó "el sistema de condonación legal de pleno derecho", por lo que la función de la Administración Tributaria consistía en verificar si se habían "cumplido los requisitos legales necesarios y facilitar el trámite del asunto"[214].

V.- DECLARATORIA DE INCOBRABILIDAD

La Administración puede declarar incobrables una serie de obligaciones tributarias cuyos supuestos particulares se encuentran establecidos en el artículo 54 del Código Orgánico Tributario. La misma puede incluir obligaciones tributarias y sus accesorios así como las multas, en los siguientes casos:

> *"1. Aquellas cuyo monto no exceda de cincuenta unidades tributarias (50 U.T.), siempre que hubieren transcurrido cinco (5) años contados a partir del 1° de enero del año calendario siguiente a aquel en que se hicieron exigibles.*
>
> *2. Aquellas cuyos sujetos pasivos hayan fallecido en situación de insolvencia comprobada, y sin perjuicio de lo establecido en el artículo 24 de este Código.*
>
> *3. Aquellas pertenecientes a sujetos pasivos fallidos que no hayan podido pagarse una vez liquidados totalmente sus bienes.*

---

[214] José Alfredo Pulido González y Nilda Leguizamón Cordero, *supra* nota 35, págs. 148 y 150.

4. Aquellas pertenecientes a sujetos pasivos que se encuentren ausentes del país, siempre que hubieren transcurrido cinco (5) años contados a partir del 1° de enero del año calendario siguiente a aquel en que se hicieron exigibles, y no se conozcan bienes sobre los cuales puedan hacerse efectivas".

El parágrafo único del precepto citado dispone adicionalmente que *"[l]a Administración Tributaria podrá disponer de oficio la no iniciación de las gestiones de cobranza de los créditos tributarios a favor del Fisco, cuando sus respectivos montos no superen la cantidad equivalente a una unidad tributaria (1 U.T.)".*

En todos los casos, el costo de las acciones de cobranza realizadas por la Administración tributaria o bien pueden ser notoriamente inferiores al monto recaudado en cada caso, o quizás no logre recaudarse nada. Estos casos se justifican por la necesidad de ahorrar esfuerzos de la Administración que pueden resultar totalmente infructuosos, sin que ello constituya un estímulo para el incumplimiento masivo de las obligaciones tributarias ante la expectativa de ser incluidos en tales supuestos. El procedimiento a aplicar en estos casos es el señalado es el establecido en los artículos 218 y ss. del Código Orgánico Tributario.

VI.- LA PRESCRIPCIÓN

A.- Aspectos generales

El régimen de prescripción establecido en el Código Orgánico Tributario es el correspondiente al tipo de prescripción extintiva; siguiendo a VILLEGAS podemos afirmar que ya desde hace tiempo se admite "que las obligaciones tributarias pueden extinguirse por prescripción, configurándose este medio cuando el deudor queda liberado de su obligación por la inacción del Estado (su acreedor) por cierto período de tiempo"[215].

La prescripción establecida en el Código Orgánico Tributario no hace referencia sólo a la extinción de la obligación tributaria sino también a otros supuestos en los que impropiamente se llega a hablar de esta figura. El artículo 55 *eiusdem* establece que en seis (6) años prescriben lo que denomina *"derechos y acciones"*, en los siguientes términos:

---

[215] Héctor Villegas, *supra* nota 5, pág. 298.

"Prescriben a los seis (6) años los siguientes derechos y acciones:

1. La acción para verificar, fiscalizar y determinar la obligación tributaria con sus accesorios.

2. La acción para imponer sanciones tributarias, distintas a las penas restrictivas de la libertad.

3. La acción para exigir el pago de las deudas tributarias y de las sanciones pecuniarias firmes.

4. El derecho a la recuperación de impuestos y a la devolución de pagos indebidos".

Los numerales 1°, 2° y 3° del citado artículo 55 se refieren a facultades cuya titularidad corresponde, en principio[216], a la Administración tributaria. Por ello es impropio decir que estas facultades puedan prescribir, más bien podemos señalar que se limita el ejercicio de estas facultades para un sujeto particular (contribuyente o de responsable) y con lo cual se extingue la posibilidad de verificar, fiscalizar, determinar la obligación tributaria y sus accesorios, asimismo, se imposibilita que la Administración tributaria pueda imponer sanciones y exigir el pago de deudas tributarias y de sanciones pecuniarias firmes; se establece también en nuestro Código, en su artículo 63, que *"[l]a prescripción de la acción para verificar, fiscalizar, determinar y exigir el pago de la obligación tributaria extingue el derecho a sus accesorios".*

El supuesto establecido en el numeral 4° es un derecho que corresponde a los sujetos pasivos de la relación obligacional en ejercicio de una acreencia contra el sujeto activo.

El lapso de seis (6) años a que se refiere el artículo puede verse ampliado a diez (10) años si ocurre alguno de los supuestos establecidos en el artículo 56 *eiusdem*, en los siguientes términos:

"En los casos previstos en los numerales 1 y 2 del artículo anterior, el término de la prescripción será de diez (10) años cuando ocurra alguna de las circunstancias siguientes:

1. El sujeto pasivo no cumpla con la obligación de declarar el hecho imponible o de presentar las declaraciones que correspondan.

2. El sujeto pasivo no cumplan con la obligación de inscribirse en los registros de control que a los efectos establezca la Administración Tributaria.

3. La Administración Tributaria no haya podido conocer el hecho imponible, en los casos de verificación, fiscalización y determinación de oficio.

---

[216] Conforme la Ley Orgánica de la Contraloría General de la República y del Sistema Nacional de Control Fiscal, en su artículo 9, numeral 12, están sometidos al control, vigilancia y fiscalización de la Contraloría General de la República: *"Las personas naturales o jurídicas que sean contribuyentes o responsables, de conformidad con lo previsto en el Código Orgánico Tributario, o que en cualquier forma contraten, negocien o celebren operaciones con cualesquiera de los organismos o entidades mencionadas en los numerales anteriores o que reciban aportes, subsidios, otras transferencias o incentivos fiscales, o que en cualquier forma intervengan en la administración, manejo o custodia de recursos públicos".*

4. El sujeto pasivo haya extraído del país los bienes afectos al pago de la obligación tributaria o se trate de hechos imponibles vinculados a actos realizados o a bienes ubicados en el exterior.

5. El sujeto pasivo no lleve contabilidad o registros de las operaciones efectuadas, no los conserve durante el plazo establecido o lleve doble contabilidad o registros con distintos contenidos".

La mayor parte de los supuestos de extensión del lapso de prescripción obedecen a actuaciones u omisiones por parte del sujeto pasivo. El numeral primero se deriva del incumplimiento del deber de realizar las declaraciones que correspondan; el numeral segundo corresponde al incumplimiento del deber de inscribirse en los registros pertinentes; y, el numeral quinto conlleva el incumplimiento del deber de llevar en forma debida y oportuna los libros y registros especiales así como incumplimiento del deber de conservar los libros de contabilidad. Todos estos deberes se encuentran establecidos en el artículo 155 del Código Orgánico Tributario relativo a los deberes formales. El supuesto del numeral tercero del artículo 56 *eiusdem*, se refiere a los casos en los que la Administración tributaria se haya visto imposibilitada de conocer el hecho imponible durante el transcurso de un procedimiento de comprobación tributaria.

En cuanto a la acción para imponer penas restrictivas de libertad, el artículo 57 del Código Orgánico Tributario dispone que prescribe a los diez (10) años. No obstante, establece una serie de disposiciones especiales, tales como:

1.- Es imprescriptible la acción para perseguir y castigar la defraudación tributaria, la falta de enteramiento de anticipos por parte de los agentes de retención o percepción, y la insolvencia fraudulenta con fines tributarios, establecidos en los numerales 1, 2 y 3 del artículo 118 del propio Código.

2.- Las sanciones restrictivas de libertad relativas a defraudación tributaria (artículo 119), falta de enteramiento de los tributos retenidos o percibidos (artículo 121) y la insolvencia fraudulenta (artículo 122), *"una vez impuestas, no estarán sujetas a prescripción".*

3.- Las sanciones restrictivas de libertad con motivo de instigación pública al cumplimiento de la normativa tributaria (artículo 123) y por haber revelado, divulgado, usado con fines personales o indebidos, información confidencial en los términos del artículo 124, *"prescriben por un tiempo igual al de la pena que haya de cumplirse, más la mitad del mismo".*

La consumación de la prescripción puede obedecer a un funcionamiento irregular por parte de dependencias de la Administración tributaria, por ello, el artículo 58 del Código

Orgánico Tributario dispone que "*[l]a declaratoria de las prescripciones previstas en este Código, se hará sin perjuicio de la imposición de las sanciones disciplinarias, administrativas y penales que pudiesen corresponder a los funcionarios de la Administración Tributaria*". Para ello corresponde la instrucción de un procedimiento administrativo o de un proceso penal, según fuere el caso, en el que se garantice el derecho a la defensa del o los funcionarios involucrados.

El cálculo del "*término de prescripción*", como señala el artículo 59 *eiusdem*, se computa según sea el caso previsto en los artículos 55 y 57 *eiusdem*. El primero de los artículos señalados, dispone al respecto:

> "*1. En el caso previsto en el numeral 1 del Artículo 55 de este Código, desde el 1° de enero del año calendario siguiente a aquél en que se produjo el hecho Imponible. Para los tributos cuya liquidación es periódica, se entenderá que el hecho imponible se produce al finalizar el período respectivo.*
>
> *2. En el caso previsto en el numeral 2 del Artículo 55 de este Código, desde el 1° de enero del año calendario siguiente a aquél en que se cometió el ilícito sancionable.*
>
> *3. En el caso previsto en el numeral 3 del Artículo 55 de este Código desde el 1° de enero del año calendario siguiente a aquél en que la deuda quedó definitivamente firme.*
>
> *4. En el caso previsto en el numeral 4 del Artículo 55 de este Código, desde el 1° de enero del año calendario siguiente a aquél en que se verificó el hecho imponible que da derecho a la recuperación de impuesto, se realizó el pago indebido o se constituyó el saldo a favor, según corresponda.*
>
> *5. En el caso previsto en el encabezado del artículo 57, desde el 1° de enero del año siguiente a aquel en que se cometió el ilícito sancionable con pena restrictiva de la libertad.*
>
> *6. En el caso previsto en el tercer aparte del artículo 57, desde el día en que quedó firme la sentencia, o desde el quebrantamiento de la condena si hubiere ésta comenzado a cumplirse*".

El artículo 64 del Código Orgánico Tributario sustrae del derecho de repetición a favor del sujeto pasivo, "*[l]o pagado para satisfacer tributos, accesorios y multas, cuya acción para exigir su cumplimiento esté prescrita*" exceptuando, según el precepto, "*que el pago se hubiere efectuado bajo reserva expresa del derecho a hacerlo valer*".

Se prevé la renuncia a la prescripción consumada, la misma se considera efectuada cuando el sujeto pasivo efectúa "*el pago total o parcial*", según el artículo 65 del Código, pero también se establece que "*[e]l pago parcial no implicará la renuncia de la prescripción respecto del resto de la obligación tributaria, sus accesorios y sanciones que en proporción correspondan*".

B.- Interrupción y suspensión de la prescripción

La interrupción y suspensión de la prescripción es acogida en nuestro Derecho tributario partiendo de su conceptualización y efectos en el Derecho Civil. El Código Orgánico Tributario establece una serie de circunstancias para que operen ambas figuras.

El artículo 60 del Código Orgánico Tributario establece como supuestos para que se interrumpa la prescripción, los siguientes:

"1. Cualquier acción administrativa, notificada al sujeto pasivo, conducente al reconocimiento, regularización, fiscalización y determinación, aseguramiento, comprobación, liquidación, recaudación y cobro del tributo por cada hecho imponible.

2. Cualquier acción administrativa, notificada al sujeto pasivo, derivada de un procedimiento de verificación, control aduanero o de la sustanciación y decisión de los recursos administrativos establecidos en este Código.

3. Cualquier actuación del sujeto pasivo conducente al reconocimiento de la obligación tributaria o al pago o liquidación de la deuda.

4. La solicitud de prórroga u otras facilidades de pago.

5. La comisión de nuevos ilícitos del mismo tipo.

6. Por cualquier acto fehaciente del sujeto pasivo que pretenda ejercer el derecho de repetición o recuperación ante la Administración Tributaria, o por cualquier acto de esa Administración en que se reconozca la existencia del pago indebido, del saldo acreedor o de la recuperación de tributos".

Estas causales se deben tanto a actuaciones de los particulares como de la propia Administración tributaria, en este último caso la inercia del acreedor desaparece y la ley establece estos efectos interruptivos. Aunque VALDÉS COSTA ya ha advertido que la "interrupción de la prescripción por acto del sujeto activo tiene importancia por cuanto puede convertirse en una forma de prolongar indefinidamente la prescripción afectando los principios de la certeza y la seguridad jurídica"[217], esto es totalmente cierto pues no se establece una limitación en cuanto a la realización de actos interruptivos de una misma obligación tributaria y ello es violatorio de la seguridad jurídica de los particulares. El artículo 61 *eiusdem* dispone al respecto: *"El efecto de la interrupción de la prescripción se contrae a la obligación tributaria o pago indebido, correspondiente al período o a los períodos fiscales a que se refiera el*

---

[217] Ramón Valdés Costa, *supra* nota 34, pág. 363.

acto interruptivo y se extiende de derecho a las multas y a los respectivos accesorios". Asimismo, establece que *"[l]a interrupción de la prescripción en contra de uno de los sujetos pasivos es oponible a los demás"*.

Según señala MADURO LUYANDO, la interrupción de la prescripción "borra o destruye el tiempo transcurrido antes de la causal de interrupción"[218], por lo cual el lapso comienza a correr íntegramente a partir del día indicado en el artículo 61 del Código Orgánico Tributario que establece: *"La prescripción comenzará a computarse nuevamente al día siguiente de aquél en que se produjo la interrupción"*.

Por otro lado, la suspensión de la prescripción se produce una vez que ha ocurrido una de las causales señaladas en el artículo 62 del Código Orgánico Tributario, cuando dispone: *"El cómputo del término de la prescripción se suspende por la interposición de peticiones o recursos administrativos o judiciales"*; el apartado tercero del precepto establece una nueva causal, al señalar:*"También se suspenderá el curso de la prescripción de la acción para exigir el pago de las deudas tributarias liquidadas y de las sanciones impuestas mediante acto definitivamente firme, en los supuestos de falta de comunicación del cambio de domicilio"*.

Estas causales abren un paréntesis en el transcurso del término de prescripción, a cuyo cierre se continuará con el transcurso del mismo. En palabras de MADURO LUYANDO, las mismas "impiden que la prescripción continúe corriendo mientras exista el supuesto de hecho que las configura, pero no suprimen el lapso de prescripción que hubiese corrido antes de existir la causal". No existen diferencias sustanciales en este particular entre Derecho Civil y Tributario, pues las causales del suspensión "detienen la prescripción pero no destruyen los efectos producidos por la misma antes de la existencia de la causal, y ese lapso transcurrido se computa con el lapso que transcurra después de haber cesado dicha causal"[219].

Una vez que se ha interpuesto una petición o un recurso administrativo o judicial el cómputo del término de prescripción se suspende, conforme el artículo 62 *eiusdem*, *"hasta sesenta (60) días después de que se adopte decisión definitiva, en forma expresa, sobre los mismos. En el caso de interposición de peticiones o recursos administrativos, la resolución definitiva puede ser tácita o expresa"*. Asimismo, dispone el precepto: *"En el caso de la interposición de recursos judiciales, la paralización del procedimiento en los casos previstos en los artículos 66, 69, 71 y 144 del Código de Procedimiento Civil hará cesar la suspensión, en cuyo caso continuará el curso de la prescripción. Si el*

---

[218] Eloy Maduro Luyando, *supra* nota 162, pág. 362.
[219] *Ídem.*

proceso se reanuda antes de cumplirse la prescripción, ésta se suspende de nuevo, al igual que si cualquiera de las partes pide la continuación de la causa, lo cual es aplicable a las siguientes paralizaciones del proceso que puedan ocurrir".

En cuanto a la falta de comunicación del cambio de domicilio, como causal de suspensión de la prescripción, conforme el artículo 62 *eiusdem*, "*surtirá efecto desde la fecha en que se deje constancia de la inexistencia o modificación del domicilio informado a la Administración Tributaria. La suspensión de la prescripción se prolongará hasta la actualización del nuevo domicilio por parte del sujeto pasivo".*

PRIVILEGIOS Y GARANTÍAS DEL CRÉDITO TRIBUTARIO

Para hablar de privilegios y garantías del crédito tributario es necesario partir del concepto de acreedor *quirografario*, es decir, el acreedor normal u ordinario. MADURO LUYANDO lo define como "aquel que tiene un derecho indiscriminado y no privilegiado ni preferente sobre los bienes de su deudor. Es el acreedor normal u ordinario, en contraposición con el acreedor que tiene un privilegio (acreedor privilegiado) o con el acreedor que tiene un crédito sobre una parte diferenciada del patrimonio del deudor (acreedor hipotecario o prendario)"[220]; se entiende así que entre los acreedores quirografarios no existe ningún tipo de jerarquía en aras de la ejecución de crédito.

En caso de ejecución contra un contribuyente el sujeto activo del tributo posee la condición de acreedor privilegiado, asimismo, es posible tener la condición de acreedor hipotecario en caso de haberse requerido una garantía de esta naturaleza, diferenciándose así de los acreedores quirografarios.

I.- El privilegio fiscal

Frente a los acreedores quirografarios el crédito fiscal goza de "*privilegio general sobre todos los bienes del deudor y tendrán prelación sobre las demás acreencias, con excepción de las derivadas de pensiones alimenticias, salarios y demás derechos derivados del trabajo y de seguridad social. El privilegio es extensivo a los accesorios del crédito tributario y a las sanciones de carácter pecuniario",* conforme lo dispone el artículo 68 del Código Orgánico Tributario. Se entiende así que el crédito fiscal no posee un privilegio absoluto pues antes del mismo existen otras acreencias privilegiadas.

---

[220] *Ídem*, pág. 537.

Según el artículo 69 del Código *"Los créditos fiscales de varios sujetos activos contra un mismo deudor concurrirán a prorrata en el privilegio en proporción a sus respectivos montos"*; se trata del supuesto en el que el mismo contribuyente adeuda obligaciones fiscales a varios sujetos activos tales como, por ejemplo, la República, un estado federal o un municipio.

II.- Las garantías

En sentido amplio, las *garantías*, señala AGUILAR GORRONDONA "consisten en la concesión voluntaria al acreedor de una situación más favorable de la que tiene el acreedor quirografario"[221], las mismas pueden ser reales o personales. Han sido previstas en materia tributaria conforme los artículos 70 y 71 del Código Orgánico Tributario. Dentro de las garantías más comunes tenemos, la hipoteca (garantía real) y la fianza (garantía personal).

El artículo 70 del Código se refiere al caso específico de *"convenios particulares para el otorgamiento de prórrogas, fraccionamientos, plazos u otras facilidades de pago"*, a los cuales ya nos hemos referido en el apartado relativo al *pago*. En estos casos, *"la Administración Tributaria requerirá al solicitante constituir garantías suficientes, ya sean personales o reales"*. El apartado único del citado precepto exime de la constitución de garantías *"cuando a juicio de la Administración Tributaria la situación no lo amerite, y siempre que el monto adeudado no exceda en el caso de personas naturales de cien unidades tributarias (100 U.T.), y en el caso de personas jurídicas de quinientas unidades tributarias (500 U.T.)"*.

El artículo 71 del Código Orgánico Tributario dispone en términos generales: *"La Administración Tributaria podrá solicitar la constitución de garantías suficientes, personales o reales, en los casos en que hubiere riesgos ciertos para el cumplimiento de la obligación tributaria"*. Dentro de las diversas garantías debemos traer a colación las definiciones de *hipoteca* (garantía real) así como la *fianza* (garantía personal), siendo de advertir que existen otros tipos de garantías; en este sentido, AGUILAR GORRONDONA define la *fianza* como el "contrato por el cual una persona llamada fiador se obliga frente al acreedor de otra a cumplir la obligación de ésta si el deudor no la satisface"[222], mientras que la *hipoteca* es definida en el artículo 1877 del Código Civil como *"un derecho real constituido sobre los bienes del deudor o de un tercero, en beneficio de un acreedor, para asegurar sobre estos bienes el cumplimiento de una obligación"*.

---

[221] José Luis Aguilar Gorrondona, *Contratos y garantías. Derecho Civil* IV 17 (Universidad Católica Andrés Bello, Caracas, 16ª ed., 2006).
[222] *Ídem*, pág. 20.

El Código no establece ninguna especificidad relativa a la hipoteca pero en lo que corresponde a la fianza el artículo 72 *eiusdem* dispone una serie de requisitos ajustados a las particularidades de la obligación tributaria, con lo que se configura lo que podemos denominar la *fianza tributaria*. Estos requisitos proceden tanto en los supuestos del artículo 70 como del 71 *eiusdem*.

Conforme el artículo 72, los requisitos de la *fianza tributaria* son los siguientes:

1.-La fianza debe *"garantizar la obligación principal, sus accesorios y multas, así como en los convenios o procedimiento en que ella se requiera".*

2.- Deberán otorgarse en documento autenticado.

3.- El fiador debe ser una empresa de seguros, una institución bancaria establecida en el país, o una persona de comprobada solvencia económica.

4.- La fianza estará vigente hasta la extinción total de la deuda u obligación afianzada.

5.- Debe ser una fianza solidaria.

6.- El fiador debe renunciar expresamente a los beneficios que le acuerda la ley.

7.- Debe establecer como domicilio especial *"la jurisdicción de la dependencia de la Administración Tributaria donde se consigne la garantía".*

LECCIÓN V
ILÍCITOS TRIBUTARIOS

I.- LOS PROBLEMAS DERIVADOS DE LA NATURALEZA DEL ILÍCITO TRIBUTARIO

En esta lección nos situamos en el ámbito del Derecho Penal Tributario que, según la doctrina latinoamericana[223], comprende el conjunto de normas jurídicas que establecen los ilícitos tributarios y las sanciones respectivas. Los ilícitos tributarios son definidos en el artículo 81 del Código Orgánico Tributario como *"toda acción u omisión violatoria de las normas tributarias"*; y conforme el artículo 79 *eiusdem*: *"Las disposiciones generales de este Código se aplicarán a todos los ilícitos tributarios, con excepción a los previstos en la normativa aduanera, los cuales se tipificarán y aplicarán de conformidad con las leyes respectivas"*[224].

Se debe señalar que el sistema tributario venezolano reconoce a los estados federales y municipios la competencia para establecer sanciones tributarias con exclusión de penas privativas de libertad las cuales son competencia del Poder Público Nacional. En materia de sanciones tributarias municipales, la Ley Orgánica del Poder Público Municipal, en su artículo 163, numeral 4. Dispone: *"Las ordenanzas que regulen los tributos municipales deberán contener: (…) 4. El régimen de infracciones y sanciones. Las multas por infracciones tributarias no podrán exceder en cuantía a aquéllas que contemple el Código Orgánico Tributario"*, con lo cual se establece una limitante a los municipios venezolanos en el establecimiento de sanciones pecuniarias; esta limitante no opera en cuanto a las sanciones tributarias estadales.

---

[223] Dino Jarach, *supra* nota 86, pág. 365; Héctor Villegas, *supra* nota 5, pág. 373.

[224] Desde el punto de vista histórico podemos hacer referencia a lo expresado por Moreno de Rivas quien señalaba: "Hasta la promulgación del primer Código Orgánico Tributario en 1982, sólo contábamos con normas aisladas sobre contravenciones y faltas sancionadas con penas administrativas en las distintas leyes especiales creadoras de tributos. Con la entrada en vigencia de ese primer Código Orgánico Tributario en 1983, se unificó el régimen represivo del ilícito tributario, reservando a sus disposiciones la tipificación y penalización de las violaciones a las normas impositivas, estableciendo la aplicación supletoria de los principios de derecho penal y refiriendo su ámbito de aplicación por vía principal a todas las infracciones tributarias con excepción de las relativas a la materia aduanera"; Aurora Moreno de Rivas, *La infracción tributaria* en *Comentarios al Código Orgánico Tributario 1994* 93, 93-125 (Asociación Venezolana de Derecho Tributario, Caracas, 1995). Desde la fecha se han producido sucesivas reformas, la última de ellas se produjo en 2014.

La doctrina debate sobre la naturaleza del ilícito tributario y contrapone la teoría tributaria, la teoría penal, la teoría administrativista y la teoría mixta[225]. Este debate puede resultar ilimitado en el ámbito académico para convertirse en un problema con diversidad de consecuencias tanto para los aplicadores como para los sujetos sancionados. En este debate, WEFFE señala tres semejanzas fundamentales entre todas estas teorías, las cuales señalamos a continuación: "i) el Derecho Penal Tributario es una rama especial del Derecho; (ii) los bienes jurídicos tutelados por el Derecho Penal Tributario son, primero el orden económico, y segundo la facultad de recaudación impositiva de la cual está investido el Estado; y (iii) los principios generales del Derecho Penal Común serán aplicables, en forma supletoria, al Derecho Penal Tributario"[226].

La teoría penalista es la que explica de forma más satisfactoria la naturaleza jurídica del ilícito tributario. Siguiendo a WEFFE entendemos que el Derecho Penal, en su aspecto subjetivo, se identifica con el *ius puniendi,* esto es, "el derecho del Estado a dictar normas tipificadoras de hechos ilícitos, establecer normativamente las penas a imponerse como consecuencia jurídica de la verificación en el plano de la realidad del hecho tipificado y, o bien hacer efectiva la aplicación de la prohibición contenida en el Derecho Penal Positivo – función preventiva del Derecho Penal–, o bien imponer la pena cuando la norma es, finalmente, quebrantada"; de allí que el Derecho Penal Tributario sea Derecho Penal. La sanción tributaria tiene una finalidad preventivo-represiva[227].

De esta manera, la subdivisión del ilícito entre infracciones administrativas y delitos obedece a efectos didácticos y no a la naturaleza del ilícito. WEFFE señala: "El ilícito es un fenómeno único y general a todo el ordenamiento, lo cual significa que toda norma jurídica es susceptible de quebrantamiento, y el autor de tal hecho se hace acreedor a la pena correspondiente". Más adelante señala: "Como quiera que el *ius puniendi* es Derecho Penal, el problema se reduce a una valoración política, pre-legislativa, en la cual el legislador

---

[225] *Vide* sobre las principales teorías que analizan la naturaleza jurídica del ilícito tributario Carlos E. Weffe: *supra* nota 52, págs. 91 y ss.

[226] *Ídem*, pág. 151.

[227] *Ídem*, págs. 151 y ss. Parra Rojas también se ha manifestado a favor de la tesis, señala: "considera que los ilícitos tributarios poseen naturaleza jurídica penal e identidad sustancial con el Derecho Penal, formando parte de éste, pues tanto el ilícito penal como el ilícito tributario son especies de un mismo género: el hecho ilícito. Ambos constituyen acciones u omisiones descritos en la ley como hechos punibles; ambos castigan la violación de un precepto; ambos tienen consecuencia jurídica sanciones de carácter penal que, imponen verdaderas penas restrictivas o castigadoras, más no reparadoras ni retributivas del daño causado. A su vez, a los ilícitos tributarios se le aplican los mismos preceptos y normas que regulan la materia penal en aquellos casos no regulados por la ley tributaria, compatibles con la naturaleza y fines del Derecho Tributario –Primer aparte del artículo 79 del Código Orgánico Tributario [de 2001]–, lo que evidencia la imposibilidad de separar al Derecho Penal del Derecho Tributario"; Rose Mary Parra Rojas: *Ilícitos tributarios y penas privativas de libertad* 28 (DJ, Caracas, 2006).

estima el grado de lesión al orden social producido por la conducta disvaliosa del autor del hecho ilícito y consagra la pena que, en proporción al hecho, debe imponerse". La explicación entre las clases y magnitud de las penas varía según esta valoración, las violaciones el Derecho Tributario Formal son consideradas de menor entidad que las violaciones al Derecho Tributario Material. Bajo el sistema democrático de separación de poderes el "ejercicio de la potestad punitiva para la privación de libertad" queda vedada al Poder Ejecutivo. Conforme a esta línea de pensamiento, la represión de ciertos ilícitos se asigna a los órganos administrativos por "razones de celeridad y flexibilidad de la función administrativa" y atendiendo la graduación de la entidad de la infracción[228].

Las fuentes normativas del Derecho Penal Tributario han sido y continúan siendo objeto de controversia en la medida que si bien el Código Orgánico Tributario regula algunas particularidades, no está totalmente claro cuáles normas del Derecho Penal resultan aplicables y en qué medida. La supletoriedad se plantea conforme el artículo 80 del Código, en los siguientes términos: *A falta de disposiciones especiales de este Título, se aplicarán supletoriamente los principios y normas de Derecho Penal, compatibles con la naturaleza y fines del Derecho Tributario*"; esta compatibilidad es la que no termina por definirse, manteniéndose una permanente controversia que lesiona la seguridad jurídica de los particulares, aún cuando se pueda reconocer la naturaleza penal del ilícito tributario. De especial relevancia es la aplicación a la materia tributaria del artículo 49 del texto constitucional, el cual establece el debido proceso aplicable tanto a las actuaciones judiciales como a las administrativas.

Así, un conflicto que ha rodeado a los ilícitos tributarios es la aplicación o no del artículo 99 del Código Penal relativo al *delito continuado*; en un primer criterio la jurisprudencia sostuvo que el precepto era aplicable de forma supletoria, de modo que las sanciones mensuales ante el incumplimiento de un deber formal en forma reiterada (especialmente en el Impuesto al Valor Agregado) era considerada una infracción continuada y, por tanto, merecedora de una sola sanción. Sobre este particular BORGES VEGAS hace un resumen que comprende la nueva posición fijada por el Tribunal Supremo de Justica en Sala Políticoadministrativa en 2008 que excluyó la aplicación del artículo 99 del Código Penal a partir de la entrada en vigencia del Código Orgánico Tributario de 2001. En consecuencia, la conducta ilícita cometida en diversos períodos

---

[228] Carlos E. Weffe H., *supra* nota 52, págs. 152-153.

fiscales va a ser considerada como diversos ilícitos, y merecedora por tanto, de igual número de sanciones[229].

El replanteamiento de la cuestión se produce en el marco del Impuesto al Valor Agregado (IVA) el cual tiene un período impositivo de un (1) mes y determina que por cada uno de estos, el contribuyente debe cumplir con el pago de la obligación tributaria y una serie de deberes formales, "por cada uno de estos períodos impositivos, los cuales son *distintos* uno del otro". Según la Sentencia, "la aplicación de las sanciones por incumplimiento de deberes formales durante diversos períodos de imposición mensuales, en ningún caso viola el principio *non bis in idem*, pues atiende a conductas infractoras que fueron determinadas y acaecidas en diversos períodos de imposición, vale decir, mes a mes, al momento de efectuarse la fiscalización correspondiente, circunstancia que permite verificar el cumplimiento o no de las obligaciones que deben soportar los contribuyentes por su misma condición de sujeto pasivo, en este tipo de tributo.

Igualmente, tampoco podría considerarse que con tal proceder se incurra en violación de dicho principio constitucional, debido a que no es posible suponer que por haber sido detectada en una misma actuación fiscalizadora una infracción cometida en varios períodos, se esté en presencia del delito continuado, pues la transgresión o incumplimiento ocurrido se circunscribe únicamente para el ejercicio respectivo, no pudiendo extenderse los efectos del ilícito a diversos períodos fiscales".

Este criterio ha sido reiterado en jurisprudencia posterior y es objeto de críticas en la doctrina[230]; es una ilustración de lo controvertido que puede resultar tanto aplicar un criterio de Derecho Penal como apartarse del mismo por contravenir una disposición tributaria. Con la tendencia jurisprudencial, señalada por WEFFE, se da preeminencia a un *interés recaudatorio* por sobre "las garantías constitucionales del orden sancionatorio a la represión y castigo de la ilicitud tributaria"[231].

Lo que podemos afirmar es que las sanciones tributarias no tienen carácter contributivo, no se fundamentan en el deber de contribuir del artículo 133 de la Constitución ni se limitan por los principios constitucionales que rigen la tributación, por ende, no se deben

---

[229] Carmen Luisa Borges Vegas, *El concurso de ilícitos tributarios en el Código Orgánico Tributario* en 3 *30 años Codificación del Derecho Tributario en Venezuela. Tomo III. Principios Constitucionales e ilícitos tributarios* 447 y ss., 447-468 (Asociación Venezolana de Derecho Tributario, Caracas, 2012).

[230] *Vide ídem*, págs. 459-467.

[231] Carlos E. Weffe H., *La codificación del Derecho Penal Tributario en Venezuela* en 3 *30 años Codificación del Derecho Tributario en Venezuela. Tomo III. Principios Constitucionales e ilícitos tributarios* 410, 261-446 (Asociación Venezolana de Derecho Tributario, Caracas, 2012).

imponer multas con la finalidad recaudatoria pues esto constituiría una desviación de sus objetivos y su propia naturaleza.

Coincidimos plenamente con WEFFE cuando denuncia la "objetivación de la responsabilidad" que deja abierta "la posibilidad de que se desconozca el rol de la culpabilidad, negándola, y atribuyendo así responsabilidad penal tributaria sobre la base de la responsabilidad objetiva"[232]. En este mismo sentido el autor denuncia el "*Procedimiento de Verificación*" del actual artículo 182 al 186 del Código Orgánico Tributario como principal expresión de violación a la presunción de inocencia, el derecho a la defensa y el debido procedimiento administrativo. Se trata de problemas abiertos en nuestro ordenamiento jurídico.

El sistema de aplicación de los tributos basado en la autoliquidación (declaración-liquidación) realizada por los particulares pone de relieve la importancia de comprender la normativa tributaria, caracterizada por su complejidad, dispersión, variabilidad y cambios en los criterios jurisprudenciales. El particular debe aplicar, por él mismo, la norma tributaria y asumir las consecuencias de sus manifestaciones; por ende, la posibilidad de incurrir en un ilícito tributario son permanentes. Su importancia no es baladí si se toma en consideración la severidad de las sanciones establecidas en el Código Orgánico Tributario en su reforma del año 2014. Y no se trata sólo del deber de declarar-liquidar sino que también se han aumentado exponencialmente las sanciones vinculadas con el cumplimiento de los demás deberes formales.

En nuestro ordenamiento ha tomado auge la figura de los agentes de retención, tanto en lo que corresponde al Impuesto sobre la Renta como en el Impuesto al Valor Agregado. Estos sujetos se ven sometidos al cumplimiento de prestaciones tributarias tanto pecuniarias (obligaciones tributarias) como no pecuniarias (deberes formales) de cierta complejidad, esto hace que deban tener especial diligencia en el cumplimiento de las mismas. Ciertamente que esta condición los hace susceptibles de incurrir en posibles incumplimiento de la normativa tributaria, tanto intencional como culposamente. MORENO DE RIVAS nos dice que pueden resultar "en imputados de ilícitos tributarios de acuerdo a la conducta desplegada respecto al momento, formalidad o cumplimiento en la retención o percepción y entrega al ente acreedor de las sumas retenidas o percibidas"[233].

---

[232] Weffe atribuye este fenómeno a "la derogatoria del artículo 73 del Código Orgánico Tributario de 1994, que definía a las infracciones tributarias como dolosas o culposas, concatenadas con el destierro de los principios penales por vía de interpretación del artículo 79 del Código"; *Ídem*, pág. 412.
[233] Aurora Moreno de Rivas, *supra* nota 78, pág. 477.

II.- CLASIFICACIÓN

Los ilícitos tributarios son clasificados por el artículo 81 del Código Orgánico Tributario, en tres categorías:

1. *Formales.*
2. *Materiales.*
3. *Penales.*

Asimismo, dispone que *"[l]as leyes especiales tributarias podrán establecer ilícitos y sanciones adicionales a los establecidos en este Código".*

Los ilícitos formales se derivan del incumplimiento de los deberes formales establecidos en el artículo 155 del propio Código Orgánico Tributario; ante el incumplimiento de un deber formal se produce un ilícito formal. Los materiales se vinculan con la falta de pago de una obligación tributaria. En ambos casos los ilícitos son penados con sanciones impuestas por la propia Administración tributaria. En contraposición, a los ilícitos penales corresponde penas restrictivas de libertad impuestas por los tribunales competentes. En este sentido, el artículo 89 del Código Orgánico Tributario dispone: *"Las sanciones, salvo las penas restrictivas de libertad, serán aplicadas por la Administración Tributaria, sin perjuicio de los recursos que contra ellas puedan ejercer los contribuyentes o responsables. Las penas restrictivas de libertad y la inhabilitación para el ejercicio de oficios y profesiones sólo podrán ser aplicadas por los órganos judiciales competentes, de acuerdo al procedimiento establecido en la ley procesal penal"*[234].

III. - CONCURRENCIA DE ILÍCITOS

El artículo 82 del Código Orgánico Tributario establece unas reglas de concurrencia, en los siguientes términos: *"Cuando concurran dos o más ilícitos tributarios sancionados con penas pecuniarias, se aplicará la sanción más grave, aumentada con la mitad de las otras sanciones. De igual manera se procederá cuando haya concurrencia de un ilícito tributario sancionado con pena restrictiva de libertad y de otro delito no tipificado en este Código. Si las sanciones son iguales, se aplicará cualquiera de ellas, aumentada con la mitad de las restantes. Cuando concurran dos o más ilícitos tributarios sancionados con pena pecuniaria, pena restrictiva de libertad, clausura de establecimiento, o cualquier otra sanción que*

---

[234] El artículo 88 del Código Orgánico Tributario dispone: *"Los autores, coautores y partícipes responden solidariamente por las costas procesales".*

por su heterogeneidad no sea acumulable, se aplicarán conjuntamente". Asimismo, el parágrafo único del precepto dispone:*"La concurrencia prevista en este artículo se aplicará aún cuando se trate de tributos distintos o de diferentes períodos, siempre que las sanciones se impongan en un mismo procedimiento"*.

IV.- EXTINCIÓN DE LAS ACCIONES POR ILÍCITOS TRIBUTARIOS

Las causales que extinguen la acción por ilícitos tributarios se encuentran establecidas en el artículo 83 del Código Orgánico Tributario, en los siguientes términos:

> *"1. La muerte del autor principal extingue la acción punitiva, pero no extingue la acción contra coautores y partícipes. No obstante, subsistirá la responsabilidad por las multas aplicadas que hubieren quedado firmes en vida del causante.*
>
> *2. La amnistía;*
>
> *3. La prescripción y*
>
> *4. Las demás causas de extinción de la acción tributaria conforme a este Código".*

Una vez que se consuma algunas de las causales antes señaladas "el Estado ya no puede perseguir al sujeto activo del ilícito para la imposición de la pena", tal como señala WEFFE[235].

V.- CARÁCTER PERSONAL DE LA RESPONSABILIDAD

De acuerdo con el artículo 44, numeral 3 de la Constitución: *"La pena no puede trascender de la persona condenada"* y en materia tributaria, se manifiesta en el artículo 84 del Código Orgánico Tributario conforme el cual:*"La responsabilidad por ilícitos tributarios es personal, salvo las excepciones contempladas en este Código"*, conforme ha señalado la doctrina.

El artículo 87 del Código establece: *"Las personas jurídicas, asociaciones de hecho y cualquier otro ente a los que las normas le atribuyan condición de sujeto pasivo, responden por los ilícitos tributarios. Por la comisión de los ilícitos sancionados con penas restrictivas de la libertad, serán responsables sus directores, gerentes, administradores, representantes o síndicos que hayan personalmente participado en la ejecución del ilícito"*. Efectivamente, a las personas jurídicas –señala WEFFE– se les ha

---

[235] Carlos E. Weffe H., *supra* nota 231, pág. 66.

reconocido "una voluntad societaria susceptible de delinquir, por lo que se entiende que las personas morales son susceptibles de la aplicación de penas por la comisión de ilícitos de cualquier índole, inclusive tributarios"; el precepto, señalaba PARRA ROJAS[236] "traslada la imputabilidad y la responsabilidad de la persona jurídica a sus representantes, siempre y cuando ellos hayan cometido el hecho u omisión infraccional, por aplicación al principio de la responsabilidad subjetiva; es decir, que a ellos puede imputársele el delito tributario únicamente sobre la base de una autoría personal y directa". Y conforme el artículo 86 *eiusdem,"[c]uando un mandatario, representante, administrador, síndico, encargado o dependiente incurriere en ilícito tributario, en el ejercicio de sus funciones, los representados serán responsables por las sanciones pecuniarias, sin perjuicio de su acción de reembolso contra aquéllos".*

El artículo 83 numeral 1° *eiusdem* establece otra excepción y es que, a pesar de la muerte del autor principal, *"subsistirá la responsabilidad por las multas aplicadas que hubieren quedado firmes en vida del causante".*

VI.- EXIMENTES DE RESPONSABILIDAD

El artículo 85 del Código Orgánico Tributario establece en qué casos se producen las eximentes de responsabilidad por ilícitos tributarios. Al respecto señala las siguientes:

1. *La minoría de edad.*
2. *La incapacidad mental debidamente comprobada.*
3. *El caso fortuito y la fuerza mayor.*
4. *El error de hecho y de derecho excusable.*

Sobre la minoría de edad y la incapacidad mental debidamente comprobada ILSE VAN DER VELDE y ALEJANDRO RAMÍREZ nos recordaban que en nuestra materia tributaria, "el menor o el incapacitado pueden ser sujetos pasivos de un tributo determinado, de tal manera que, aún pudiendo quedar sometido al cumplimiento de la obligación tributaria principal por medio de su representante legal o judicial, según el caso, y pagar los intereses que causaren; no podrán, sin embargo, ser sancionados". Sobre el caso fortuito y la fuerza mayor, señalaban los autores que se trata de eximentes tomadas del

---

[236] Rose Mary Parra Rojas, *supra* nota 227, pág. 38. Comentario al artículo 90 del Código Orgánico Tributario de 2001 que señalaba: *"Las personas jurídicas responden por los ilícitos tributarios. Por la comisión de los ilícitos sancionados con penas restrictivas de libertad, serán responsables sus directores, gerentes, administradores, representantes o síndicos que hayan personalmente participado en la ejecución del ilícito".*

Derecho Penal Común, "siendo el caso fortuito aquel suceso que no ha podido preverse o bien que, aun previsto resulta inevitable su acontecer. No depende pues de la voluntad del autor de la infracción, y por ende este no debe quedar sometido a la consecuencia sancionadora que prevé la ley. Al igual que sucede en los casos de fuerza mayor, que se da cuando ocurre un hecho cuya realización no puede ser superada por el sujeto"[237].

El precepto citado se refiere, asimismo, al error de hecho y de derecho siempre que sea excusable; de allí que debemos contraponerlo al error inexcusable. Al respecto ILSE VAN DER VELDE y ALEJANDRO RAMÍREZ acotaban que "no basta el error en la aplicación de la norma que se da cuando existe una evidente confusión o fallas de interpretación por parte del infractor; sino que ambos casos, tanto el error de hecho como el de derecho deben ser excusables para poder configurar esta eximente de responsabilidad penal tributaria. Y ello es así por cuanto sólo en estos casos, es decir, cuando se puede evidenciar que son errores excusables, se pueden considerar excluidas tanto la falsedad como el engaño en la comisión de la infracción, elementos aquellos que son la base del dolo o de su presunción"[238].

VII.- SANCIONES APLICABLES

Las sanciones aplicables en materia de ilícitos tributarios se encuentran previstas en el artículo 90 del Código Orgánico Tributario, y son las siguientes:

"1. Prisión.

2. Multa.

3. Comiso y destrucción de los efectos materiales objeto del ilícito o utilizados para cometerlo.

4. Clausura temporal del establecimiento o áreas del mismo.

5. Inhabilitación para el ejercicio de oficios y profesiones.

6. Suspensión o revocación de la autorización de industrias o expendios".

La prisión conlleva la privación de libertad según los términos establecidos en la propia normativa tributaria y el principio de legalidad de la pena. La misma se reserva para los ilícitos tributarios penales tipificados a partir del artículo 118 y siguientes del Código

---

[237] Ilse van der Velde Hedderich y Alejandro Ramírez van der Velde, *Capítulo VI. Infracciones y sanciones en el ordenamiento jurídico venezolano* en *In memoriam Ilse Van der Velde Hedderich 75*, 67-94(Asociación Venezolana de Derecho Tributario, Caracas, 2001).

[238] *Ídem*, pág. 76.

Orgánico Tributario. Según comenta ARTEAGA SÁNCHEZ y conforme el Código Penal, "la pena de prisión se debe cumplir en las cárceles nacionales aunque, en defecto de éstas, puede ordenarse su cumplimiento en las penitenciarías destinadas a las penas de presidio"[239].

Señala CABANELLAS que la *multa* es la "[p]ena pecuniaria que se impone por una falta delictiva, administrativa o de policía o por incumplimiento contractual"[240]; en nuestro tema, la pena pecuniaria se impone por la violación de las normas tributarias. Señala PARRA ROJAS que la multa "tiene como fin castigar al infractor por sus bienes, y por lo tanto ese patrimonio beneficiado debe ser el que sufra la pena"[241]. El artículo 93 del Código Orgánico Tributario dispone que "[l]*as sanciones pecuniarias no son convertibles en penas restrictivas de la libertad*".

En el *Glosario Aduanero y Tributario del Servicio Nacional Integrado de Administración Aduanera y Tributaria* (SENIAT) se señala que el *comiso*, es la "pérdida definitiva de la propiedad de las mercancías con la exigencia del pago de los impuestos, tasas y demás contribuciones causados, cuando la mercancía incumpla a la fecha de su llegada con el régimen aduanero vigente, o se trate de bienes sometidos a prohibición, reserva o cualquier otro requisito legal exigible"[242]. Vinculado con este tipo de sanción, el artículo 97 *eiusdem* dispone: "*Cuando no fuere posible el comiso por no poder aprehenderse las mercancías u objetos, la sanción será reemplazada por multa igual al valor de éstos. Cuando a juicio de la Administración Tributaria exista una diferencia apreciable de valor entre las mercancías en infracción y los efectos utilizados para cometerla, se sustituirá el comiso de éstos por una multa adicional de dos a cinco veces el valor de las mercancías en infracción, siempre que los responsables no sean reincidentes en el mismo tipo de ilícito*".

Los artículos 91 y 92 del Código Orgánico Tributario disponen la actualización de sanciones pecuniarias (multas). Por un lado, el artículo 91: "*Cuando las multas establecidas en este Código estén expresadas en unidades tributarias (U.T.), se utilizará el valor de la unidad tributaria que estuviere vigente para el momento del pago*". Por su parte el artículo 92 establece: "*Las multas*

---

[239] Alberto Arteaga Sánchez, *Derecho Penal Venezolano* 576 (Liber, Caracas, 11ª ed., 2009). Asimismo señala: "Con relación al trabajo, el Código Penal señala que el condenado a prisión no estará obligado a otros trabajos sino a los de artes y oficios que se puedan cumplir dentro del establecimiento, con la facultad de elegir los que más se conformen con sus aptitudes o anteriores ocupaciones (Art. 15 del Código Penal Venezolano)".

[240] 5 Guillermo Cabanellas de Torres, L-O *Diccionario enciclopédico de derecho usual* 457 (Heliasta, Madrid, 30ª ed., 2008).

[241] Rose Mary Parra Rojas, *supra* nota 227, pág. 30. La autora se refiere también a la impersonalidad de la multa en la medida que el patrimonio beneficiado debe ser el que sufra la pena.

[242] Servicio Nacional Integrado de Administración Aduanera y Tributaria (SENIAT), *supra* nota 62, voces COD.

establecidas en este Código, expresadas en términos porcentuales, se convertirán al equivalente de unidades tributarias (U.T.) que correspondan al momento de la comisión del ilícito y se cancelarán utilizando el valor de la misma que estuviere vigente para el momento del pago".

En función a fundados argumentos, la doctrina tributaria [243] ha cuestionado la constitucionalidad de estas disposiciones presentes en el antiguo Código Orgánico Tributario y que se mantienen intactas luego de la reforma de 2014. No obstante, el Tribunal Supremo de Justicia ha ratificado dichas disposiciones en reiteradas sentencias basados en "motivos de eficiencia recaudatoria a favor de la Administración Tributaria y de cuidado al mantenimiento de las finanzas del Estado"[244]. Nosotros consideramos acertadas las críticas formuladas por los autores citados.

La *clausura temporal de establecimiento* es la sanción tributaria que consiste en la orden administrativa de cesación temporal de actividades en un lugar bajo responsabilidad del sujeto pasivo. Como su adjetivo indica, la misma no puede tener carácter definitivo. Es de advertir que este tipo de medida no debe ser confundida con la suspensión o revocación de licencias para el ejercicio de determinadas actividades económicas y las cuales imposibilitan que una citada actividad se desarrolle debido a que la habilitación administrativa ha cesado.

En término generales, el artículo 98 del Código Orgánico Tributario dispone que *"Cuando las sanciones estén relacionadas con el valor de mercancías u objetos, se tomará en cuenta el valor corriente de mercado al momento en que se cometió el ilícito, y en caso de no ser posible su determinación, se tomará en cuenta la fecha en que la Administración Tributaria tuvo conocimiento del ilícito".*

La *inhabilitación*, señala CABANELLAS, es la "[a]cción o efecto de inhabilitar (v.) o incapacitar. | Declaración de que alguien no puede, por causas naturales, morales o de otra especie, desempeñar un cargo, realizar un acto o proceder en alguna esfera de la vida jurídica. | Pena aflictiva que imposibilita para el desempeño de determinados cargos o para el ejercicio de ciertos derechos"[245].

Según CABANELLAS, la *revocación*, entre otros significados, es la "[d]ejación sin efecto de una medida, decisión o acuerdo. | Anulación. | Sustitución de una orden o fallo por una autoridad superior. | Acto con el cual el otorgante dispone en contra del anterior. | Retractación eficaz". Mientras que la *suspensión*, entre otros significados es la

---

[243] Aurora Moreno de Rivas, *supra* nota 78, pág. 491 y ss.; Gilberto Atencio Valladares, *supra* nota 84, págs. 82 y ss.; Humberto Romero-Muci, *supra* nota 111, págs. 89 y ss. Weffe se refiere a una pretendida "actualización monetaria de las multas, auténticas penas, a través de la aplicación retroactiva contra reo de una clausula de valor"; Carlos E. Weffe H., *supra* nota 231 pág. 410.

[244] Gilberto Atencio Valladares, *supra* nota 84, cit., pág. 84.

[245] 4 Guillermo Cabanellas de Torres, F-K *Diccionario enciclopédico de derecho usual* 459 (Heliasta, Madrid, 30ª ed., 2008).

"[d]etención de un acto"[246]. Como sanción tributaria se revela como la afectación temporal o definitiva a la autorización otorgada para el funcionamiento de una industria o expendio. Esta sanción no debe confundirse con la clausura temporal de establecimiento.

VIII.- CÁLCULO PARA LA IMPOSICIÓN DE SANCIONES

El cálculo para la imposición de sanciones se realiza conforme lo dispone el artículo 94 del Código, el cual dispone:*"Cuando la sanción esté comprendida entre dos límites, se entiende que la normalmente aplicable es el término medio que se obtiene sumando los dos números y tomando la mitad. Se reducirá hasta el límite inferior o se aumentará hasta el superior, según el mérito de las respectivas circunstancias atenuantes o agravantes que concurran en el caso concreto"*.

El Tribunal Supremo de Justicia en Sala Políticoadministrativa, en referencia a similar precepto del Código de 1992, señalaba: "En la norma transcrita, se regula la forma en que deben ser impuestas las penas tras la comisión de un delito o falta (…). De dicha regulación, se evidencia que la autoridad contralora al momento de calcular la sanción correspondiente, debe hacerlo partiendo del promedio obtenido a través de la sumatoria de los límites máximo y mínimo de la multa. Luego, ese término medio se reduce o se aumenta, dependiendo del acaecimiento de circunstancias atenuantes o agravantes, de la responsabilidad penal del sujeto pasivo de la obligación tributaria que concurran en el caso concreto"[247].

Las circunstancias atenuantes en el vigente Código Orgánico Tributario se encuentran establecidas en el artículo 95, en los siguientes términos: *"Son circunstancias atenuantes:*

1. El grado de instrucción del infractor.

2. La conducta que el autor asuma en el esclarecimiento de los hechos.

3. La presentación de la declaración y pago de la deuda para regularizar el crédito tributario.

4. El cumplimiento de los requisitos omitidos que puedan dar lugar a la imposición de la sanción.

5. Las demás circunstancias atenuantes que resulten de los procedimientos administrativos o judiciales previstas por la ley".

---

[246] 7 Guillermo Cabanellas de Torres, R-S *Diccionario enciclopédico de derecho usual* 249 y 647 (Heliasta, Madrid, 30ª ed., 2008).
[247] Sala Políticoadministrativa del Tribunal Supremo de Justicia, Sentencia N° 01649 del 18 de noviembre de 2009, caso: Constructora Seana, C. A. vs Contraloría General de la República, 43 *Colección Doctrina Judicial del Tribunal Supremo de Justicia, Doctrina Contenciosa Administrativa y Tributaria. Enero-Diciembre 2009* 122 (Caracas, 2010).

Por otro lado, las circunstancias agravantes se encuentran señaladas en el artículo 96 del Código, de la siguiente manera:

"Son circunstancias agravantes:

1. La reincidencia.

2. La cuantía del perjuicio fiscal.

3. La obstrucción del ejercicio de las facultades de fiscalización de la Administración Tributaria.

Habrá reincidencia cuando el sujeto pasivo, después de una sentencia o resolución firme sancionadora, cometiere uno o varios ilícitos tributarios durante los seis (6) años contados a partir de aquellos".

IX.- ILÍCITOS FORMALES

Los ilícitos tributarios formales, conforme el artículo 99 del Código Orgánico Tributario, se originan por el incumplimiento de deberes formales relacionados con:

"1. Inscribirse en los registros exigidos por las normas tributarias respectivas.

2. Emitir, entregar o exigir comprobantes.

3. Llevar libros o registros contables o especiales.

4. Presentar declaraciones y comunicaciones.

5. Permitir el control de la Administración Tributaria.

6. Informar y comparecer ante la Administración Tributaria.

7. Acatar las órdenes de la Administración Tributaria, dictadas en uso de sus facultades.

8. Obtener la respectiva autorización de la Administración Tributaria para ejercer la industria, el comercio y la importación de especies gravadas, cuando así lo establezcan las normas que regulen la materia.

9. Cualquier otro deber contenido en las normas de carácter tributario".

Cada uno de los numerales contenidos en el artículo 99 contiene una serie de subespecies contenidos a partir del artículo 100 del Código Orgánico Tributario.

Se debe advertir que las sanciones relativas a los ilícitos formales cometidos por sujetos calificados como *especiales* por la Administración Tributaria serán aumentadas en un doscientos por ciento (200%) conforme el apartado único del artículo 108 del Código Orgánico Tributario. Este elemento se debe adicionar a cada una de las sanciones señaladas a continuación:

El artículo 100 establece los *"ilícitos tributarios formales relacionados con el deber de inscribirse ante la Administración Tributaria"*. Observe el contenido del artículo citado y rellene el cuadro que se presenta a continuación (se autoriza y recomienda la reproducción del mismo a los efectos de la conservación del Manual):

Cuadro 1
Artículo 100. Ilícitos tributarios formales relacionados con el deber de inscribirse ante la Administración Tributaria.

Numeral	Ilícito formal	Sanción
1	No inscribirse en los registros de la Administración Tributaria.	Clausura de ___ días continuos de la oficina, local o establecimiento, en caso de poseerlo, y multa de _____ U.T.
2	Inscribirse en los registros de la Administración Tributaria fuera del plazo establecido.	Clausura de ___ días continuos de la oficina, local o establecimiento, en caso de poseerlo, y multa de _____ U.T.
3	Proporcionar o comunicar la información relativa a los antecedentes o datos para la inscripción o actualización en los registros, en forma parcial, insuficiente o errónea.	Clausura de ___ días continuos de la oficina, local o establecimiento, en caso de poseerlo, y multa de _____ U.T.
4	No proporcionar o comunicar a la Administración Tributaria, dentro de los plazos establecidos, las informaciones relativas a los datos para la actualización de los registros.	Clausura de ___ días continuos de la oficina, local o establecimiento, en caso de poseerlo, y con multa de _____ U.T.

Nota: el precepto advierte que la sanción de clausura *"se aplicará en todos los establecimientos o sucursales que posea el sujeto pasivo"*.

El artículo 101 del Código Orgánico Tributario establece los *"ilícitos tributarios formales relacionados con el deber de emitir, entregar o exigir facturas u otros documentos"*. Observe el contenido del artículo citado y rellene el cuadro que se presenta a continuación (se autoriza y recomienda la reproducción del mismo a los efectos de la conservación del Manual):

Cuadro 2

Artículo 101. Ilícitos tributarios formales relacionados con el deber de emitir, entregar o exigir facturas u otros documentos.

Numeral	Ilícito formal	Sanción
1	No emitir facturas u otros documentos obligatorios o emitirlos en un medio no autorizado por las normas tributarias.	Clausura de _____ días continuos de la oficina, local o establecimiento en que se hubiera cometido el ilícito y multa de _____ U.T.*
2	Emitir facturas u otros documentos cuyos datos no coincidan con el correspondiente a la operación real o sean ilegibles.	Clausura de _____ días continuos de la oficina, local o establecimiento en que se hubiera cometido el ilícito y multa de _____ U.T.
3	No conservar las copias de las facturas u otros documentos obligatorios, por el lapso establecido en las normas tributarias.	Clausura de _____ días continuos de la oficina, local o establecimiento en que se hubiera cometido el ilícito y multa de _____ U.T.
4	Alterar las características de las máquinas fiscales.	Clausura de _____ días continuos de la oficina, local o establecimiento en que se hubiera cometido el ilícito y multa de _____ U.T.*
5	Emitir facturas u otros documentos obligatorios con prescindencia total o parcial de los requisitos exigidos por las normas tributarias.	Clausura de _____ días de la oficina, local o establecimiento en que se hubiera cometido el ilícito y multa de _____ U.T.*
6	Utilizar simultáneamente más de un medio de emisión de facturas y otros documentos, salvo los casos establecidos en las normas tributarias.	Clausura de _____ días de la oficina, local o establecimiento en que se hubiera cometido el ilícito y multa de _____ U.T.*

7	Utilizar un medio de facturación distinto al indicado como obligatorio por las normas tributarias.	Clausura de _____ días de la oficina, local o establecimiento en que se hubiera cometido el ilícito y multa de _____ U.T.*
8	No entregar las facturas u otros documentos cuya entrega sea obligatoria.	Clausura de _____ días de la oficina, local o establecimiento en que se hubiera cometido el ilícito y multa de _____ U.T.
9	No exigir a los vendedores o prestadores de servicios las facturas u otros documentos de las operaciones realizadas, cuando exista la obligación de emitirlos.	Multa de _____U.T.
10	Aceptar facturas u otros documentos cuyo monto no coincida con el correspondiente a la operación real.	Multa de _____U.T.
11	Emitir cualquier otro tipo de documento distinto a facturas, que sean utilizados para informar el monto parcial o total de las operaciones efectuadas, tales como: Estados de cuenta, reportes gerenciales, notas de consumo, estados demostrativos y sus similares, aún cuando el medio de emisión lo permita.	Clausura de _____ días de la oficina, local o establecimiento en que se hubiera cometido el ilícito y multa de _____ U.T.

Nota: *El precepto señala además: "*La sanción de clausura prevista para las ilícitos establecidos en los numerales 1, 4, 5, 6 y 7, se extenderá hasta tanto el sujeto pasivo cumpla con los respectivos deberes formales y notifique a la Administración Tributaria la regularización de la situación que dio origen al ilícito.*
Corregida la situación que motivó la aplicación de la sanción la Administración Tributaria procederá en forma inmediata a levantar la medida de clausura.
La sanción de clausura prevista en este artículo se aplicará sólo en el lugar de la comisión del ilícito, aún en los casos en que el sujeto pasivo tenga varios establecimientos o sucursales".

A continuación, el artículo 102 del Código Orgánico Tributario establece los "*ilícitos tributarios formales relacionados con el deber de llevar libros y registros contables y todos los demás libros y registros especiales*". Observe el contenido del artículo citado y rellene el cuadro que se presenta a continuación (se autoriza y recomienda la reproducción del mismo a los efectos de la conservación del Manual):

Cuadro 3

Artículo 102. Ilícitos tributarios formales relacionados con el deber de llevar libros y registros contables y todos los demás libros y registros especiales.

Numeral	Ilícito formal	Sanción
1	No llevar los libros y registros exigidos por las normas respectivas.	Clausura de la oficina, local o establecimiento por un lapso de _____ días continuos y multa de _____U.T.*
2	No mantener los libros y registros en el domicilio tributario cuando ello fuere obligatorio o no exhibirlos cuando la Administración Tributaria los solicite.	Clausura de la oficina, local o establecimiento por un lapso de _____ días continuos y multa de _____U.T.*
3	Destruir, alterar o no conservar las memorias de las máquinas fiscales contentivas del registro de las operaciones efectuadas.	Clausura de la oficina, local o establecimiento por un lapso de _____ días continuos y multa de _____U.T.*
4	No mantener los medios que contengan los libros y registros de las operaciones efectuadas, en condiciones de operación o accesibilidad.	Clausura de la oficina, local o establecimiento por un lapso de _____ días continuos y multa de _____U.T.*
5	Llevar los libros y registros con atraso superior a un mes.	Clausura de la oficina, local o establecimiento por un lapso de _____ días continuos y multa de _____U.T.*
6	No conservar durante el plazo establecido por la normativa aplicable, los libros y registros, así como los sistemas, programas o soportes que contengan la contabilidad u operaciones efectuadas.	Clausura de la oficina, local o establecimiento por un lapso de _____ días continuos y multa de _____U.T.*
7	Llevar los libros y registros sin cumplir con las formalidades establecidas por las normas correspondientes.	Clausura de la oficina, local o establecimiento por un lapso de _____ días continuos y multa de _____U.T.*
8	No llevar en castellano o en moneda nacional los libros de contabilidad y otros registros contables, excepto para los contribuyentes autorizados por la Administración Tributaria a llevar contabilidad en moneda extranjera.	Clausura de la oficina, local o establecimiento por un lapso de _____ días continuos y multa de _____U.T.*

Nota: *El precepto señala además: *"La sanción de clausura prevista en este artículo, se aplicará en todos los establecimientos o sucursales que posea el sujeto pasivo.*

La sanción de clausura prevista para los ilícitos establecidos en este artículo, se extenderá hasta tanto el sujeto pasivo cumpla con los respectivos deberes formales y notifique a la Administración Tributaria la regularización de la situación que dio origen al ilícito.

Corregida la situación que motivó la aplicación de la sanción la Administración Tributaria procederá en forma inmediata a levantar la medida de clausura".

Seguidamente, el artículo 103 del Código Orgánico Tributario establece los *"ilícitos tributarios formales relacionados con el deber de presentar declaraciones y comunicaciones"*. Observe el contenido del artículo citado y rellene el cuadro que se presenta a continuación (se autoriza y recomienda la reproducción del mismo a los efectos de la conservación del Manual):

Cuadro 4
Artículo 103. Ilícitos tributarios formales relacionados con el deber de presentar declaraciones y comunicaciones.

Numeral	Ilícito formal	Sanción
1	No presentar las declaraciones o presentarlas con un atraso superior a un (1) año.	Clausura de la oficina, local o establecimiento, en caso de poseerlo, por un lapso de _____ días continuos y multa de _____U.T.*
2	No presentar las comunicaciones que establezcan las leyes, reglamentos u otros actos administrativos de carácter general.	Multa de _____ U.T.
3	Presentar las declaraciones en forma incompleta o con un retraso inferior o igual a un (1) año.	Multa de _____ U.T.
4	Presentar otras comunicaciones en forma incompleta o fuera de lapso.	Multa de _____ U.T.
5	Presentar más de una declaración sustitutiva, o la primera declaración sustitutiva con posterioridad al plazo establecido en la norma respectiva.	Multa de _____ U.T.
6	Presentar las declaraciones en formularios, medios, formatos o lugares, no autorizados por la Administración Tributaria.	Multa de _____ U.T.
7	No presentar o presentar con retardo la declaración informativa de las inversiones en jurisdicciones de baja imposición fiscal.	Clausura de la oficina, local o establecimiento, en caso de poseerlo, por un lapso de _____ días continuos y multa de _____U.T. Quien la presente con retardo será sancionado únicamente con multa de _____ U.T.*

Nota: *El precepto señala además: *"La sanción de clausura prevista en este artículo, se aplicará en todos los establecimientos o sucursales que posea el sujeto pasivo"*.

El artículo 104 del Código Orgánico Tributario se refiere a los *"ilícitos tributarios formales relacionados con el cumplimiento del deber de permitir el control de la Administración Tributaria"*. Observe el contenido del artículo citado y rellene los cuadros que se presentan a continuación (se autoriza y recomienda la reproducción de los mismos a los efectos de la conservación del Manual):

Cuadro 5
Artículo 104. Numerales 1°, 2° y 3°. Ilícitos tributarios formales relacionados con el cumplimiento del deber de permitir el control de la Administración Tributaria.

Numeral	Ilícito formal	Sanción
1	Producir, circular o comercializar productos o mercancías sin los elementos de control exigidos por las normas tributarias o éstos sean falsos o alterados.	Clausura de la oficina, local o establecimiento, en caso de poseerlo, por el lapso de _____ días continuos y multa de _____ U.T., así como el _____ de mercancías. Si la actividad está sometida a la autorización de la Administración Tributaria, se suspenderá su ejercicio por un lapso de _____ días. La reincidencia acarreará la _____ de la autorización.
2	Circular o comercializar productos o mercancías sin las facturas u otros documentos que acrediten su propiedad.	
3	No exhibir, ocultar o destruir certificados, carteles, señales y demás medios utilizados, exigidos o distribuidos por la Administración Tributaria.	Multa de _____ U.T.

Los numerales 4°, 5°, 6° y 7° del artículo 104 del Código Orgánico Tributario establecen una serie de ilícitos tributarios formales en los que las autorizaciones tienen una gran importancia. En similares términos debe leerse el precepto y completar el siguiente cuadro:

Cuadro 6
Artículo 104. Numerales 4°, 5°, 6° y 7°. Ilícitos tributarios formales relacionados con el cumplimiento del deber de permitir el control de la Administración Tributaria.

Numeral	Ilícito formal	Sanción
4	Elaborar facturas u otros documentos sin la autorización otorgada por la Administración Tributaria, cuando lo exijan las normas respectivas.	Clausura de _____ días continuos de la oficina, local o establecimiento, en caso de poseerlo y multa de _____ U.T. La Administración Tributaria no otorgará autorizaciones para el ejercicio de las actividades a los sujetos que hayan incurridoen la comisión de los referidos ilícitos.
5	Comercializar máquinas fiscales o sus partes esenciales que garanticen el control fiscal, sin la autorización otorgada por la Administración Tributaria.	
6	Incumplir los deberes previstos en las normas respectivas, relacionados con la autorización otorgada para la elaboración de facturas u otros documentos.	Clausura de _____ días continuos de la oficina, local o establecimiento, en caso de poseerlo y multa de _____U.T. Adicionalmente, será _____ la autorización otorgada en los casos determinados por las normas tributarias.
7	Incumplir los deberes previstos en las normas respectivas, relacionados con la autorización otorgada para la fabricación de máquinas fiscales, así como los relativos a los servicios de distribución y mantenimiento de máquinas fiscales.	

Los numerales 8 al 14 prosiguen con los *"ilícitos tributarios formales relacionados con el cumplimiento del deber de permitir el control de la Administración Tributaria"*. El método a utilizar es el mismo que en los cuadros anteriores:

Cuadro 7
Artículo 104, numerales 8°, 9°, 10°, 11°, 12°, 13° y 14°. Ilícitos tributarios formales relacionados con el cumplimiento del deber de permitir el control de la Administración Tributaria.

Numeral	Ilícito formal	Sanción
8	Impedir u obstruir, por sí mismo o por interpuestas personas, el ejercicio de las facultades otorgadas a la Administración Tributaria.	Clausura de la oficina, local o establecimiento de _____ días continuos, en caso de poseerlo, y multa de _____U.T.
9	No entregar el comprobante de retención.	Multa de _____ U.T.
10	Expender especies fiscales, aunque sean de lícita circulación, sin autorización por parte de la Administración Tributaria.	Multa de _____ U.T. y el _____ de sus bienes.*
11	Ocultar, acaparar o negar injustificadamente las planillas, formatos, formularios o especies fiscales.	
12	No mantener o conservar la documentación e información que soporta el cálculo de los precios de transferencia.	Clausura de la oficina, local o establecimiento de _____ días continuos, en caso de poseerlo, y multa de _____U.T.
13	No mantener en condiciones de operación los soportes magnéticos utilizados en las aplicaciones que incluyen datos vinculados con la tributación.	Clausura de la oficina, local o establecimiento de _____ días continuos, en caso de poseerlo, y multa de _____U.T.
14	No facilitar los equipos técnicos necesarios para la revisión de orden tributario de la documentación micro grabada que realice el contribuyente.	

Nota: se debe señalar respecto al numeral 11° *eiusdem* que en la Gaceta Oficial se hace una indicación errada del mismo pues aparece numeral 1. Se trata de un error material que sin duda vicia las sanciones impuestas en virtud de esta disposición.

El artículo 105 del Código Orgánico Tributario establece los *"ilícitos tributarios formales relacionados con el deber de informar y comparecer ante la Administración Tributaria"*. A continuación, se presente el siguiente cuadro a ser llenado con las sanciones establecidas en el citado artículo.

Cuadro 8
Artículo 105. Ilícitos tributarios formales relacionados con el deber de informar y comparecer ante la Administración Tributaria.

Numeral	Ilícito formal	Sanción
1	No proporcionar información que sea requerida por la Administración Tributaria sobre sus actividades o las de terceros con los que guarde relación, dentro de los plazos establecidos.	Multa de _____ U.T.
2	No notificar a la Administración Tributaria las compensaciones y cesiones en los términos establecidos en este Código.	Multa de _____ U.T.
3	Proporcionar a la Administración Tributaria información falsa o errónea.	Multa de _____ U.T.
4	No comparecer ante la Administración Tributaria cuando ésta lo solicite, salvo que exista causa justificada.	Multa de _____ U.T.
5	Revelar información de carácter reservado o hacer uso indebido de la misma.	Multa de _____ U.T.

El Código Orgánico Tributario en su artículo 106 establece los *"ilícitos tributarios relacionados con el desacato de órdenes de la Administración Tributaria"*. Observe el contenido del artículo citado y rellene el cuadro que se presenta a continuación (se autoriza y recomienda la reproducción del mismo a los efectos de la conservación del Manual):

Cuadro 9
Artículo 106. Ilícitos tributarios relacionados con el desacato de órdenes de la Administración Tributaria.

Numeral	Ilícito formal	Sanción
1	La reapertura de un local, oficina o establecimiento, o de la sección que corresponda, con violación de la clausura impuesta por la Administración Tributaria, no suspendida o revocada por orden administrativa o judicial.	Multa de _____ U.T. y cierre del establecimiento por el doble del lapso inicialmente impuesto, sin perjuicio del cumplimiento de la sanción de cierre originalmente aplicada.
2	La destrucción o alteración de los sellos, precintos o cerraduras puestos por la Administración Tributaria o la realización de cualquier otra operación destinada a desvirtuar la colocación de sellos, precintos o cerraduras, no suspendida o revocada por orden administrativa o judicial.	
3	La utilización, sustracción, ocultación o enajenación de bienes o documentos que queden retenidos en poder del presunto infractor, en caso que se hayan adoptado medidas cautelares.	Multa de _____ U.T.

El artículo 107 del Código Orgánico Tributario establece los *"ilícitos tributarios formales relativos a actividades sometidas a autorización"*. Observe el contenido del artículo citado y rellene el cuadro que se presenta a continuación (se autoriza y recomienda la reproducción del mismo a los efectos de la conservación del Manual):

Cuadro 10
Artículo 107. Ilícitos tributarios formales relativos a actividades sometidas a autorización.

Numeral	Ilícito formal	Sanción
1	Fabricar, importar, comercializar o expender bienes sin la debida autorización, cuando ello sea exigido por las normas tributarias respectivas.	Multa de _____ U.T. y _____* de las especies gravadas, aparatos, recipientes, vehículos, útiles, instrumentos de producción, materias primas y bienes relacionados con la industria clandestina. **
2	Circular, comercializar, distribuir o expender especies gravadas que no cumplan los requisitos legales.	El _____ de las especies.
3	Circular, comercializar, distribuir o expender especies gravadas que no cumplan los requisitos legales para su elaboración, producción y transporte, así como aquellas de procedencia ilegal o que estén adulteradas.	Multa de _____ U.T. y _____ * de las especies gravadas, aparatos, recipientes, vehículos, útiles, instrumentos de producción, materias primas y bienes relacionados con la industria clandestina.**
4	Efectuar modificaciones o transformaciones que alteren las características, índole o naturaleza de las industrias, establecimientos, negocios y expendios sin la debida autorización de la Administración Tributaria, en los casos exigidos por las normas respectivas.	Multa de _____U.T. y _____ de la actividad respectiva, hasta tanto se obtengan las renovaciones o autorizaciones necesarias. En caso de reincidencia, se revocará el respectivo registro y autorización para el ejercicio de la industria o el expendio.

Nota: * El precepto establece que *"[e]l comiso de las especies gravadas, aparatos, recipientes, materia prima, máquinas, útiles, instrumentos de producción y bienes relacionados con la industria clandestina, se impondrá aún cuando no haya podido determinarse el infractor"*.
** Esta sanción se establece sin perjuicio de aquellas correspondiente al delito de defraudación previsto en el artículo 119 del Código Orgánico Tributario.

Finalmente, en cuanto a los ilícitos tributarios formales el artículo 108 del Código Orgánico Tributario establece un cuestionable supuesto, de la siguiente manera:

Cuadro 11
Artículo 108. Incumplimiento de cualquier otro deber formal sin sanción específica

Ilícito formal	Sanción
Incumplimiento de cualquier otro deber formal sin sanción específica, establecido en las leyes y demás normas de carácter tributario.	Multa de _____ U.T.

Así se concluye con los ilícitos tributarios formales establecidos en el Código Orgánico Tributario.

X.- ILÍCITOS TRIBUTARIOS MATERIALES

Los ilícitos tributarios materiales previstos en el artículo 109 del Código Orgánico Tributario, son los siguientes:

"*1. El retraso u omisión en el pago de tributos o de sus porciones.*

2. El retraso u omisión en el pago de anticipos.

3. El incumplimiento de la obligación de retener o percibir.

4. La obtención de devoluciones indebidas.

5. Comercializar o expender en el territorio nacional especies gravadas destinadas a la exportación o importadas para el consumo en el régimen aduanero territorial que corresponda.

6. Comercializar especies gravadas a establecimientos o personas no autorizados para su expendio".

El *retraso* se produce, conforme el artículo 110 del Código Orgánico Tributario cuando "*se paga la deuda tributaria después de la fecha establecida al efecto, sin haber obtenido prórroga, y sin que medie una verificación, fiscalización o determinación por la Administración Tributaria respecto del tributo de que se trate*". Se entiende que en este caso es determinante la realización de uno de los procedimientos señalados: el Procedimiento de Verificación o un Procedimiento de Fiscalización y Determinación. Observe el contenido del artículo 110 del Código y rellene el cuadro que se presenta a continuación (se autoriza y recomienda la reproducción del mismo a los efectos de la conservación del Manual). Los ilícitos se establecen y sancionan según el tiempo de retraso:

Cuadro 12
Artículo 110. Pago con retraso.

Lapso	Sanción
Igual o menor a 1 año	Multa por cada día de retraso: _____% (con un máximo de _____%).
Más de 1 año	Multa por cada día de retraso: _____% (hasta un máximo de _____%). Adicionalmente un _____% del monto adeudado.
Más de 2 años	Multa por cada día de retraso: _____% (con un máximo de _____%). Adicionalmente un _____% del monto adeudado.

Si el pago se realiza en el transcurso de un "Procedimiento Fiscalización y Determinación" la sanción correspondiente es la del artículo 112 del Código. Estas sanciones "*no se impondrán cuando el sujeto pasivo haya obtenido prórroga*".

El artículo 111 del Código establece el ilícito vinculado con la omisión en el pago de tributos pero vinculado con el "*Procedimiento de recaudación en caso de omisión de declaraciones*" regulado en los artículos 179 al 181 *eiusdem*. Es de señalar que este procedimiento procede cuando el contribuyente o responsable no haya presentado declaración jurada de tributos y la Administración le requiera que la presente, y, si fuere procedente, "*pague el tributo resultante en el plazo máximo de quince (15) días hábiles contados a partir de su notificación*". El apartado primero del artículo 179 dispone: "*En caso de no cumplir lo requerido, la Administración Tributaria podrá mediante Resolución exigir al contribuyente o responsable como pago por concepto de tributos, sin perjuicio de las sanciones e intereses que correspondan, una cantidad igual a la autodeterminada en la última declaración jurada anual presentada que haya arrojado impuesto a pagar, siempre que el período del tributo omitido sea anual. Si el período no fuese anual, se considerará como tributo exigible la cantidad máxima de tributo autodeterminado en el período anterior en el que hubiere efectuado pagos de tributos*".

En conformidad, el artículo 111 del Código Orgánico Tributario dispone: "*Cuando la Administración Tributaria efectúe determinaciones conforme al procedimiento de recaudación en caso de omisión de declaraciones, previsto en este Código, impondrá multa del treinta por ciento (30%) sobre la cantidad del tributo o cantidad a cuenta del tributo determinado*".

Acudamos ahora al artículo 112 del Código Orgánico Tributario, que establece una sanción pecuniaria a quien "*cause una disminución ilegítima de los ingresos tributarios*". Según el encabezado del precepto, la misma puede ser causada por "*acción u omisión*", "*inclusive mediante el disfrute indebido de exenciones, exoneraciones u otros beneficios fiscales*". Al respecto, observe el contenido del artículo y complemente el siguiente cuadro (se autoriza y recomienda la reproducción del mismo a los efectos de la conservación del Manual):

Cuadro 13
Artículo 112. Disminución ilegítima de los ingresos tributarios

Ilícito material	Sanción
Disminución ilegítima de los ingresos tributarios	Multa de un _____% hasta el _____% del tributo omitido

Nota: este ilícito se establece sin perjuicio de la sanción prevista por el delito de *defraudación tributaria* previsto en el artículo 119 del mismo Código.

El Parágrafo Primero del precepto acota: *"Cuando la ley exija la estimación del valor de determinados bienes, y el avalúo administrativo no aumente el valor en más de una cuarta parte, no se impondrá sanción por este precepto. Las leyes especiales podrán eximir de sanción las diferencias de tributo provenientes de la estimación de otras características relativas a los bienes"*.

Por otro lado, el Parágrafo Segundo del artículo 112 del Código, prevé una multa especial para el caso previsto en el artículo 196 *eiusdem*, esto es, cuando haya sido aceptada el Acta de Reparo producto de la fiscalización prevista en el *Procedimiento de Fiscalización y Determinación* y asimismo, se haya pagado lo indicado en la referida acta. En este caso, la multa es de 30% del tributo omitido.

El artículo 113 del Código se refiere a la obtención de *"devoluciones o reintegros indebidos"*, para lo cual establece una sanción de hasta un 500% de las cantidades indebidamente obtenidas, sin perjuicio de la posible sanción por *defraudación tributaria*. Revise el artículo y complete el siguiente cuadro:

Cuadro 14
Artículo 113. Obtención de devoluciones o reintegros indebidos.

Ilícito material	Sanción
Obtención de devoluciones o reintegros indebidos	Multa del _____% al _____% de las cantidades indebidamente obtenidas

Seguidamente el artículo 114 del Código Orgánico Tributario dispone los ilícitos tributarios materiales relativos al incumplimiento del deber de anticipar a cuenta de la obligación principal, tanto por omisión como por retraso. De una lectura a dicho precepto complemente el siguiente cuadro (se autoriza y recomienda la reproducción del mismo a los efectos de la conservación del Manual):

Cuadro 15
Artículo 114. Ilícitos tributarios materiales relativos al incumplimiento del deber de anticipar a cuenta de la obligación principal.

Ilícito material	Sanción
Omisión de pagar un anticipo	Multa de _____% de los anticipos omitidos
Retraso en el pago de anticipos	Multa por cada día de retraso: _____% de los anticipos omitidos (hasta un máximo de _____%)

En el apartado único del precepto se dispone: "*Las sanciones por los ilícitos descritos en este artículo, procederán aún en los casos en que no nazca la obligación tributaria o que generándose la misma sea en una cantidad menor a la que correspondía anticipar, de conformidad con la normativa vigente*". Esto tiene su justificación en la autonomía de este tipo de prestaciones tributarias respecto a la obligación tributaria principal.

El artículo 115 del Código Orgánico Tributario establece los ilícitos relacionados con los "*incumplimientos de las obligaciones de retener, percibir o enterar los tributos*". Del contenido del precepto, complemente el siguiente cuadro (se autoriza y recomienda la reproducción del mismo a los efectos de la conservación del Manual):

Cuadro 16
Artículo 115. Ilícitos relacionados con los incumplimientos de las obligaciones de retener, percibir o enterar los tributos.

Numeral	Ilícito material	Sanción	
1°	No retener o no percibir	Multa de _____% del tributo no retenido o no percibido	
2°	Retener o percibir menos de lo que corresponde	Multa de _____% del tributo no retenido o no percibido	
3°	Por enterar las cantidades retenidas o percibidas en las oficinas receptoras de fondos nacionales fuera del plazo establecido en las normas respectivas	Multa de _____% de los tributos retenidos o percibidos por cada día de retraso en su enteramiento hasta un máx. de _____ días *	Si se trata de la República, Gobernaciones y Alcaldías, la multa será de _____ U.T. a _____U.T.
4°	No enterar las cantidades retenidas o percibidas en las oficinas receptoras de fondos nacionales	Multa de _____% de las referidas cantidades **	

Nota: * En el tercer de los ilícitos señalados el artículo 115 del Código dispone: "*Quien entere fuera de esta lapso o sea objeto de un procedimiento de verificación o fiscalización se le aplicará la sanción prevista en el numeral siguiente conjuntamente con la establecida en el artículo 121 de este Código*".
** Sin perjuicio de la aplicación de la pena restrictiva de libertad por *defraudacióntributaria*.
El precepto señala asimismo: "*Las máximas autoridades, los tesoreros, administradores y demás funcionarios con competencias para ordenar pagos de las entidades u órganos públicos, serán personal y solidariamente responsables entre sí, por el cabal cumplimiento de los deberes relativos a la retención, percepción y enteramiento de los tributos que correspondan. El incumplimiento de esas obligaciones será sancionado con multa equivalente a tres mil unidades tributarias (3.000 U.T.), sin menoscabo de las sanciones que correspondan al agente de retención o percepción*".

Para finalizar, el artículo 115 del Código Orgánico Tributario en su último apartado, establece: "*Las sanciones previstas en este artículo se aplicarán aún en los casos en que el responsable, en su calidad de agente de retención o percepción, se acoja al reparo en los términos previstos en el artículo 196 de este Código*". Como ya hemos señalado, el artículo 196 *eiusdem*, se refiere a la aceptación del acta de reparo en el *Procedimiento de Fiscalización y Determinación*.

Los artículos 116 y 117 del Código Orgánico Tributario se refieren al comercio y expendio ilegal de especies gravadas. Del contenido de los preceptos, complemente los siguientes cuadros (se autoriza y recomienda la reproducción del mismo a los efectos de la conservación del Manual):

Cuadro 17
Artículo 116 del Código Orgánico Tributario.

Ilícito material	Sanción
Comercializar o expender en el territorio nacional especies gravadas destinadas a la exportación o importadas para el consumo en el régimen aduanero territorial	Multa de _____ U.T. + comiso

Cuadro 18
Artículo 117 del Código Orgánico Tributario.

Ilícito material	Sanción
Comercio de especies gravadas a establecimientos o personas no autorizados para su expendio	Multa de _____ U.T.

Con ello finalizamos los ilícitos tributarios materiales previstos en el Código Orgánico Tributario.

XI.- ILÍCITOS TRIBUTARIOS PENALES

El artículo 118 del Código Orgánico Tributario establece los ilícitos tributarios penales, en los siguientes términos:

"*Constituyen ilícitos tributarios penales:*

1. La defraudación tributaria.

2. La falta de enteramiento de anticipos por parte de los agentes de retención o percepción.

3. La insolvencia fraudulenta con fines tributarios.

4. La instigación pública al incumplimiento de la normativa tributaria.

5. La divulgación y uso de información confidencial".

No obstante, el propio artículo 118 *eiusdem*, en su Parágrafo Único establece un supuesto que extingue la acción penal a través del pago realizado por el sujeto pasivo válido para la defraudación tributaria, la falta de enteramiento de anticipos y la insolvencia fraudulenta con fines tributarios. Ahora bien, el precepto establece una oportunidad específica para que el pago surta el efecto indicado, establece: *"En los casos de los ilícitos sancionados con penas restrictivas de libertad a los que se refieren los numerales 1, 2 y 3 de este artículo, la acción penal se extinguirá si el infractor acepta la determinación realizada por la Administración Tributaria y paga el monto de la obligación tributaria, sus accesorios y sanciones, en forma total, dentro del plazo de veinticinco (25) días hábiles de notificada la respectiva Resolución Culminatoria del Sumario. Este beneficio no procederá en los casos de reincidencia en los términos establecidos en este Código"*; se refiere el precepto al *Procedimiento de Fiscalización y Determinación* establecido en los artículos 187 y ss. del Código Orgánico Tributario que culmina con una resolución que debe reunir los requisitos establecidos en el artículo 201 *eiusdem* y entre los cuales se debe destacar los señalados en los numerales 8 y 9, vale decir, los *"[e]lementos que presupongan la existencia de ilícitos sancionados con pena restrictiva de libertad, si los hubiere"*, y asimismo, *"[d]iscriminación de los montos exigibles por tributos, intereses y sanciones que correspondan, según los casos"*.

Imagínese que el sujeto pasivo no realiza el pago, por ende, no se extingue la acción penal. En su lugar, interpone un recurso administrativo o judicial contra la Resolución Culminatoria del Sumario[248]. En estos casos, el artículo 125 del Código Orgánico Tributario dispone: *"El proceso penal que se instaure con ocasión de los ilícitos sancionados con pena restrictiva de libertad no se suspenderá, en virtud de controversias suscitadas en la tramitación de los recursos administrativos y judiciales previstos en este Código"*.

Por otro lado, conforme el artículo 341 *eiusdem*, *"[h]asta tanto se cree la jurisdicción penal especial, conocerán de los ilícitos sancionados con pena restrictiva de libertad, los tribunales de la jurisdicción penal ordinaria"*, y se seguirá el procedimiento previsto en el Código Orgánico Procesal Penal.

El artículo 120 del Código establece una serie de circunstancias que *"[c]onstituyen indicios de defraudación tributaria"*. Señala las siguientes:

"1. Declarar cifras, deducciones o datos falsos u omitir deliberadamente hechos o circunstancias que incidan en la determinación de la obligación tributaria.

---

[248] Conforme el artículo 203 del Código Orgánico Tributario: *"El afectado o afectada podrá interponer contra la Resolución Culminatoria del Sumario, los recursos administrativos y judiciales que este Código establece"*.

2. No emitir facturas u otros documentos obligatorios o emitirlos en medios distintos a los autorizados por la Administración Tributaria.

3. Emitir o aceptar facturas u otros documentos cuyo monto no coincida con el correspondiente a la operación real.

4. Ocultar mercancías o efectos gravados o productores de rentas.

5. Utilizar dos o más números de inscripción o presentar certificado de inscripción o identificación falso o adulterado, en cualquier actuación que se realice ante la Administración Tributaria o en los casos en que se exija hacerlo.

6. Llevar dos o más juegos de libros para una misma contabilidad, con distintos asientos.

7. Remover el dispositivo de seguridad de máquinas fiscales, sin autorización, así como cualquier otra modificación capaz de alterar el normal funcionamiento de la máquina fiscal.

8. Presentar declaraciones que contengan datos distintos a los reflejados en los libros o registros especiales.

9. No llevar o no exhibir libros, documentos o antecedentes contables, en los casos en que los exija la normativa aplicable.

10. Aportar informaciones falsas sobre las actividades o negocios.

11. Omitir la presentación de declaraciones exigidas por las normas tributarias.

12. Ejercer actividades industriales o comerciales sin la obtención de las autorizaciones correspondientes.

13. Utilizar mercancías, productos o bienes objeto de incentivos fiscales, para fines distintos de los que correspondan.

14. Utilizar indebidamente sellos, timbres, precintos y demás medios de control, así como destruirlos o alterarlos".

La determinación a cargo de los particulares resulta fundamental en la aplicación de la normativa tributaria, de allí la importancia que se atribuya a la autoliquidación (declaración-liquidación) formulada por el sujeto pasivo. A su vez, el cumplimiento del deber formal de declarar va a depender de una serie de documentos producto del cumplimiento de otros deberes formales como son el de facturar, llevar los libros de contabilidad, inscribirse en los registros tributarios, por ejemplo. El incumplimiento de los mismos constituye indicios de defraudación tributaria conforme los numerales 1, 2, 3, 5, 6, 7, 8, 9 y 11 del artículo 120 del Código Orgánico Tributario.

Dicho lo anterior y retomando los tipos penales tributarios, debemos señalar que *"[i]ncurre en defraudación tributaria quien mediante simulación, ocultación, engaño o cualquier otra maniobra fraudulenta, produzca una disminución del tributo a pagar"*, conforme el artículo 119 del Código Orgánico Tributario. En dicho caso, el precepto establece unas sanciones que recomendamos complementar en el siguiente cuadro:

Cuadro 18
Artículo 119. Defraudación tributaria

Delito tributario	Sanción
Defraudación tributaria	Prisión de _____ meses a _____años. Si hubo obtención indebida de devoluciones la sanción se incrementará en _____ _____ de la pena.

Nota: El precepto acota que cuando el sujeto sea sancionado por defraudación tributaria *"el tribunal competente ordenará que la sanción prevista en el encabezamiento del artículo 112 de este Código sea aumentada en un doscientos por ciento (200%).*

El artículo 121 del Código Orgánico Tributario se refiere a la falta de enteramiento de tributos retenidos o percibidos. Por ende, este delito tributario tiene como autores a los agentes de retención y agentes de percepción. Del contenido del precepto, complemente el siguiente cuadro (se autoriza y recomienda la reproducción del mismo a los efectos de la conservación del Manual):

Cuadro 19
Artículo 121. Falta de enteramiento de anticipos por parte de los agentes de retención o percepción.

Delito tributario	Sanción
No enterar los tributos retenidos o percibidos dentro de los plazos establecidos en las disposiciones respectivas.	Prisión de _____ a _____ años.

Seguidamente, el artículo 122 del Código establece el delito de insolvencia fraudulenta con fines tributarios. Del contenido del precepto, complemente el siguiente cuadro (se autoriza y recomienda la reproducción del mismo a los efectos de la conservación del Manual):

Cuadro 20
Artículo 122. Insolvencia fraudulenta con fines tributarios.

Delito tributario	Sanción
Quien estando en conocimiento de la iniciación de un procedimiento tendente a la determinación o cobro de obligaciones tributarias o sanciones, provocare o agravare la insolvencia propia o ajena, frustrando en todo o en parte la satisfacción de tales prestaciones.	Prisión de _____ a _____ años.

El supuesto anterior ha sido vinculado al inicio de un procedimiento administrativo de determinación o cobro de obligaciones tributarias o sanciones.

El artículo 123 del Código Orgánico Tributario establece el delito de instigación pública al incumplimiento de la normativa tributaria. Del contenido del precepto, complemente el siguiente cuadro (se autoriza y recomienda la reproducción del mismo a los efectos de la conservación del Manual):

Cuadro 21
Artículo 123. Instigación pública al incumplimiento de la normativa tributaria.

Delito tributario	Sanción
Incitar públicamente o efectar maniobras concertadas tendentes a organizar la negativa colectiva al cumplimiento de las obligaciones tributarias.	Prisión de _____ a _____ años.

El artículo 124 del Código Orgánico Tributario prevé el delito de divulgación y uso de información confidencial. Del contenido del precepto, complemente el siguiente cuadro (se autoriza y recomienda la reproducción del mismo a los efectos de la conservación del Manual):

Cuadro 22
Artículo 124. Divulgación y uso de información confidencial.

Delito tributario	Sanción
Revelar, divulgar o hacer uso personal o indebido, a través de cualquier medio o forma, de la información confidencial proporcionada por terceros independientes que afecte o pueda afectar su posición competitiva.	Prisión de _____ meses a _____ años.

En los términos del artículo 124 *eiusdem*, este delito tributario puede tener como autor a funcionarios o empleados públicos, sujetos pasivos y sus representantes, autoridades judiciales y cualquier otra persona que lo realice bien de forma directa o indirectamente.

El Código Orgánico Tributario también establece la aplicación de sanciones a los coautores, instigadores y cooperadores en sus artículo 126 al 128, de la siguiente manera:

A.- A los coautores que tomaren parte en la ejecución del ilícito, *"[s]e aplicará la misma sanción que al autor principal del ilícito, sin perjuicio de la graduación de la sanción que corresponda"*, conforme al artículo 126 *eiusdem*.

B.- A los instigadores que impulsen, sugieran o induzcan a otro a cometer el ilícito o refuercen su resolución, "[s]e aplicará la misma sanción que al autor principal del ilícito disminuido de dos terceras partes a la mitad" conforme el artículo 127 *eiusdem* "sin perjuicio de la graduación de la sanción que corresponda".

C.- Conforme lo dispone el artículo 128 *eiusdem*, *"[s]e aplicará la misma sanción correspondiente al ilícito tributario penal disminuida a la mitad:*

1.- A quienes presten al autor principal o coautor su concurso, auxilio o cooperación en la comisión de dicho ilícito mediante el suministro de medios o apoyando con sus conocimientos, técnicas y habilidades, así como a aquellos que presten apoyo o ayuda posterior cumpliendo promesa anterior a la comisión del ilícito". Este supuesto debe ser complementado con lo establecido en el artículo 131 *eiusdem*, conforme el cual: *"Sin perjuicio de lo establecido en el numeral 1 del artículo 128 de este Código, se le aplicará la inhabilitación para el ejercicio de la profesión, por término de cinco (5) a diez (10) años, al profesional o técnico que con motivo del ejercicio de su profesión o actividad participe, apoye, auxilie o coopere en la comisión del ilícito penal tributario"*.

El segundo supuesto establecido en el artículo 128 *eiusdem* señala: *"2.- A quienes sin promesa anterior al ilícito y después de la ejecución de éste, adquieran, tengan en su poder, oculten, vendan o colaboren en la venta de bienes respecto de los cuales sepan o deban saber que se ha cometido un ilícito"*.

El parágrafo único del artículo 128 *eiusdem* dispone que *"[n]o constituyen suministros de medios, apoyo ni participación en ilícitos tributarios, las opiniones o dictámenes de profesionales y técnicos en los que se expresen interpretaciones de los textos legales y reglamentarios relativos a los tributos en ellos establecidos"*.

Cuando se trate de funcionarios o empleados públicos que, en ejercicio o en ocasión de sus funciones, participe, colabore o coopere en los ilícitos tributarios penales, de conformidad con el artículo 129 *eiusdem*, las sanciones restrictivas de la libertad se incrementarán en el doble. Y acota: *"En tales casos, se impondrá adicionalmente la pena de inhabilitación por término de cinco (5) a quince (15) años para el desempeño de la función pública"*.

REFERENCIAS

Achille Donato Giannini, *Instituciones de Derecho Tributario* (título original: *Istituzioni di Diritto Tributario*, 7.ª ed., 1956, trad. Fernando Sainz de Bujanda), Editorial de Derecho Financiero, Madrid, 1957.

Albert Hensel, *Derecho tributario* (título original *Steuerrecht*, 3ª ed., 1933, trad. Andrés Báez Moreno, María Luisa González Cuellar Serrano y Enrique Ortiz Calle), Marcial Pons, Madrid, 2005.

Alberto Arteaga Sánchez, *Derecho Penal Venezolano*, Liber, Caracas, 11° ed., 2009.

Alberto Tarsitano, *El principio constitucional de capacidad contributiva* en Horacio A. García Belsunce (Coord.), *Estudios de Derecho Constitucional Tributario,* Depalma, Buenos Aires, 1994.

Alfonso Rivas Quintero, *Derecho Constitucional,* autor, Valencia, 5ª ed., 2008.

Alfredo Morles Hernández, *Curso de Derecho Mercantil. Las sociedades mercantiles*, t. II, Universidad Católica Andrés Bello, Caracas, 2004.

Antonio Berliri, *Principios de Derecho tributario,* v. II, (trad. Narciso Amorós Ricay Eusebio González García), Editorial de Derecho Financiero, Madrid, 1971.

Antonio Berliri: *Principios de Derecho tributario,* v. I, (título original *Principii di diritto tributario,* trad. Fernando Vicente-Arche Domingo), Madrid, Editorial de Derecho Financiero, 1964.

Antonio Dugarte Lobo, *Compensación de créditos provenientes de impuestos indirectos & impuestos directos (Caso: Impuesto al Valor Agregado & Impuesto sobre la Renta venezolanos)* en 1 *30 años de codificicación del Derecho tributario en Venezuela. Tomo I. Derecho Tributario Sustantivo,* Asociación Venezolana de Derecho Tributario,Caracas, 2012.

Arístides Horacio Corti, *De los principios de justicia que gobiernan la tributación (igualdad y equidad)* en Horacio A. García Belsunce (Coord.), *Estudios de Derecho Constitucional* Tributario, Depalma, Buenos Aires, 1994.

Armando Miranda Pérez: "El principio de generalidad en materia tributaria", II *Tributum. Revista Venezolana de Ciencias Tributarias,* Centro de Desarrollo Empresarial-Postgrados en Gerencia Tributaria y Derecho Tributario, San Cristóbal, 1996.

Armando Montilla Varela, *Anotaciones sobre los antecedentes del nuevo Código Orgánico Tributario* en*Estudios sobre el Código Orgánico Tributario de 2001*, Livrosca-Asociación Venezolana de Derecho Tributario, Caracas, 2002.

Aurora Moreno de Rivas, *El alcance de la responsabilidad por ilícitos tributarios* en *30 años Codificación del Derecho Tributario en Venezuela. Tomo III. Principios Constitucionales e ilícitos tributarios*, Asociación Venezolana de Derecho Tributario, Caracas, 2012.

Aurora Moreno de Rivas, *La infracción tributaria* en *Comentarios al Código Orgánico Tributario 1994,* Asociación Venezolana de Derecho Tributario, Caracas, 1995.

Aurora Moreno de Rivas, *Responsabilidad personal de los representantes, gerentes, administradores y asesores tributarios de empresas* en Jesús Sol Gil (Coord.), *Estudios sobre el Código Orgánico Tributario,* LIVROSCA, Caracas, 2002.

Carlos E. Weffe H., *Garantismo y Derecho Penal Tributario en Venezuela,* Lobe, Caracas, 2010.

Carlos E. Weffe H., *La codificación del Derecho Penal Tributario en Venezuela,* 3 *30 años Codificación del Derecho Tributario en Venezuela. Tomo III. Principios Constitucionales e ilícitos tributarios,* Asociación Venezolana de Derecho Tributario, Caracas, 2012.

Carlos M. Giuliani Fonrouge, *Derecho Financiero,* v. I, Depalma, Buenos Aires, 5ª ed., 1993.

Carmen Luisa Borges Vega, *El concurso de ilícitos tributarios en el Código Orgánico Tributario* en *30 años Codificación del Derecho Tributario en Venezuela. Tomo III. Principios Constitucionales e ilícitos tributarios,* Asociación Venezolana de Derecho Tributario, Caracas, 2012.

Carmen Luisa Borges Vega, *La defraudación tributaria,* Universidad Central de Venezuela, Caracas, 2006.

Corina Daniela Crer Francés, *Evasión tributaria. Elusión, la Defraudación y la Economía de Opción,* Vadell Hermanos, Caracas, 2011.

Dino Jarach, *Curso de Derecho Tributario,* Liceo Profesional Cima, Buenos Aires, 3.ª ed., 1980.

Dino Jarach, *El hecho imponible,* Abeledo-Perrot, Buenos Aires, 2ª ed., 1971.

Dino Jarach, *Finanzas Públicas y Derecho Tributario,* Cangallo, Buenos Aires, 1983.

Eduardo Guevara C., *Incongruencias e inconsistencias de la Unidad Tributaria* en *30 años Codificación del Derecho Tributario en Venezuela. Tomo I. Derecho Tributario Sustantivo,* Asociación Venezolana de Derecho Tributario, Caracas, 2012.

Eloy Lares Martínez, *Manual de Derecho Administrativo* (actualizado por Rodrigo Lares Bassa), Sucesión de Eloy Lares Martínez y la Facultad de Ciencias Jurídicas y Políticas de la Universidad Central de Venezuela, Caracas, 13ª ed., 2008.

Eloy Maduro Luyando, *Curso de Obligaciones. Derecho Civil III,* Universidad Católica Andrés Bello, Caracas, 9ª ed., 1995.

Ernst Blumenstein, *Sistema di Diritto dell imposte* (título original: *System des Steuerrecht,* 1945, trad. Forte, F.), Giuffrè, Milano, 1954.

Estevão Horvath, *La autoliquidación tributaria,* tesis doctoral, Universidad Autónoma de Madrid, 1991.

Fernando Sainz de Bujanda, *Lecciones de Derecho Financiero,* Universidad Complutense, Madrid, 10ª ed., 1993.

Fernando Sainz de Bujanda, *Sistema de Derecho Financiero I*, v. II,Facultad de Derecho de la Universidad Complutense, Madrid, 1985.

Francisco Paz Yanastacio, *Las economías de opción como instrumentos de control de riesgo fiscal*, Universidad Central de Venezuela, Caracas, 2007.

Fredderi Jesús Moreno Moreno, *Incidencias de los Derechos Humanos sobre la aplicación de los principios constitucionales tributarios en la República Bolivariana de Venezuela. Análisis y reflexiones en atención a la clasificación constitucional de los Derechos Humanos*, 32 *Anuario de Derecho*, Facultad de Ciencias Jurídicas y Políticas de la Universidad de Los Andes, Mérida, 2015.

Freddy Zambrano, *Constitución de la República Bolivariana de Venezuela 1999. Comentada*, t. II, Atenea, Caracas, 2004.

Fritz Neumark, *Principios de la imposición* (título original *Grundsätze gerechter und ökonomisch rationaler Steuerpolitik, 1970)*, Instituto de Estudios Fiscales, Madrid, 2.ª ed., 1994.

Gabriel Ruan Santos, *El impacto institucional de las exacciones parafiscales*, Liber, Caracas, 2008.

Gabriel Ruan Santos, *Las garantías tributarias de fondo o principios substantivos de la tributación en la Constitución de 1999* en *La tributación en la Constitución de 1999,* Academia de Ciencias Políticas y Sociales, Caracas, 2001.

Gilberto Atencio Valladares, *El principio de irretroactividad de las normas en materia tributaria* en *30 años de codificación del Derecho Tributario en Venezuela. Tomo III. Principios constitucionales e ilícitos tributarios*, Asociación Venezolana de Derecho Tributario, Caracas, 2012.

Gilberto Atencio Valladares, *Los Intereses Tributarios en Venezuela*, 130 *Revista de Derecho Tributario,* Asociación Venezolana de Derecho Tributario, Caracas, 2011.

Gilberto Atencio Valladares, *Los responsables tributarios en Venezuela: Algunos supuestos*, 145 *Revista de Derecho Tributario*, Asociación Venezolana de Derecho Tributario-Legis, Caracas, 2015.

Guillermo Cabanellas de Torres, *Diccionario enciclopédico de derecho usual,* t. IV F-K, t. V L-O, t. VII R-S, , Heliasta, Madrid, 30ª ed., 2008.

Héctor Villegas, *Curso de finanzas, derecho financiero y tributario*, Depalma, Buenos Aires, 5.ª ed., 1992.

Humberto Romero-Muci, *La distribución del poder tributario en la nueva Constitución*, 89 *Revista de Derecho Tributario,*Legis-Asociación Venezolana de Derecho Tributario, Caracas, 2000.

Humberto Romero-Muci, *Lo racional y lo irracional de los intereses moratorios en el Código Orgánico Tributario*, Asociación Venezolana de Derecho Tributario, Caracas, 2004.

Humberto Romero-Muci, *Uso, abuso y perversión de la unidad tributaria. Una reflexión sobre tributación indigna*, Editorial Jurídica Venezolana-Asociación Venezolana de Derecho Tributario -AVDT-, Caracas, 2016.

Ilse van der Velde Hedderich y Alejandro Ramírez van der Velde, *Capítulo VI. Infracciones y sanciones en el ordenamiento jurídico venezolano* en *In memoriam Ilse Van der Velde Hedderich*, Asociación Venezolana de Derecho Tributario, Caracas, 2001.

Jesús Sol Gil, *El agente de retención o percepción tributario*, 145 *Revista de Derecho Tributario*, Asociación Venezolana de Derecho Tributario-Legis, Caracas, 2015.

Jesús Sol Gil, *La codificación del Derecho tributario y el debido equilibrio entre los derechos del fisco y los de los contribuyentes* en *Estudios sobre el Código Orgánico Tributario de 2001*, Livrosca-Asociación Venezolana de Derecho Tributario, Caracas, 2002.

Jorge Carreras Llansana, *En torno a la relación jurídico tributaria,* 3 *Revista de Derecho Financiero y de Hacienda Pública*, Editorial de Derecho Financiero, Madrid, 1951.

José Alfredo Pulido González y Nilda Leguizamón Cordero, *Comentarios a la Ley de Remisión y Facilidades para el Pago de Obligaciones Tributarias Nacionales*, 95 *Revista de Derecho Tributario*, Asociación Venezolana de Derecho Tributario, Caracas, 2002.

José Andrés Octavio L., *La interpretación de las normas tributarias* en *Estudios sobre el Código Orgánico* Tributario, Livrosca, Caracas, 2002.

José Andrés Octavio, *El proyecto de Código tributario de Venezuela*, 89 *Revista de Control Fiscal*, Contraloría General de la República, Caracas, 1978.

José Andrés Octavio, *Origen y orientación del Código Orgánico Tributario de 2001* en *Estudios sobre el Código Orgánico Tributario de 2001*, Livrosca-Asociación Venezolana de Derecho Tributario, Caracas, 2002.

José Juan Ferreiro Lapatza, *Los esquemas dogmáticos fundamentales del Derecho Tributario*, 104 *Civitas Revista Española de Derecho Financiero*, Madrid, 1999.

José Luis Aguilar Gorrondona, *Contratos y garantías. Derecho Civil* IV, Universidad Católica Andrés Bello, Caracas, 16.ª ed., 2006.

José Luis Pérez de Ayala y Eusebio González García, *Curso de Derecho Tributario*, t. I, Edersa, Madrid, 6.ª ed., 1991.

José Manuel Tejerizo López, *El procedimiento de gestión tributaria* en César Albiñana García-Quintana, Eusebio González García, Juan Ramallo Massanet, Ernesto Lejeune Valcárcel y Ana Yábar Sterling (Coord.), *Estudios en homenaje al Profesor Pérez de Ayala*, Dykinson, Madrid, 2007.

José María Lago Montero, *La sujeción a los diversos deberes y obligaciones tributarios,* Marcial Pons, Madrid, 1998.

Juan Antonio Golia Amodio, *La compensación como medio de extinción de las obligaciones tributarias* en Jesús Sol Gil (Coord.), *Estudios sobre el Código Orgánico Tributario de 2001,* Livrosca, Caracas, 2002.

Juan Carlos Fernández Morales, *Temas de Derecho Constitucional. Especial referencia a la Jurisprudencia de la Sala Constitucional,* Universidad de Los Andes, Mérida, 3ª ed., 2012.

Juan Carlos Luqui, *La obligación tributaria,* Depalma, Buenos Aires, 1989.

Lenin José Andara Suárez, *De la liquidación a la autoliquidación en los ordenamientos tributarios de España y Venezuela,* tesis doctoral, Universidad de Salamanca, España, 2017.

Lenin José Andara Suárez, *El presupuesto público venezolano,* Facultad de Ciencias Económicas y Sociales, y el Consejo de Publicaciones de la Universidad de Los Andes con el auspicio del Banco Central de Venezuela, Mérida, 2012.

Lenin José Andara Suárez, *Ingreso, gasto y presupuesto público en el ordenamiento jurídico venezolano,* t. I, autor, Mérida, 2011.

Lenin José Andara Suárez, *Poder y Potestad Tributaria.Acerca de las competencias tributarias en la República Bolivariana de Venezuela,* autor, Mérida, 2010.

Leonardo Palacios Márquez, *La obligación tributaria* en *Comentarios al Código Orgánico Tributario 1994,* Asociación Venezolana de Derecho Tributario, Caracas, 1995.

Luis Fraga Pittaluga, *La defensa del contribuyente frente a la Administración tributaria,* FUNEDA, Caracas, 1998.

Luis Fraga Pittaluga, *Los intereses moratorios en las obligaciones tributarias. Estudio y Jurisprudencia,* Fundación Estudios de Derecho Administrativo, Caracas, 2008.

Luis Fraga Pittaluga, *Principios constitucionales de la tributación,* Editorial Jurídica Venezolana, Caracas, 2012.

Manuel Morselli, *Compendio de Ciencias de las Finanzas* (título original: *Compendio di Scienza dell Finanze,* 18ª. ed., trad. Abad de Santillan), Buenos Aires, Atalaya, 1947.

Manuel Ossorio, *Diccionario de Ciencias Jurídicas, Políticas y Sociales,* Heliasta, Buenos Aires, s/f. Maria Auxiliadora Pisani Ricci, *La quiebra. Derecho venezolano,* Facultad de Ciencias Jurídicas Políticas de la Universidad Central de Venezuela, Caracas, 2009.

Mauricio Plazas Vega, *La definición del tributo. A la luz de la relación entre el Derecho Financiero Público (Derecho de la Hacienda Pública) y el Derecho Tributario, y entre el Derecho Comunitario y el Derecho Nacional, Estudio preliminar* en Andrea Amatucci y Nicola D´Amati, *Historia del Derecho de la Hacienda Pública y del Derecho Tributario en Italia,* Temis, Bogotá, 2004.

Montserrat Ballarín Espuña, *Los ingresos tributarios fuera de plazo sin requerimiento previo,* Marcial Pons, Madrid, 1997.

Nicola D´Amati, *La formación del Derecho Tributario en Italia* en Andrea Amatucci y Nicola D´Amati, *Historia del Derecho de la Hacienda Pública y del Derecho Tributario en Italia,* Temis, Bogotá, 2004.

Oreste Ranelletti, *Derecho de la Hacienda Pública* (título original *Diritto* Finanziario, 1928, trad. Juan Camilo Restrepo), Temis, Bogotá, 2006.

Oswaldo Anzola, *La Ley tributaria: su interpretación y los medios legales e ilegales para evitar o reducir sus efectos* en *Homenaje a José Andrés Octavio*, Asociación Venezolana de Derecho Tributario, Caracas, 1999.

Ramón Valdés Costa, *Curso de Derecho Tributario*, Temis, Bogotá, 2ª ed., 1996.

Raúl Sojo Bianco, *Apuntes de Derecho de Familia y Sucesiones,* Mobil-Libros, Caracas, 14.ª ed., 2007.

Reinaldo Chalbaud Zerpa, *Estado y Política. Derecho Constitucional e instituciones políticas*, Liber, Caracas, 7ª ed., 2007.

Rosa María Alfonso Galán, *Los intereses por retraso o demora a favor de la Hacienda Pública,* Dykinson, Madrid, 1998.

Rose Mary Parra Rojas, *Ilícitos tributarios y penas privativas de libertad*, DJ, Caracas, 2006.

Santiago Varela Díaz, *La idea del deber constitucional*, 4 *Revista Española de Derecho Constitucional*, Centro de Estudios Constitucionales, Madrid, 1982.

Servicio Nacional Integrado de Administración Aduanera y Tributaria (SENIAT), *Glosario aduanero tributario*, Oficina de Información y Comunicación, Caracas, s/f.

Serviliano Abache Carvajal, *La atipicidad de la "presunción" de legitimidad del acto administrativo y la carga de la prueba en el proceso tributario,* Fundación Estudios de Derecho Administrativo "Funeda"-Editorial Jurídica Venezolana, Caracas, 2012.

Tomás Enrique Carrillo Batalla, *El proceso formativo del Código Orgánico Tributario* en *Libro Homenaje al Dr. Eloy Lares* Martínez, t. II, Universidad Central de Venezuela, Caracas, 1984.

Tribunal Supremo de Justicia, *Colección Doctrina Judicial* núm. 31, *Compilación de la Doctrina de la Sala Políticoadministrativa: Contencioso Administrativo Tributario,* t. II, Caracas, 2009.

Tribunal Supremo de Justicia, *Colección Doctrina Judicial* núm. 36, *Doctrina Contencioso Administrativa y Tributario,Octubre 2007-Diciembre 2008*, Caracas, 2009.

www.ingramcontent.com/pod-product-compliance
Lightning Source LLC
Chambersburg PA
CBHW021712210326
41599CB00013B/1620